作者简介

李小草，中国法制出版社编辑三部主任，副编审，法学博士，加州大学伯克利分校法学院访问学者。主要研究方向知识产权法、网络法、新闻出版等。在《现代法学》《法律适用》《北方法学》《法治论坛》《中国知识产权报》《中国新闻出版广电报》等发表专业论文多篇。

电商平台知识产权治理新思维

李小草◎著

NEW THOUGHTS ON INTELLECTUAL PROPERTY MANAGEMENT OF E-COMMERCE PLATFORMS

中国法制出版社
CHINA LEGAL PUBLISHING HOUSE

前言

本书以在全球视野下的电商平台知识产权保护制度为研究对象，这是当前知识产权法、网络法和国际法学界所共同关注的热点和难点话题。在充分认识现行电商平台发展及其特点，以及电商平台知识产权保护问题的根源及重要性的基础上，本书从我国《中华人民共和国电子商务法》（以下简称《电子商务法》）等立法中有关电商平台知识产权保护规范设计出发，立足实证研究、体系研究、历史研究和比较研究等方法，重点探讨了全球化视野下电商平台知识产权保护的相关基础和基本体系。研究涉及相关概念规范界定、角色定位、规范基础和规范体系、保护模式及其演化、保护体系及其发展、跨境保护合作等问题，并提出在当前电商平台强势崛起的趋势下，以拓展平台保护义务和责任为表现的知识产权治理保护转型也在不断加强和深化，因此极有必要以此为依据合理阐释并进一步完善电商平台知识产权保护制度。

电商平台随着互联网的发展而兴起，其电子交易平台化架构创造了一种全新的以信息聚合为架构和动力支持的商业模式，同时，也产生了一种特殊而复杂的平台治理需求，其中就包括因平台容易加剧知识产权侵权所导致的应对要求；此外，互联网的全球互通的架构，在技术上支持了电商平台经营天然地具有跨境性或全球开放性的特点，使得当下任何国家或地区的电商立法，都有必要为了适应这种全球开放性经营，而应自觉走向规则趋同——既使本国电商平台容易融入全球市场，又使他国电商平台容易融入本国市场。我国2018年出台的《电子商务法》作为一部面向全部电子商务领域的基础法律，于第2章第2节便回应了很重要的电商平台规范问题，其中，第41条至第45条为电商平台知识产权保护制度规范。显然，这些规定应该置于平台治理具有的特殊复杂性和全球开放性特点之下，才能得到合理理解。2020年5月28日出台的《中华人民共和国民法典》（以下简称《民法典》）关于网络责任主体的特殊规定（第1194条至第1197条）维持了这一规定模式，只做了微小调整（如将“15天期限”调整为“合理期限”等）。

我国现行法关于电商平台知识产权保护的相关规定，基本上适应了当下电商平台基于新的信息技术应用发展所导致的规范需求。不过，该领域仍然存在不少令人困惑的地方，特别是在保护机理和保护机制方面，尚有理论澄清和合理完善的必要。在电商平台发展初期，基于最大驱动平台技术创新的需要，从国际和比较视野来看，通常的做法是严格奉行平台中立原则及严守平台中介责任，包括在平台知识产权保护等问题上赋予电商平台许多有利的地位。但是，伴随着互联网环境下移动终端、云计算、大数据、人工智能等信息科技不断投入应用，电商平台自身在技术和经济结构上发生了巨变，产生了基于更大信息聚合甚至具有自动决策能力而导致的自身主体的异化现象，获得了前所未有的实际控制能力或支配地位，从而引发了平台上知识产权保护新的平衡需要。由此提出的合理变革趋势是，从保护机理上，需要调整和松动此前平台的严格中立地位和简单中介责任，在必要情形下，应当引入和强化平台控制责任，从保护机制上体现为将过去的简单责任模式调整为复杂的积极治理模式，据以作出相关制度和体系完善，重点强化电商平台治理义务并扩展其违反责任；与此同时，当下电商平台跨境经营更加频繁，跨境形式和内容也更加丰富，进而导致管辖和法律适用更易于引发冲突，由此也出现了进一步加强和改进跨境电商平台知识产权保护合作的要求。

本书试图从电商平台及其业态基础发展演化、现行规范现状及其问题入手，探讨电商平台知识产权保护的发展规律、内在机理和趋势，发现或揭示其实现模式的形成和转型特点，研究所体现的体系机制并探讨完善重点，并对涉及电商平台的主体界定与身份认定，现行法律构成体系、重点及问题，知识产权保护义务的设定、性质、发展过程及其机理演化，知识产权保护体系及其合理化，重点机制的合理性以及展开等方面进行系统化探讨。

第一章为“全球视野下电商平台的兴起与规范界定”。本章揭示了全球视野下电商平台兴起的情况并提出了在这种背景下如何理解我国2018年《电子商务法》的出台以及关于电商平台的规范含义。首先，《电子商务法》的出台背景是全球视野下电商平台的兴起。电商平台及其发展已成为我国和全球当下经济社会生活的基本特征。我国电子商务成为在全球较具竞争力的产业之一，我国电商平台也成为世界具有优势地位的电商平台主体之一。《电子商务法》的出台，旨在及时合理调整以电商平台发展为重心形成的电子商务活动，保障各方权益，规范各方行为，维护市场秩序，促进电子商务健康发展。其次，《电子商务法》对于“电商平台”并没有直接定义，但是分别对“电子商务”和“电子商务经营者”作出了规范定义。这种做法反映了现行法对于电商平台的基本规范理解，其相关规范意义应从中推论。《电子商务法》的思路是，“电商平台”概念应归入电商平台经营者主体概念整体之下理解。换言之，对电商平台的规范界定和意义最终应反映在对电商平台经营者的规范界定和意义之中。

第二章为“电商平台经营者角色演化及影响”。本章研究电商平台经营者的角色定位及其变化，以及对主体定位导致相应变化，进而影响到如何保护平台上知识产权的设计。这一研究，对于理解电商平台经营者的基本法律地位和平台各主体之间的法律关系具有基础性意义，且提供重要的理论准备。首先，电商平台及其经营者角色定位经历了重要的演化，导致其法律主体定位的发展和相关规范策略调整，呈现了由中介中立主体到治理责任主体的转型。其次，电商平台经营者的角色演化和主体地位变化，对于平台知识产权保护具有重要影响。应明确主导型电商平台新的角色变化所带来的主体新内涵，在此基础上准确理解其对于平台知识产权保护所具有的意义。

第三章为“我国电商平台知识产权保护的规范基础和规范体系”。本章认为，应当全面理解我国电商平台知识产权保护的规范依据和体系设计，进而正确适用。首先，应当深入理解《电子商务法》关于平台知识产权保护的规范系统，认识其所取得的发展、规范意义和体系适用要求。该法确立了关于电商的基本规范，其中，第41条至第45条着重规定了关于电商平台经营者知识产权保护的规则。通过规范实证分析，可以发现这些规定取得了重大发展，创造性地建立了一个以知识产权保护规则为核心的平台知识产权治理系统。其次，《电子商务法》第41条至第45条关于电商平台知识产权保护的相关规定，界定了平台内经营者保护知识产权的义务、知识产权治理措施的条件与程序、违反规则的后果及在线争议的解决方式等内容。最后，《电子商务法》的上述规定与其他法律、法规之间，存在不同的体系衔接和适用关系，也值得关注。《电子商务法》对商品交易和服务交易特定问题进行了规定，从法适用原理出发，应当根据《立法法》关于一般法与特别法、新法与旧法等体系效力规则加以评价和处理。此类规定与我国2020年出台的《民法典》相关规定也存在合理衔接的问题。

第四章为“电商平台知识产权保护义务转型与治理体系发展”。本章旨在阐释电商平台经营者主体角色演化给知识产权保护问题带来的影响，实际上，最终导致其保护义务和治理体系的重要发展。首先，是平台知识产权保护义务的变化。在电商平台的这种积极保护知识产权的模式下，电商平台经营者被要求履行一定的法律义务，以避免其滥用控制能力而导致知识产权保护恶化，因此此种义务远远超出原来一般侵权法和知识产权法语境的一般注意义务，体现为一种程度更高的注意义务，这些义务体现为对某些特定行为特别是积极作为行为的要求。赋予电商平台知识产权积极保护义务，即从避免加害的不作为义务转向应予保护的有限作为义务，这也是电商平台知识产权保护制度国际发展的新趋势。其次，是治理体系的发展。电商平台经营者积极保护义务的要求体现为积极作为或者说有限作为，明显指向一种积极治理的要求，因此具有非常明显的治理义务色彩，可以归为一类“治理义务”，即要求平台经营者必须采取“通知—删除”的行动，出现了“特殊注意义务”和“治理义务”的重叠。最后，电商平台积极治理模式导致了平台自治空间秩序的发展，应当注意规范。自主管理在形式上具有权力的属性，可直接影响用户，应当注意其合理性，明确合理性界限，避免电商平台经营者可能超出法律要求。

第五章为“电商平台经营者知识产权间接侵权责任的确立和扩展”。本章研究了电商平台经营者在新的地位发展和治理模式变化下间接侵权责任的确立要求和范围扩展，总体上呈现出一种类型和范围不断扩展的变化过程，在此种趋势下还体现了归责和免责机制的变化。首先，在新的治理体系下，电商平台经营者的知识产权间接侵权责任呈现一种加强和扩展的趋势。随着电商平台向治理责任主体发展，责任基础也发生了变化，即将知识产权保护责任从过去单纯的事后责任发展到现如今事前、事中治理与事后责任并重。其中包括对间接侵权责任的重视和发展。其次，从比较法上来看，在发达国家，平台经营者的知识产权间接侵权责任，确实呈现了从早期适用中受到比较严格的限制，再到后来不断增加适用和扩展范围的过程；电商平台知识产权间接侵权责任的确立和发展，成为电商平台知识产权保护制度的一个重要部分，集中体现了平台中立性与平台权力之间的张力，成为电商平台知识产权保护体系中的难以合理把握的平衡机制。最后，通过考察和研究我国电商平台知识产权间接侵权责任制度发展，发现我国存在自身的理解和语境，同时也分析了相关责任基础和制度功能认识的不足。我国同其他国家相比还存在着一个明显的差异，即类型上只有帮助侵权责任、教唆侵权责任（引诱侵权责任），而未能明确承认替代侵权责任。这种类型和范围设计，对于正在发展中的主导型平台的责任规制来说显然难以适应。本书建议应当引入替代侵权责任，针对电商平台的权力化进行规制，通过控制能力和获取直接经济利益的条件设计，从而更好地抑制电商平台变体风险。

第六章为“跨境电商国际知识产权保护特殊问题与法律对策”。本章认为，电子商务活动天然具有开放性、国际性的特点，冲破了国家间物理边界的隔离，引发了世界经济贸易的大变革，跨境电商应运而生，因此也带来了跨境电商复杂特殊的国际知识产权保护问题。首先，本章分析了跨境电商的概念、特点和类型，以及产生的国际知识产权保护问题。关于跨境电商，存在着不同的定义。广义的跨境电商，是指分属不同国家或地区的交易主体，借助互联网等电子化通信手段促成交易，并以跨境物流抑或异地仓储等各种方式送达商品或者提供服务，以此来实现交易的一种国际商务活动。狭义的跨境电商，则限指其中借助电商平台实现的国际商务活动。跨境电商的发展，尤其在平台化介入的情况下，产生了国际知识产权保护的挑战及其他问题。关于跨境电商知识产权保护的复杂性和所面临的挑战，归纳起来，主要有两个方面的原因和表现：(1）跨境电商平台模式带来的变化与传统国际知识产权保护制度相对落后存在矛盾，导致诱发大量跨境侵权。(2）不同国家知识产权法的地域性差异容易导致监管和追责困难，也使得跨境侵权现象容易滋生。其次，本章研究了对跨境电商国际知识产权保护的应对策略：第一，完善国际私法策略；第二，应加强国内法的趋同性和具体漏洞弥补；第三，应加强国际合作体系建设；第四，应提升跨境电商平台知识产权领域的保护意识和监管能力。

第二章
电商平台经营者角色演化及影响

第三章
我国电商平台知识产权保护的规范基础和规范体系

绪 论

一、研究对象

《电子商务法》于2018年8月31日公布，自2019年1月1日起实施。这部历经全国人大常委会4次审议、总计3次公开征求意见，并且历时5年始出台的法律，自启动立法程序以来就备受关注。它的正式出台，表明我国在电子商务领域拥有了首部综合性法律，具有里程碑意义。尤其是在我国电子商务及电商平台持续多年高速发展的背景下，该法的作用被各方主体赋予了更多的期待。2018年《电子商务法》针对全球视野下电商平台知识产权保护问题确立了相关规则，为当下相关司法实践提供了直接的法律依据，同时也带来了法律适用解释的需要，还需要及时针对电商平台新发展作出合理阐释和进一步完善。

本书以《电子商务法》《民法典》等法律法规中的相关规定为重点依据，针对当前明显具有国际性特点的电商平台知识产权保护制度进行研究，旨在揭示其蕴含在业态发展深处的内在基础、保护模式和相应体系的形成、内涵以及变化趋势。2018 年公布的《电子商务法》，与此前 2009 年公布的《侵权责任法》（现已废止）、2013 年修订的《信息网络传播权保护条例》（2006 年公布）以及 2020 年公布的《民法典》等一系列法律法规，为全球视野下电商平台知识产权保护设定了一系列规则；我国相关司法实践，包括司法解释，也形成和积累了颇为丰富的素材；与此同时，电子商务国际规则也是近期我国积极参与和推动的国际条约、贸易协定等的重要内容。我们发现，这些立法规定和司法规则的内涵极为丰富，在理论和实践方面仍然存在很多有待解释和完善的空间。我国电子商务及其平台化发展在世界范围内亦是较具竞争力的领域之一，这也为电商平台知识产权保护制度实践提供了充分的业态条件和培植土壤。

本书使用的“电商”概念，为“电子商务”（Electronic Commerce）概念狭义上的一种限缩表达。简单地说，是指交易各方利用电子技术渠道进行的各种形式的商业交易。我国《电子商务法》第 2 条第 2 款规范的定义为“通过互联网等信息网络销售商品或者提供服务的经营活动”。从电子商务的发展历程来看，美国 IBM 公司为电子商务的先驱。该公司早在 1996 年就提出，企业为了提高运行效率，通过互联网等电子设备的使用，配合企业的电子化生产管理系统，公司之间及公司内部能够利用电子渠道来进行信息共享，达到企业之间及企业内部的业务流程、业务内容实现电子化。[①]

本书使用的“电商平台”这一概念，是我国《电子商务法》中“电子商务平台”概念的缩略表达。根据该法第9条第2款关于“电子商务平台经营者”的界定，“电商平台”可以概括地理解为“在电子商务中为交易双方或者多方提供网络经营场所、交易撮合、信息发布等服务，供交易双方或者多方独立开展交易活动的平台”。[②]经营这种平台的主体（包括法人组织或者非法人组织），称为“电子商务平台经营者”，通常简称“电商平台经营者”。电商平台经营者既可以在自己的电商平台开展自营业务，同时也可以或者仅作为第三方为交易双方从事网络交易提供平台服务，在后一种意义上，其也可称为“第三方电商平台经营者”。

本书的研究重点是电子商务平台作为第三方交易服务平台时的知识产权保护问题，涉及电商平台经营者、平台内经营者和知识产权权利人三方当事人就知识产权保护所形成的复杂关系。电商平台经营者在开展自营业务，产生知识产权纠纷时，通常适用知识产权保护的一般性法律规定，判定其是否构成知识产权直接侵权即可，权利义务和责任承担较为清晰。对此，本书不再将其作为研究对象。

---

① 参见郭锋等编著：《中华人民共和国电子商务法法律适用与案例指引》，人民法院出版社2018年版，第1~2页。本书使用的“电子商务”（Electronic Commerce）概念，区别于广义上“电子商务”（Electronic Business）概念，后者也可以翻译为“电子事务”，是指各行各业包括政府机构、企业和事业单位各种业务的电子化、网络化。

② 参见《电子商务法》第9条第2款规定：“本法所称电子商务平台经营者，是指在电子商务中为交易双方或者多方提供网络经营场所、交易撮合、信息发布等服务，供交易双方或者多方独立开展交易活动的法人或者非法人组织。”

二、研究背景

本书的研究背景是全球视野下电商平台经济兴起和不断迭代的发展现实，此种情势颠覆了既有经济和商业模式下的知识产权应用保护模式，由此带来应当建立与之相适应的电商平台知识产权保护制度的根本需求。

首先，电商平台的出现是电子商务发展到一定阶段的必然现象，其产生和兴起带来了电商模式的重要变化，创造了一种平台化模式。电商平台化，不仅使得电商平台经营成为电子商务活动的主要模式，而且从根本上颠覆了传统的商业模式，为平台上交易各方都带来了极大的便利，进而促进了商业的繁荣和经济的发展，对世界经济与社会发展带来深远而广泛的影响。[①] 随着电商平台化的不断推进，可以预见，未来可能不会再有“网商与实体店”或“线上与线下”的区分，将实现以互联网和大数据为根基、以全球化的“电商”为载体的“网络制造”(made in internet)。这是未来商业发展的趋势所在。

其次，全球视野下网络平台经济的崛起，也为网络环境下知识产权的保护应用和制度发展带来新的机遇和挑战。一方面，基于互联网平台的知识产权会在这种商业发展趋势下形成独特的孵化、培育和保护的特点，在数据化平台时代，新的知识产权产品会不断涌

① 参见郭锋等编著:《中华人民共和国电子商务法法律适用与案例指引》，人民法院出版社 2018 年版，第 1 页。

现，同时，也要求用互联网思维重构知识产权运营、保护的方法和举措。[①] 另一方面，电商平台给平台内交易各方带来交易便利与网络效应增值，也为消费者带来更加多元化的选择，同时，由于电子商务的虚拟性、即时性、互动性及全球性等特点，实际上也给网络环境下的知识产权的保护问题带来了很大的挑战。电商平台环境中知识产权纠纷已呈现出新型、多发的现象。在复杂而重要的电商平台中，如何保护知识产权，已成为当前知识产权法、网络法和国际经济法所共同关注的一大难题。

电商平台的知识产权保护问题一直是近年来法学研究的热点，也是实践中纠纷较为集中的领域。在电商平台化环境下，电商平台经营者的义务、责任和职责（obligations，liabilities，and responsibilities），毫无疑问，已成为各国互联网法律政策研究关注的中心，其中重点之一，就是知识产权保护义务和责任的问题。电商平台化环境下知识产权保护问题之所以受到如此重视，在于知识产权及其保护对于网络经济和电商平台合理创新具有关键意义。加州大学伯克利法学院知名教授彼得·梅内尔（Peter S. Menell）指出，知识产权理论在治理网络效应，促进创新以克服过度惯性，以及平衡消费者福利、竞争和创新方面，发挥着核心作用。[②]

美国、欧盟和我国围绕电商平台知识产权保护问题，已经开展

---

① 参见孙军工：《推动形成互联网知识产权保护共治格局》（2018 年 5 月 15 日），载新华网，http://www.js.xinhuanet.com/2018-05/16/c_1122840006.htm，最后访问日期：2018 年 11 月 9 日。

② Peter S. Menell，Economic Analysis of Network Effects and Intellectual Property，34 Berkeley Tech. L. J. 219，219（2019）.

了丰富的理论研究，而且，彼此在很大程度上具有互通性和互鉴性。这是因为，电商的跨境或全球开放特点，或者说，电子商务平台的国际化发展，推动了世界范围内超级电商平台的形成，为平台内知识产权保护制度的全球化、趋同化提供了基础和动力。然而，电子商务全球性与知识产权保护地域性亦存在矛盾，不同国家或地区的知识产权保护制度难免存在差异，给电商开展跨境活动带来了法律上的不确定性（uncertainties），也影响用户对权利和商业机会的稳定预期。因此，为了更好地支持电商平台顺利开展国际业务，国际上有必要加强立法、司法和学术研究等方面的深度融合。[①]

三、创新之处和有待研究的问题

（一）创新之处

本书的创新之处在于，以电商平台全球开放的实践为视野，基于电商平台的形成和演化实践，针对电商平台知识产权保护制度开展基础性和体系化研究。已有研究主要针对电商平台知识产权制度的某一方面进行探讨，且大多是在《电子商务法》通过实施之前进行的，关于电商平台知识产权保护制度的基础和体系，特别是《电子商务法》体系发展和实施后的体系难点的研究，仍存在诸多空白。本书研究揭示了电商平台角色定位和特点、内在结构和身份变化、主体地位性质及

① See Giancarlo F. Frosio，Internet Intermediary Liability：WILMap，Theory and Trends，13 Indian J. L. & Tech. 16，16（2017）.

其演化、知识产权保护要求及其体系发展、相关义务和责任机制的展开、跨境知识产权国际保护法律对策等。提出了在当前电商平台权力崛起和持续增强的趋势下，以拓展平台保护义务和责任为趋势的知识产权积极治理模式转型亦在不断深化；在此基础上，针对我国现行法律规定不清晰和司法实践适法困难的问题，基于“积极治理模式”新趋势，总结梳理国内外较为成熟的立法成果和实践经验，提出了适合我国法律环境的解决方案和思路，为我国电商平台知识产权保护制度的完善做好理论准备，以期有利于我国电商平台的长期繁荣发展和国际经营。

（二）有待研究的问题

现有电商平台知识产权的保护是一个复杂而精细的法律制度，其发展和演化于平台技术发展和商业应用之中，始终涉及法律与科技两个领域，学科交叉密切，理论难度大，产生的法律问题多，且具有动态变化的特点。由于篇幅所限，本书只是在整体研究的粗略目标下，选取基本制度机理和基本体系构建作为主攻方向，除此之外，仅就与之密切相关的重要机制、规则、问题等方面展开有限的研讨，许多方面做了简略处理，乃至忽略不计，也没有就不同类型知识产权真正展开区分、细化研究。同时，在研究中，亦认识到，电商平台知识产权保护的基础和体系，随着新技术和新商业模式的发展还会进一步演化，但究竟会如何演化，目前还难以预测；为此，所能做的，只能是在眼下尚可预期的平台技术发展和应用的范围内，对于相关法律理论和实践走向作出分析、预判。所以，前瞻性有限，不能囊括未来新技术经济的广阔天地。

第一章

全球视野下
电商平台的兴起与规范界定

第一节

《电子商务法》出台背景与全球电商平台的兴起

一、我国《电子商务法》的出台背景

2018 年 8 月 31 日，《电子商务法》正式公布，该法旨在调整电子商务各方的合理利益关系和维护相关市场秩序的健康发展，[①] 重点回应电子商务平台（以下简称电商平台）发展引起的诸多复杂法律问题，[②] 因此自启动立法以来就备受关注。

《电子商务法》的立法背景是我国电子商务及其平台化开展得到巨大发展的现实以及各方对规范的热切期盼和需求。我国电子商务及其平台化发展在世界范围内是较具竞争力的领域之一，这为电商平台法律制度立法和实践提供了充分的业态条件和培植土壤。随着

① 参见《电子商务法》第 1 条规定："为了保障电子商务各方主体的合法权益，规范电子商务行为，维护市场秩序，促进电子商务持续健康发展，制定本法。"

② 《电子商务法》第 2 章第 2 节以第 27 条至第 46 条共计 20 个条文专门规定电商平台经营者，再加上其他章节的有关规定，相关条文占整部立法 89 个条文的近 1/4。

全球互联网信息化的兴起，我国对于信息技术在经济和管理诸领域的开发和应用采取了极其积极的态度，其中除了国家在政策层面以发挥后发优势、加速弯道超车的意志持续加以助推之外，我国市场主体自身更是在日渐成熟的改革开放的环境下迸发出极大的活力，不断主动将信息科技的发展与市场需求相结合，形成了波澜壮阔的信息科技的市场化实践。其中，重要成就之一就是通过互联网商业化实践推动了我国电子商务及其平台化的快速发展，使得我国电子商务成为在全球较具竞争力的产业之一，同时也使得我国电商平台成为世界电子商务领域具有优势地位的电商平台主体之一。

电商平台及其发展已成为我国和全球当下经济社会生活的基本特征。电商平台依托新一代信息技术，特别是大数据和算法的应用和不断升级，给我们的商业活动和交易带来了翻天覆地的变化，体现为“电商平台经济”（e-commerce platform economics）的兴起，不仅覆盖了传统的商业交易领域，而且在不断跨界、跨形式席卷和渗透到更加广泛的领域，从而引发了各种“电商平台效应”，造就了以平台为基本商业模式和组织架构的所谓“平台革命”。“平台的崛起掀起了经济、社会各个方面的颠覆式的改革……平台公司仍在持续进化中，许多平台为自己设置了多个目的，并且新型的平台公司像雨后春笋般层出不穷。”[①] 这种基于数据驱动、算法支撑和网络协同而形成的电商平台的发展，给我们带来的交易新体验、便利和好处，

---

① 参见［美］杰奥夫雷·G. 帕克、马歇尔·W. 范·艾尔斯泰恩、桑基特·保罗·邱达利:《平台革命：改变世界的商业形式》，志鹏译，机械工业出版社 2019 年版，第 1 页、第 12 页。

自不必说。[①] 此外，则是剧变下的失调或不适。“作为平台崛起的一个成果，几乎所有的传统商业管理实践，包括战略、运营、市场、生产、研究和开发，以及人力资源都在经历一场剧变。我们正处在一个极其失调的状态中，影响着每家公司和每个商业领域。平台模式的到来成了这场变革的主要原因。”[②] 其中，也包括新风险和危害的伴生，除了新信息技术自身的风险。例如，除了网络平台系统安全风险等问题之外，其各种应用本身亦可引发大量新社会风险，其中许多涉及各类合法权利。例如，个人信息保护风险，当然，也包括基于平台交易活动而产生的知识产权侵权等特殊风险。为此，有必要及时积极立法，从规范的角度正面支持和引导这场巨大的商业模式和组织结构的变革，同时，也要通过引入新的规范来改变、治理和防范可能引发的失调和大量风险。此即我国 2018 年《电子商务法》的立法背景，该法的出台表明：传统的买卖法等民商法，在某种意义上，实现了“现代化”，这必将有利于我国电子商务的健康持续发展。

二、国内外电商平台的兴起与发展

电子商务在电子技术领域下很早就发展起来，但在初始阶段主要体现为在将电子化技术引入交易形式和合同缔结之中，形成所谓的电子化交易形式，产生所谓的“电子商务合同”。这一时期所要规

---

① 参见徐晋：《平台经济学》，上海交通大学出版社 2014 年版，第 5~6 页。

② 参见［美］杰奥夫雷 · G. 帕克、马歇尔 · W. 范 · 艾尔斯泰恩、桑基特 · 保罗 · 邱达利：《平台革命：改变世界的商业形式》，志鹏译，机械工业出版社 2019 年版，第 13 页。

范的，主要是电子化合同的订立和履行，特别是缔结方式和过程的规范，包括合同交易中的书面性的电子替代形式、本人认证（电子签名）、电子商务广告、电子合同的缔结与成立时间、电子合同的意思表示瑕疵和行为能力、电子合同的代理权等。[①]

大约在20世纪90年代中期之后，信息技术发展到了一个新的阶段——互联网技术得到稳定应用并逐渐形成一种信息化聚合条件，推动了一种基于信息聚合的平台化方式的形成，这种情形使得经济和社会管理领域都开始涌现平台化的创新应用。其在经济领域的适用结果，便是平台经济（platform economy）的蓬勃发展。平台模式与传统模式最大的不同之处在于，它塑造了全新的产业模式。以出版业为例，传统模式的产业价值链是单向的、直线的，出版商为媒介联系处于两端的作者和读者，但线上出版平台模式“弯曲”了传统价值链，使得原来处于产业两端的作为源源不绝的创意源头的作者群与作为最终市场的广大读者群直接互动，多样化的供给与多样化的需求直接匹配了起来。[②]平台化模式代表了一个新的、由互联网科技创新驱动的新现象，其导致的效果可以称为“网络效应”（network effects）。平台商业模式的重要特点，就是可以

① 参见［日］松本恒雄、斋藤亚弘、町村泰贵:《电子商务法》，朴成姬译，北京大学出版社2019年版，第一章“合同的成立”、第二章“合同的形式”、第三章“本人认证”等，第1~78页。我国《民法典》在“合同编”第469条第3款中规定了数据电文视为书面形式，并在第491条第1款中规定了采取数据电文订立合同的特殊成立时间（要求签订确认书的在签订时成立），以及第2款互联网条件下合同成立时间（对方选择商品或服务并提交订单成功时）。2018年《电子商务法》第三章“电子商务合同的订立和履行”（第47条至第57条）对电子合同交易进行了细化规定。

② 参见陈威如、余卓轩:《平台战略：正在席卷全球的商业模式革命》，中信出版社2013年版，第3~4页。

利用群众关系来现实创建无限增值的一种可能性，有学者称此现象为“网络外部性”或“网络效应”。[①] 所谓“网络效应”，通常是指通过使用者之间建立的网络关系，达到价值增长的目的 [②]，或者说，一个平台的用户的数量对用户所能创造的价值的影响 [③]。梅特卡夫定律（Metcalf's Law）能够有效地概括网络效应如何为该网络参与者、拥有者和管理者创造价值。[④] 大卫·萨克斯还基于优步（Uber）的例子，指出很多平台化架构中产生的网络效应包括“双边网络效应”：乘客吸引司机，司机吸引乘客。[⑤] 谷歌（Google）首席经济学家哈尔·瓦里安（Hal Varian）和商学院教授卡尔·夏皮罗（Carl Shapiro）最早将平台化模式导致的这种“网络效应”称为“需求规模效应”（demand economies of scale），使得在仍然重要的工业时代成长起来的“供应规模经济”（supply economies of scale）之外，出

① 参见陈威如、余卓轩：《平台战略：正在席卷全球的商业模式革命》，中信出版社 2013 年版，第 8 页。

② 参见陈威如、余卓轩：《平台战略：正在席卷全球的商业模式革命》，中信出版社 2013 年版，第 8 页。

③ 参见［美］杰奥夫雷·G. 帕克、马歇尔·W. 范·艾尔斯泰恩、桑基特·保罗·邱达利：《平台革命：改变世界的商业形式》，志鹏译，机械工业出版社 2019 年版，第 17 页。

④ 以太网发明人之一、也是 3Com 公司创始人的罗伯特·梅特卡尔（Robert Metcalfe）提出该定律，认为随着订户数量的增加，电话网络的价值呈现非线性增长，使得订户之间可以有更多的连接。重要经济效果应运而生，通过网络效应得到的增长导致了市场的扩张，因为不仅越来越多的用户被吸引而来，价格也会随着技术成熟和生产数量的增加而降低，二者相互作用将会扩大市场。参见［美］杰奥夫雷·G. 帕克、马歇尔·W. 范·艾尔斯泰恩、桑基特·保罗·邱达利：《平台革命：改变世界的商业形式》，志鹏译，机械工业出版社 2019 年版，第 19~20 页。

⑤ 参见［美］杰奥夫雷·G. 帕克、马歇尔·W. 范·艾尔斯泰恩、桑基特·保罗·邱达利：《平台革命：改变世界的商业形式》，志鹏译，机械工业出版社 2019 年版，第 20~21 页。

现了新的价值驱动的差异化因素。[1]平台经济在数据化来临之后，又增加了塑造着现代数字经济的表现形式，充分体现共享经济（Sharing Economy）和数字经济（Digital Economy）的高度融合价值，并且随着信息科技发展，其活跃性和创造性也在不断提升。如果Web 1.0是关于通过互联网访问信息，Web 2.0是关于平台的出现和在线市场的形成，那么Web 3.0就是关于平台的全面兴起，尤其是，服务行业平台化转型。[2]

平台经济中领先发展起来的，当然是电商平台经济。平台经济，除了平台在商业领域应用形成的电商平台经营之外，还包括在工业领域应用形成的平台产业经济，也包括跨界形成的具有经济意义的各种平台运营。电子商务平台是平台经济的主要阵地和舞台。平台化是电子商务时代发展的必然趋势。这是因为“春江水暖鸭先知”，商业经营者直接面向市场消费者需求，很容易发现在互联网信息聚合条件下，消费者不再满足于使用由单一零售商开发，只销售自己品牌商品的应用程序，而是更倾向于下载一个能够为自己提供丰富产品类别选择的应用程序，这就使得电商经营者意识到应当开发可以呈现商品信息和销售多样化聚合而对用户有极大吸引力的应用程序，由此逐渐搭建形成了互联网语境下可应用意义上的电商平台。

---

① “需求规模效应”理论，最早由哈尔·瓦里安（Hal Varian）和商学院教授卡尔·夏皮罗（Carl Shapiro）两人在1999年提出；他们也较早普及推广了网络效应这一概念。See Carl Shapiro and Hal R. Varian, Information Rules, Harvard Business School Press, 1999. 同时参见［美］杰奥夫雷·G. 帕克、马歇尔·W. 范·艾尔斯泰恩、桑基特·保罗·邱达利:《平台革命：改变世界的商业形式》，志鹏译，机械工业出版社2019年版，第18~19页。

② See Orly Lobel, The Law of the Platform, 101 Minn. L. Rev. 87, 94 (2016).

从世界范围来看，美国电子商务平台发展略早。美国较早出现的电商平台包括亚马逊（Amazon）、易贝（eBay）等。其中，亚马逊公司于1994年在华盛顿州登记成立，起初叫Cadabra，性质是普通的网络书店，1995年7月更名为亚马逊而重新开张，1996年改到德拉瓦州登记，并在1997年5月15日股票上市，2000年推出了Marketplace，让其他商家可以通过付费的方式在亚马逊的数字货架上列出他们的商品，然后在亚马逊的仓库里储存商品，到2002年的第四季度，亚马逊的纯利约有500万美金，2004年则增长到3亿多美金，2005年推出Prime会员计划，为缴纳年费的会员提供更快的发货速度。[①] 易贝于1995年9月成立于加州，开始命名为Auctionweb，定位为拍卖网站，1997年9月该公司正式更名为“eBay”，同年梅洛·惠特曼加盟公司，担任CEO，易贝利用互联网技术开创C2C交易模式，为买卖双方提供安全便利的电商交易平台，通过品类和业务拓展，积累了庞大的客户群，2003年交易额为238亿美元，净收入22亿美元，飞速成长为电商巨头。[②]

我国知名电商中较早发展起来的是阿里巴巴，其于1999年成立于中国浙江省杭州市。2003年5月阿里巴巴投资一亿元人民币建立淘宝网，2003年11月推出通信软件“贸易通”让买方和卖方通过网络进行实时沟通交流，2004年10月投资成立支付宝公司，面向中国电商市

---

① 参见《亚马逊企业的发展历程》，载电商百科网，http://31.toocle.com/zk/35831.html，最后访问日期：2020年4月17日。

② 参见《美国电商巨头eBay（EBAY.US）的兴衰之路》，载智通财经网，https://www.zhitongcaijing.com/content/detail/201372.html，最后访问日期：2020年4月17日。

场推出基于中介的安全交易服务，2005 年 3 月在中国交易市场尝试推出“关键词竞价”的服务，在 2007 年 3 月，升级推出针对客户品牌进行推广的展位服务等，这些前瞻性商业运作使得其迅速崛起为聚集数以百万计的从事网上生意的买家和供应商的电商平台。[①]

我国电子商务市场发展迅速，成为我国较具竞争力的产业之一，目前我国电子商务交易规模、网络购物人数等均位居世界首位。“十二五”期间，电子商务就成为我国经济发展较快的领域之一，年均增长速度超过 30%，应用和服务形式更加丰富和多元化，影响到各行业、各领域，网络零售、跨境电子商务、在线生活服务等成为扩大消费的新亮点、经济转型升级的新引擎，对助推供给侧结构性改革和大众创业、万众创新，具有不可替代的独特作用。自 2013 年起，中国已连续三年成为全球最大的网络零售市场。[②]“十三五”规划将“拓展网络经济空间”作为单独一篇（第 6 篇），重点强调将“电子商务”作为信息化重大工程，支持电子商务领域基础设施的建设，进一步促进重点领域开展电子商务各类创新和融合应用，重点推动跨境电子商务综合试验区的建设，进而打造电子商务的国际大通道。[③]2018 年 7 月，中国互联网络信息中心发布了第 42 次《中国互联网络发展状况统计报告》，该报告显示，我国网络购物用户的规

① 参见“阿里巴巴集团控股公司”，载搜狗百科，https://baike.sogou.com/v16145.htm?fromTitle=%E9%98%BF%E9%87%8C%E5%B7%B4%E5%B7%B4，最后访问日期：2020 年 4 月 17 日。

② 参见电子商务法起草组编著：《中华人民共和国电子商务法条文研析与适用指引》，中国法制出版社 2018 年版，第 356 页。

③ 《中华人民共和国国民经济和社会发展第十三个五年规划纲要（2016—2020）》，载新华网，http://www.xinhuanet.com//politics/2016lh/2016-03/17/c_1118366322.htm，最后访问日期：2018 年 11 月 20 日。

模已经达到 5.69 亿（数据截至 2018 年 6 月）。相较 2017 年年底，同比增长 6.7%，数量占网民总数的比例是 71%；2018 年 1 月至 5 月，电商平台的收入总计达 1164 亿元，同比数据增长 39.1%。2017 年曾有较大的波动，相较而言，2018 年电商平台收入的增长速度相对平稳，电商平台的总体收入增长很快。[①]2019 年 8 月 30 日，中国互联网络信息中心发布了第 44 次《中国互联网络发展状况统计报告》，该报告显示，网络购物用户的规模达到 6.39 亿（数据截至 2019 年 6 月），相较 2018 年年底的数据增加了 2871 万，数量占网民总体数量的比例为 74.8%。2018 年数字经济规模达到 31.3 万亿，占国内生产总值（GDP）的 34.8%；在电子商务方面，2019 年上半年网上零售交易额为 4.82 万亿，同期比较增长了 17.8%。网络购物市场仍然持续快速发展，其中下沉市场、模式创新以及跨境电商为网络购物市场的发展带来了新的增长动力。在地理区域方面，以农村地区和中小城市作为代表的这种下沉市场，进一步拓展了网络消费的持续增长空间，电商平台加速下沉扩张渠道；在运营模式方面，"工厂电商""直播带货""社区零售"等各种新模式繁荣发展，可以说成为网络购物增长的新亮点；最后，在业态方面，跨境电商的零售进口额也在持续增长，国家出台的一系列政策更是给行业发展带来利好。[②]

---

① 中国互联网络信息中心：《中国互联网络发展状况统计报告》（2018 年 7 月发布），载中共中央网络安全和信息化委员会办公室网站，http://www.cac.gov.cn/2018-08/20/c_1123296882.htm，最后访问日期：2020 年 4 月 17 日。

② 参见中国互联网络信息中心：《中国互联网络发展状况统计报告》（2019 年 8 月 30 日发布），载中共中央网络安全和信息化委员会办公室网站，http://www.cac.gov.cn/2019-08/30/c_1124938750.htm，最后访问日期：2020 年 4 月 18 日。

我国电商平台在世界电子商务平台发展格局中也具有独特优势，体现为诞生了一批世界领先的具有全球视野和开放性的电子商务平台企业，包括多家“巨无霸”的电商平台企业，其业务经营和影响波及全球。我国电子商务平台企业以阿里巴巴在1999年创立为标志开始发展起来，受国内得天独厚的巨大市场支持，迅速崛起，同时又以全球开放性走向世界，与美国电子商务保持并驾齐驱的态势，共同形成了在全球电子商务上的领先优势。自2016年以来主流评选出来的全球十大互联网公司中，中国通常占据四席（阿里巴巴、腾讯、百度、京东等），电子商务是这些互联网平台公司主要的业务领域和收入来源之一。[①] 其中，阿里巴巴举办的“双十一”购物节堪称真正意义上的国际购物节，从交易范围和规模上来看，2016年交易额为1207亿元，覆盖全球235个国家和地区的消费者，是2015年美国“黑色星期五”全美传统商场交易额的1.7倍。[②]2019年，中国信通院发布《中国互联网行业发展态势暨景气指数报告》（2019），给出2018年全球互联网上市公司30强名单，中国电商平台企业有10家上榜，依次为腾讯、阿里、百度、网易、美团、京东、拼多多、360、携程网、微博，10家企业总市值达9540.17亿美元，占30强总市值的27.2%。[③]

---

① 参见电子商务法起草组编著：《中华人民共和国电子商务法条文研析与适用指引》，中国法制出版社2018年版，第358页。

② 参见《全球化购物和销售模式，将对人们的生活方式产生深刻影响——“双11”带给世界的，不只是消费革命》，载《人民日报》2017年11月16日22版。

③ 参见中国信息通信研究院（CAICT）：《中国互联网行业发展态势暨景气指数报告》，载中国信通院网，http://www.caict.ac.cn/kxyj/qwfb/bps/201907/t20190711_202914.htm，最后访问日期：2020年4月18日。

第二节 2

“电商平台”的规范界定与理解

一、关于“电商平台”的界定

我国学者针对平台及网络交易平台等相关概念，及其在我国法律法规中的演化，已经做出了很好的梳理和研究。平台，英文称platform，原义是指生产和施工过程中为进行某种操作而设置的工作台。[①] 电商平台的概念产生于互联网技术与经济领域特殊结合的条件下，属于计算机技术平台以一种面向双边经济市场架构开发的结果。在计算机技术领域，存在大量的“操作系统”之类的所谓“技术平台”，用户可以在其基础之上开发各种应用软件；而当这种计算机技术平台借助信息化支持足以形成一种具有双边市场架构的交易平台时，则成为网络交易平台或者说市场交易领域的网络平台。所谓“双边市场”，对于交易平台来说，是指存在两类相互依赖的客户群体，

① 参见中国社会科学院语言研究所词典编辑室编：《现代汉语词典》（第6版），商务印书馆2012年版，第1002页。转引自周学峰、李平主编：《网络平台治理与法律责任》，中国法制出版社2018年版，第3页。

其可以通过向市场一边收取更高价格而向另一边降低价格的方式来影响交易成交额，这样的市场就是双边市场。[①] 网络交易平台在电子商务领域的体现就是电商平台，作为网络信息化条件下利用信息技术平台搭建的一种为企业或个人提供电子商务洽谈的虚拟场所，从物理基础来看，是以网络信息基础设施、支付平台等共享资源支持的网络虚拟聚合平台，从服务功能来看，则是通过整合与交易相关的信息流乃至货物流、资金流有序、关联、高效流动形成的可以使得相关交易得以有效和低成本开展的重要场所。

从我国法律法规或规范文件对相关概念的正式使用来看，我国曾经在一段时间较为稳定地使用过“网络交易平台”的表述。例如，2007 年商务部发布的《关于网上交易的指导意见（暂行）》（商务部公告 2007 年第 19 号），便是使用了“网上交易平台”这一概念，并将“网上交易平台”界定为“平台服务提供者为开展网上交易提供的计算机信息系统，该系统包括互联网、计算机、相关硬件和软件等”。2010 年，国家工商行政管理总局[②] 制定的《网络商品交易及有关服务行为管理暂行办法》（已失效）继续使用了“网络交易平台”这一概念，并以专章的形式对“提供网络交易平台服务的经营者”的义务作出了规定。2013 年《消费者权益保护法》修订时也使用了“网络交易平台”概念。不过，在这期间，2009 年全国人大常委会制定的

---

① 参见周学峰、李平主编：《网络平台治理与法律责任》，中国法制出版社 2018 年版，第 3~4 页。同时参见［美］戴维·S. 埃文斯：《平台经济学：多边平台产业论文集》，周勤等译，经济科学出版社 2016 年，第 5 页。

② 注：2018 年 3 月 17 日，十二届全国人大一次会议审议通过《国务院机构改革方案》，不再保留国家工商行政管理总局，组建国家市场监督管理总局。

《侵权责任法》和2012年国务院制定的《信息网络传播权保护条例》，都只是使用了“网络服务提供者”的主体概念，而没有引入“网络交易平台”的概念表述。2014年之后一段时间，“网络交易平台”概念一度被“第三方交易平台”所取代，如国家工商行政管理总局2014年制定的《网络交易管理办法》便使用了“第三方交易平台”。2015年修订的《食品安全法》也采用了近似的“网络食品交易第三方平台提供者”的概念。2016年12月《电子商务法（草案）》一审稿使用的也是“电子商务第三方平台”的概念，并将其界定为：“本法所称电子商务第三方平台，是指在电子商务活动中为交易双方或者多方提供网页空间、虚拟经营场所、交易撮合、信息发布等服务，供交易双方或者多方独立开展交易活动的法人或者其他组织。”2017年11月，我国《电子商务法（草案）》二审稿中“电子商务第三方平台”更名为“电子商务平台经营者”。[①] 最终，2018年正式立法采纳了“电子商务平台经营者”的概念表述，该概念内部明确包含了“电子商务平台”的规范表述。

2018年《电子商务法》对“电商平台”并没有直接作出规范定义，但是分别对“电子商务”和“电子商务经营者”作出了明确的规范定义，因此可以通过这些规定做出规范推论的理解。《电子商务法》第2条规定的是该法的适用范围，即“电子商务”的范围界定。第2条第2款从网络服务功能类型的角度，正面界定本法中“电子商务”的概念，“是指通过互联网等信息网络销售商品或者提供服务的经营

---

① 我国法律法规和重要规范文件关于“网络交易平台”“第三方交易平台”等用语的使用及其演化过程，参见周学峰、李平主编：《网络平台治理与法律责任》，中国法制出版社2018年版，第4~7页。

活动”。这里的商品，包括有形商品和无形商品，如数字产品。[①] 同时，第 2 条第 3 款从反面排除了电子“金融类产品和服务”[②] 及有关网络内容的服务，即“利用信息网络提供新闻信息、音视频节目、出版以及文化产品等内容方面的服务”[③]。同时，第 9 条第 2 款将本法中“电子商务平台经营者”的概念界定为，“是指在电子商务中为交易双方或者多方提供网络经营场所、交易撮合、信息发布等服务，供交易双方或者多方独立开展交易活动的法人或者非法人组织”[④]。基于以上规定可推出，“电商平台”可以界定为一种“在电子商务中为交易双方或者多方提供网络经营场所、交易撮合、信息发布等服务，供交易双方或者多方独立开展交易活动的网络交易平台”，当然这里对“电子商务”的范围理解应与第 2 条规定保持一致。

---

① 《电子商务法》第 2 条规定："中华人民共和国境内的电子商务活动，适用本法。本法所称电子商务，是指通过互联网等信息网络销售商品或者提供服务的经营活动。法律、行政法规对销售商品或者提供服务有规定的，适用其规定。金融类产品和服务，利用信息网络提供新闻信息、音视频节目、出版以及文化产品等内容方面的服务，不适用本法。"

② 目前，互联网支付、网络借贷、股权众筹融资、互联网基金销售、互联网保险、互联网信托和互联网消费金融等为互联网金融的主要业态。电子商务法将除电子支付（互联网支付）之外的其他互联网金融类产品与服务排除在外。不过，电子支付虽然广义上属于金融类服务，但是乃支撑电子商务正常运行所必需的服务。因此，电子商务法没有将电子支付排除在外，而且在第三章“电子商务合同的订立与履行”中对电子支付服务提供者的义务与责任等进行了专门的规定。参见尹中卿主编:《中华人民共和国电子商务法解读》，中国法制出版社 2018 年版，第 24~25 页。

③ 关于提供网络新闻信息、播放网络音视频节目、提供网络出版与互联网文化产品等内容方面的服务，国家有专门的法律、行政法规和部门规章加以管理与规范，不属于电子商务法监管的范畴，如《互联网信息服务管理办法》等。但是当网络音视频节目、网络出版物、互联网文化产品或者网络新闻信息作为合同标的时，电子商务特定环节所涉及的合同成立、生效、标的交付与电子支付等，仍然适用电子商务法的相关规定。参见尹中卿主编:《中华人民共和国电子商务法解读》，中国法制出版社 2018 年版，第 23 页、第 25 页。

④ 参见《电子商务法》第 9 条第 2 款规定：“本法所称电子商务平台经营者，是指在电子商务中为交易双方或者多方提供网络经营场所、交易撮合、信息发布等服务，供交易双方或者多方独立开展交易活动的法人或者非法人组织。”

二、《电子商务法》中“电商平台”概念的规范理解

（一）“电商平台”纳入“电商平台经营者”主体规范的体系理解

《电子商务法》并未单独就“电商平台”作出界定，而是仅就“电商平台经营者”作出界定，这一事实表明“电商平台”本身并非独立的规范对象。电商平台经营者，即电商平台的经营主体。可见，《电子商务法》对“电商平台”的规范意义，实际上是通过对“电商平台经营者”的主体规范来达成的。电商平台规范应纳入电商平台经营者主体规范之下，其意义才能得到合理的体系化理解。所以，探求“电商平台”的规范意义时，首先需要研究“电商平台经营者”相关主体规范，重点为电商平台经营者与电商平台的关系规范，体现为电商平台经营者基于电商平台所产生的法律地位、权利、义务和法律责任等。

电商平台经营者，作为电子商务活动中的重要主体，按照我国《电子商务法》中第二章对“电子商务经营者”进行的规定，属于“电子商务经营者”的下位概念。也就是说，从更大主体范畴的角度来说，电商平台经营者是电商经营者中的一类主体。电子商务经营者，按照《电子商务法》第9条第1款规定，“是指通过互联网等信息网络从事销售商品或者提供服务的经营活动的自然人、法人和非法人组织”，其范围包括“电子商务平台经营者、平台内经营者以及通过自

建网站、其他网络服务销售商品或者提供服务的电子商务经营者”。[①] 从该规范中可以看出，电商平台经营者是电商经营者中的一类主体。所谓电商经营者，即电子商务法律关系的主体，是指在电子商务法律关系中享有权利和承担义务的个人或者组织。[②]

基于上述主体类型的规定，通过进一步的语义和体系分析，可以发现，我国《电子商务法》中的“电商平台经营者”应限于仅指第三方电商平台意义上的电商平台经营者。上述第 9 条第 1 款关于电子商务经营主体的规定，在类型上划分为电子商务平台经营者、电商平台内经营者和其他电商经营者三种类型。首先，它不同于平台内经营者。“平台内经营者”从概念上是指通过电子商务平台来开展销售商品及提供服务等活动的电子商务经营者。电子商务平台内经营者相对于传统经营者而言，既具有共性也具有自己的特殊性。从共性的角度来看，平台内经营者所具有的电子商务经营者的身份与传统的线下经营者相比，并没有很多特殊之处。[③] 其次，应当区别于所谓通过自建网站等进行销售商品及提供服务的电子商务经营者。后者属于所谓“其他电商经营者”，其中“自建网站”的表述寓意了“自营电商平台”之意，因此包括“自营的电商平台经营者”在内。

---

① 《电子商务法》第 9 条规定：“本法所称电子商务经营者，是指通过互联网等信息网络从事销售商品或者提供服务的经营活动的自然人、法人和非法人组织，包括电子商务平台经营者、平台内经营者以及通过自建网站、其他网络服务销售商品或者提供服务的电子商务经营者。本法所称电子商务平台经营者，是指在电子商务中为交易双方或者多方提供网络经营场所、交易撮合、信息发布等服务，供交易双方或者多方独立开展交易活动的法人或者非法人组织……”

② 参见徐海明:《中国电子商务法律问题研究》，北京理工大学出版社 2017 年版，第 28 页。

③ 参见尹中卿主编:《中华人民共和国电子商务法解读》，中国法制出版社 2018 年版，第 59 页。

在这个意义上，《电子商务法》中的“电商平台经营者”，虽然对字面上的简单理解可以指所有的以电商平台作为经营对象的电商平台经营者，但是通过对于三种主体类型的体系关联，应当排除第三类中已经区分出来的仅具有自营目的功能的电商平台经营者的情形，进一步限缩到兼具第三方电商平台意义的电商平台经营者和仅具有第三方电商平台意义的电商平台经营者两种情形；同时，根据该分类的规范目的，应当进一步限于在第三方电商平台经营这一意义的电商平台经营者来理解。换言之，电商平台经营者实质上就是第三方电商平台经营者，这两个概念的内涵是一致的。[①]

《电子商务法》关于电商经营者主体类型的区分，从体系上来说，并非简单的电子商务交易关系的主体区划，而是面向电商平台介入下复杂的电子商务交易关系的主体区划，也就是说这些主体类型是在电商平台介入模式下的电商交易关系中的多主体类型，或者说它们是一种共景共时状态下处于并存关系中的多主体类型。电子商务主体共存的多样性，产生于电商的特殊实践。本书前面已经叙述了电商及其平台化的发展过程和趋势，在此不再赘述。进入电商平台化时代以来，介入电商平台经营者的电商交易早已成为普遍现象。今天，电商平台经营者对市场的主导作用，构成我国电子商务发展的重要特点。据统计，通过平台经营者达成的交易占目前网络零售

① 所以有学者直接认为，《电子商务法》中电商平台经营者应当仅限于理解为“第三方平台经营者意义的电商平台经营者”。参见尹中卿主编：《中华人民共和国电子商务法解读》，中国法制出版社2018年版，序言二第14页，以及第58~59页。

市场规模的九成。[1]早期，在仅仅将电子化作为签约或履约辅助的情形下所形成的，是一对一的简单电商交易关系，交易主体相互对应而存在，其中，权利的享有者称为权利主体，义务的承担者称为义务主体；一般情况下，当事人通常具有双重身份，既是权利主体也是义务主体。[2]但是，在电商交易不断介入平台化的情况下，情况变得复杂起来。电商平台经营者可能作为第三方介入，导致电商法律关系表现为主体交织的多重法律关系，其中，电商平台经营者处于双边市场机制的多主体结构的中心位置，对此，需要法律作出特殊的主体规范。从法律调整的角度来说，电商平台经营者作为第三方介入电子商务经营，导致电商法律关系的复杂化，使得过去那种仅仅停留在对一般交易关系的法律调整显得捉襟见肘，不合时宜。于是，便产生了必须同时兼顾电商平台应用或者电商平台经营者介入的主体复杂性的法律需求。这就是《电子商务法》需要特别规定电商经营者主体的多种类型，并且重点从主体特殊规范角度对电商活动及其交易关系予以调整的重要前提和原因。也正因如此，我们理解关于“电商平台”及“电商平台经营者”的规范，应当从引入主体特殊规范的调整角度来加以正位。

《电子商务法》第二章关于“电商平台经营者”，或者说，其中“电商平台”的相关主体规范，主要规定在第二节中。第三章的规定，虽然属于广义电商特殊规范的一部分，但与主体无关，是基于运用电子化方式形成或履行交易法律关系本身的特殊化规范视角，

---

① 参见尹中卿主编：《中华人民共和国电子商务法解读》，中国法制出版社2018年版，序言二第14页。

② 参见朱孝立、罗荷香主编：《新编电子商务教程》，中国科学技术大学出版社2012年版，第194页。

主要体现为电子商务合同订立和履行的特殊规范。从整体上来看，电商平台主体特殊规范包括“一般 + 特殊”的体系结构：首先，需要遵循该章第一节关于电商经营者的“一般规定”；其次，需要遵循第二节“电商平台经营者”的特殊规定。从二者的关系来说，当特殊规范与一般规范相冲突时，特殊规范应当优先适用。对于电商平台经营者主体规范来说，第二节的特殊规范当然极为重要，代表了该部《电子商务法》的重点旨趣所在。这是因为在电商平台模式介入下，与一般电商经营者相比，真正具有特殊性、应该成为重点规范对象的是电子商务平台经营者。[①] 电商平台经营者是最具重要性和特殊性的电商经营主体，所以需要《电子商务法》重点作出特殊规范。

（二）“电商平台”在《电子商务法》规范语境下的类型区分

《电子商务法》未对第三方平台的类型进行明确界定，以便为未来出现的新形态预留出空间。[②] 这种方式应该考虑到了随着信息技术与互联网技术的飞速发展，“电商平台”仍处于快速发展演变之中，所呈现的形态会越来越多元化。从经济意义上来说，“电商平台”在现实中可以依据不同事实进行类型划分。例如，可以根据业务类型的不同，分为零售型电商平台和服务型电商平台；又如，还可以根据业务规模的不同，分为主导型电商平台和非主导型电商平台。在经

① 参见尹中卿主编：《中华人民共和国电子商务法解读》，中国法制出版社 2018 年版，第 57 页。

② 例如，微商、购物 APP 以及微信小程序等。参见尹中卿主编：《中华人民共和国电子商务法解读》，中国法制出版社 2018 年版，第 60 页。

济生活中，常见的一种分类，是根据不同的经营模式，分为平台模式和自营模式。如果再按平台参与者的不同，平台模式可再划分为B2C平台模式和C2C平台模式；自营模式亦可再划分为自营综合类模式和自营垂直类模式。[①]但是，从法律意义上来说，基于精细化调整的必要，对电商平台在差异明显的情况下，在一定范围内作出类型区分并因此形成差异化调整策略，从科学规范的角度来说，是很有必要的。通观我国《电子商务法》及其他相关法律规范，我们注意到上述从经济学视角进行的类型划分，并不必然形成法律意义上的类型划分。从现有法律法规已经具有的区别调整意义的角度来看，可以形成以下不同类型区分。

1. 基于《电子商务法》适用范围的类型区分：严格电商平台和社交媒体平台

《电子商务法》在第2条中通过对“电子商务”的概念界定和除外规定，明确了自身的适用范围。依据该条规定，“电子商务”指的是“通过互联网等信息网络销售商品或者提供服务的经营活动”，但特别规定排除了“金融类产品和服务”和“利用信息网络提供新闻信息、音视频节目、出版以及文化产品等内容方面的服务”的情况。不过，现实中，这一宽泛规定仍令人迷惑，对于认定一项商务活动为“电子商务”而适用本法，尚存在不确定性。在《电

---

① 肖聪：《重度垂直运营移动互联网时代的垂直化运营实践》，中国经济出版社2017年版，第39页。垂直电子商务指的是在某个细分行业或者细分市场开展专业化经营的电商模式，而垂直电商平台就是为这一电商模式提供交易的平台。垂直电商平台能够对本行业的整个产业链进行整合，提供更多的渠道以供平台商家进行产品营销。目前，垂直电商平台的商业营销模式主要有三种类型：一是垂直B2B平台，二是垂直B2C平台，三是垂直B2B2C平台。

子商务法》立法过程中，针对电子商务定义的外延，曾存在不同的认识。鉴于互联网的应用较为复杂，商业模式亦在不断创新演进之中，对此问题，应结合具体的商业模式和实践进行具体分析。[①]《电子商务法》作为电子商务领域的综合性和基础性法律，从立法目的解释和体系解释来看，针对调整对象主体和范围的解释，应尽可能地涵盖电子商务的实际领域。微商、社交媒体电商、移动应用商店提供的移动应用下载服务、共享经济或者分享经济等，本质特征仍为利用网络销售商品或者提供服务的经营活动，只是商业模式或者所依托的技术、平台不同，因此，应将上述活动界定为电子商务并适用《电子商务法》。[②]近年来，在社交媒体平台出现跨界经营发展的情况下，对电子商务的理解存在从功能扩张到社交媒体平台的可能。目前，不仅在我国内部，国外相关研究人员和实务界也极为关注我国《电子商务法》的适用范围所带来的电商平台和社交媒体平台的区分问题，讨论其是否应适用于兼有经营的社交媒体（social media）或信息平台（messaging platform），如微信，侵权商品的销售商可能在这些平台内积极做广告宣传，但通过其他渠道完成交易。[③]

因此，基于《电子商务法》适用范围的规定，有必要从功能上对狭义电商平台和社交媒体平台做出区分。这种分类以功能区划为

---

① 参见尹中卿主编:《中华人民共和国电子商务法解读》，中国法制出版社 2018 年版，第 25 页。

② 参见尹中卿主编:《中华人民共和国电子商务法解读》，中国法制出版社 2018 年版，第 25~26 页。

③ 一种观点认为，中国现行立法中的语言并不明确，学界迫切希望了解未来实施细则在这方面的具体内容。See China's New E-Commerce Law Still Has Loopholes for Infringers，by Loney，Michael，Managing Intellectual Property，09605002，10/1/2018.

基础，将凡是以商业交易或经营目的作为主要目的的网络平台，均视为狭义电商平台，反之，凡以从事或促进社会交往而非以经营行为为主要目的的网络平台，则为社交媒体平台。因此，严格意义上的电商平台，不同于社交媒体平台，不能仅仅在现实生活中因为有小部分人在利用社交媒体开展与经营活动相关的信息沟通及交易磋商，就当然地推定社交媒体在这种场景下本身就一定成为电商平台。然而，社交媒体平台如果此时拥有了类似电商平台的经营者长期入驻功能，并且允许此类经营者稳定地和持续地开展经营活动而已经成为平台内的经营者，那么，此种情形下也可以认为社交媒体兼具有电子商务平台的双重身份，在此范围内，应当适用有关电商平台的规定。① 换言之，我国现行法中的电商平台，在严格意义上来说，仅指电子商务中的第三方交易平台，但是必要时也应扩展至网络社交领域、内容聚合领域、应用程序分发领域等。②

实际上，近年来许多社交媒体虽然在基本功能上是以社交为目的，但是在实际发展中跨界引入了一定程度的经营功能。例如，腾讯微信平台小程序、公众号、朋友圈、群、私信等所谓社交媒体，现在通过加入销售商品或提供服务，已经成为电子商务的重要组成部分。这些社交媒体明显介入经营活动，理应纳入电商平台范畴，加以规范。在《电子商务法》实施后短短一个月的时间里，南京市场监管部门就登记了25个电商个体工商户，其中“微店”电商就有

① 参见尹中卿主编:《中华人民共和国电子商务法解读》，中国法制出版社2018年版，第64页。

② 周学峰、李平主编:《网络平台治理与法律责任》，中国法制出版社2018年版，第9页。

20多家。[①] 国家市场监督管理总局网络交易监督管理司2019年2月公布的《电子商务法》执法案例也明确要求，电子商务经营者包括在微信朋友圈等从事商品、服务销售的个体工商户，通过微信朋友圈的方式发布商品销售信息的，应当及时在微信朋友圈的显著位置公示营业执照和食品经营许可证等信息，对涉嫌违反《电子商务法》第15条第1款的相关规定，将进行行政处罚。[②]

2. 基于《电子商务法》电商平台主体规范适用的类型划分：自营模式的电商平台和第三方模式的电商平台

《电子商务法》第2章第2节所规定的，是关于电子商务平台经营者的主体规范，是以隐含区分自营模式的电商平台经营者和第三方模式的电商平台经营者为重要适用前提的，即此类规范主要是以后者作为调整对象。随着电子商务的发展，电商平台的类型和经营模式也呈现多样化和复杂化的趋势。因此，在这种情况下，就电商平台主体特殊规范适用而言，不同运营模式的区分至关重要。按照这一标准，电商平台可以区分为自营模式的电商平台和第三方模式的电商平台，因此就涉及对相关经营者是否适用第2节关于“电商平台经营者”的相关规范的问题。

自营模式的电商平台，是指仅供自己作为交易一方而使用的自建网络交易平台。在这种情形下，电商平台经营者与通常意义上的

---

① 参见《电商法实施两个月“回头看”》，载新浪网：http://news.sina.com.cn/c/2019-03-07/doc-ihsxncvh0453057.shtml，最后访问日期：2019年3月8日。

② 参见《〈电子商务法〉执法案例（一）》，载国家市场监督管理总局网络交易监督管理司官网，http://www.samr.gov.cn/wljys/wlscjg/201902/t20190218_290069.html，最后访问日期：2019年7月21日。

交易关系的一方并无明显区别，因此不属于《电子商务法》第 2 章第 2 节所规定的“电商平台经营者”，无须适用该章较为严苛的义务和责任等规定。电商平台在发展初期，通常少有自营模式的情况，但后来，它们往往会将自己和第三方提供的商品混合在一起（如亚马逊、京东等），整合上游功能（如亚马逊的 www.apub.com），获得其他基于网络的功能（如易贝的 www.paypal.com，实际上即将进行再次分拆）或开发自己的相关职能（如阿里巴巴的 www.alipay.com，一种在线转账服务），并为其卖家提供广泛的支持。[①]

第三方模式的电商平台，一般是指在电子商务活动中为交易双方或多方提供网络经营场所或者交易撮合或者信息发布等服务，供交易双方或多方可以独立进行交易活动的网络交易平台。在这种情形下，不仅有只提供第三方网络交易服务的第三方电商平台，如淘宝网、易贝，也有同时从事第三方交易服务和自营业务的综合性平台，如京东、苏宁易购、亚马逊等。其中，只提供第三方网络交易服务的第三方电商平台，其经营者显然属于我国《电子商务法》中第 2 章第 2 节中所界定的“电子商务平台经营者”，应当直接适用该项规定。但是，对于兼有第三方模式的电商平台，相关电商平台及其主体的性质，则需要进一步区分，不能简单地从可能的或潜在的经营业务出发，套用《电子商务法》第 2 章第 2 节的规定，而应该根据其在涉诉活动中的实际业务活动的性质进行再区分考量。其中，如果相关经营者在兼有第三方模式下从事第三方网络交易平台

① See Béatrice Martinet，Reinhard J. Oertli，Liability of E-Commerce Platforms for Copyright and Trademark Infringement，7 No. 5 Landslide 41.

服务，即并不直接参与交易活动而仅为交易双方提供交易平台服务时，则应当归入《电子商务法》第 2 章第 2 节的“电商平台经营者”范围，予以特殊规范。所以，《电子商务法》第 37 条明确规定，电子商务平台经营者从事自营业务时的主体性质是商品销售者或服务提供者。反之，如果相关经营者在兼有第三方平台模式下仍然只是从事了自营业务，则应当认定为仅属于依托电子商务平台而开展自营业务的一种非典型特殊情形，不能归入《电子商务法》第 2 章第 2 节关于“电商平台经营者”特殊规范的调整之下。

总之，从《电子商务法》关于“电商平台经营者”特殊主体规范限于实际第三方电商平台经营者而言，自营模式电商平台和第三方模式电商平台的区分，直接导致不同的规范适用后果。基于此，我们认为，电商平台在从事自营业务和实际从事第三方业务时，具有不同的主体性质；从事自营业务时的电商平台主体性质为网络内容提供者（ICP），而实际从事第三方业务的电商平台则属于网络（技术）服务提供者（ISP）。电子商务平台经营者从事自营业务的，在没有作出特别规定的情形下，原则上，不适用我国《电子商务法》第 2 章第 2 节的规定，具体到本书研究的电商平台知识产权保护问题来说，便无须适用该节规定的电商平台知识产权保护制度，而只需适用知识产权保护的一般性法律规定。[①] 不过，电商平台经营者从事自营业务，并非绝对必然排除第 2 章第 2 节规范的适用。该部分在某些具体条款中也含有涉及电商平台经营自营业务的特殊规范，

① 薛虹：《国际电子商务法通论》，中国法制出版社 2019 年版，第 95 页。

与纯粹非电商平台下的自营业务相比较，在某些方面增加了额外义务。例如，《电子商务法》第 37 条第 1 款的规定实际上在两者针对消费者的义务方面提出了进行明确标示区分的要求，明确电商平台经营者开展自营业务的，应当以显著方式分别标记，将自营业务和平台内经营者开展的业务区别开，不得混淆误导消费者。[①]

---

① 不过，该条第 2 款规定，电子商务平台经营者对其标记为自营的业务依法承担商品销售者或者服务提供者的民事责任。也就是说，电商平台从事自营业务时，平台上内容侵犯他人知识产权的，承担网络内容提供者（ICP）的直接侵权责任；销售的产品侵犯他人知识产权的，承担产品销售者、发行者、服务提供者的义务和责任。

第三节 3

电商平台全球开放性与《电子商务法》立法国际化

一、电商平台的全球开放性

电商平台是建立在互联网技术基础上，其互联网全球互联互通的特点，使得电商平台自始就天然地具有全球开放性的条件和动机。实际上，基于网络效应和商业利益最大化的利益驱动，各国电商平台始终致力于打破妨碍经营的国界壁垒，争取最大的开放经营空间。互联网带来的“世界是平的”的效果也要求互联网经济利益的普惠，这更为电商平台跨境开放发展提供了合理性。[①] 电商平台这种开放性、普惠性的天然驱动，为全球各国经济发展提供了全新的动能。过去，受到地域和国境等因素的限制，世界上绝大多数企业在信息基础设施不完善的条件下，难以有效地参与国际分工合作。但

① 参见［美］托马斯·弗里德曼：《世界是平的：一部二十一世纪简史》，何帆、肖莹莹、郝正非译，湖南科学技术出版社 2016 年版，第 1~10 页。

是，如今电商平台已经可以利用互联网的全球开放性特点进行跨境经营，当然会不遗余力地加入国际贸易格局之中，共享经济全球化所带来的机遇。联合国贸易和发展会议（UNCTAD）的统计数据显示，2015 年全球电商市场规模就高达 22.1 万亿美元。相关国际机制致力于促进区域经济及全球经济一体化进程的同时，亦在努力支持电商平台的全球化、普惠化经营。例如，关注世界经济发展与治理的 B20、G20 峰会，即一直把发展跨境电商作为复苏世界经济的一剂良方。[①]

我国电商平台对于跨境经营也非常重视，一些电商平台企业基于互联网，都较早就设立了相关跨境平台，如阿里巴巴速卖通、敦煌网等。这些平台借助国际物流，突破传统贸易在时间、地域上的限制，压缩了国际贸易的诸多环节，降低了企业能够参与对外贸易的高门槛，促进了国际贸易的发展，提高了企业的利润率，满足了消费者的需求，同时极大增加了消费者剩余，对我国对外贸易的传统模式形成非常大的补充，实际上，也促使了传统外贸企业进行升级换代。[②]我国政府积极支持这种电商平台跨境化，及时提供政策支持和保障。例如，早在 2015 年，国务院为应对这种电商跨境环境下的全球贸易发展新变化，批复同意设立“中国（杭州）跨境电子商务综合试验区”，旨在抢占跨境电商领域的制高点，构建开放型经济

① 参见《聚贸：构建开放普惠的全球电子商务平台》，载《齐鲁晚报》2017 年 1 月 16 日。相关信息参见：http://news.ifeng.com/a/20170116/50582314_0.shtml，最后访问日期：2020 年 6 月 21 日。

② 参见邹蕴涵：《跨境电子商务：新业态、新起点》，载国家信息中心网，http://www.sic.gov.cn/News/459/7210.htm，最后访问日期：2020 年 5 月 6 日。

新体制，将我国跨境电子商务推进新的发展阶段。[①] 与此同时，企业或者服务机构促进电商合作的服务模式也不断翻样或升级，如 E4B 模式就因赢得了广泛赞誉而得到推广。在 E4B 的新型模式下，无论实体商品企业还是服务提供商，均可以参与全球协作。[②] 跨境经营已经成为我国电商平台的显著特点，至《电子商务法》出台前后，无论交易量还是平台规模都呈现出巨型化的发展态势。2018 年 9 月 19 日，电子商务研究中心发布了《2018 年（上）中国跨境电商市场数据监测报告》，该报告显示，2018 年上半年，中国跨境电商的交易达到 4.5 万亿元规模，同期比较增长率为 25%。其中，出口电商交易达到 3.47 万亿元规模，同期比较增长 26%；进口电商交易规模达 1.03 万亿元，同比增长 19.4%，预计 2018 年全年将达到 1.9 万亿元。[③]2019 年年初，电子商务研究中心发布了《中国 2018 年跨境电商行业“百强榜”》。根据平台 GMV、营收、利润、行业影响力、投融资情况等指标综合评估，排在“百强榜”中重要位置的几乎覆盖了跨境电商

---

① 参见《国务院关于同意设立中国（杭州）跨境电子商务综合试验区的批复》（国函〔2015〕44 号），载中央人民政府网，http://www.gov.cn/zhengce/content/2015-03/12/content_9522.htm，最后访问日期：2020 年 5 月 6 日。

② 2016 年亚太经合组织（APEC）第二十四次领导人非正式会议峰会的“重新设计贸易”讨论上，来自中国的聚贸跨境电商推出所谓 E4B（ecosystem for business）创新商业模式，受到关注，对比区域化、品类和功能相对单一的传统 B2B 平台，E4B 模式被认为更具开放性和普惠性，更有利于支持实现全球化定位、全品类经营、全产业链覆盖和全方位服务，截至 2016 年有超过 120 个国家融入 E4B 网络。参见《聚贸 E4B 模式：为全球带来共赢增长新机制》，载网易新闻，http://news.163.com/16/1212/11/C834V1LH00014JB5.html；及《APEC 峰会上新模式电商重磅发声聚贸 E4B 模式引爆 APEC 朋友圈》，载环球网，https://finance.huanqiu.com/article/9CaKrnJYJiN，最后访问日期：2020 年 4 月 10 日。

③ 参见《电子商务研究中心发布〈2018 年（上）中国跨境电商市场数据监测报告〉》，载搜狐网，https://www.sohu.com/a/256424496_100017160，最后访问日期：2020 年 5 月 6 日。

行业所有知名企业，既有阿里巴巴国际站、天猫国际、敦煌网、京东海囤全球、苏宁国际等 B2C 平台类企业，也有网易考拉、亚马逊海外购、小红书等 B2C 自营类企业，还有菜鸟网络、海带宝、一达通等服务商类型企业。[①]

二、《电子商务法》立法的国际化

电商平台的全球开放性和跨境交易的发展，对《电子商务法》提出了国际化需求，要求其适应中国电商平台开放经营的客观需要。该法虽然在第 2 条明确了其作为国内法仅适用我国境内的电子商务活动，不过相关规范亦是从有利于国际电子商务开展的角度来设计的，体现了我国电子商务国际化对规范国际趋同化的合理需求，削除了不必要的国内法壁垒。

《电子商务法》的立法思想是既要努力为互联网时代的中国经济发展创建更加坚实的法治基础，又要为国际电子商务及互联网立法贡献一种中国方案。[②] 该立法在起草时即强调对于电子商务的国际共同经验的遵循，在认真研究梳理、充分借鉴国际组织及主要国家经验做法的基础上，我国曾召开两次国际研讨会，并邀请联合国贸易法委员会及美国、欧盟、日本、新加坡等多国或地区专家，结合我

---

① 参见《〈2018 年中国跨境电商行业“百强榜”〉发布》，载商经社网，http://www.100ec.cn/detail--6492162.html，最后访问日期：2020 年 5 月 6 日。

② 参见刘馨蔚：《〈电商法〉：国际电子商务的中国方案》，载搜狐网，https://www.sohu.com/a/345212012_120325604，最后访问日期：2020 年 5 月 6 日。

国电子商务的立法工作开展专题研讨。[①]

该法特别重视跨境的具体法律环境的优化建设，专门针对海关、跨境国际规则合作、纠纷处理等提出了相关配套立法要求。《电子商务法》第72条规定："国家进出口管理部门应当推进跨境电子商务海关申报、纳税、检验检疫等环节的综合服务和监管体系建设，优化监管流程，推动实现信息共享、监管互认、执法互助，提高跨境电子商务服务和监管效率。跨境电子商务经营者可以凭电子单证向国家进出口管理部门办理有关手续。"第73条规定："国家推动建立与不同国家、地区之间跨境电子商务的交流合作，参与电子商务国际规则的制定，促进电子签名、电子身份等国际互认。国家推动建立与不同国家、地区之间的跨境电子商务争议解决机制。"总之，我国《电子商务法》在跨境发展合理需要的驱动下具有国际趋同化的明显自觉。

---

① 参见吕祖善：《关于〈中华人民共和国电子商务法（草案）〉的说明——2016年12月19日在第十二届全国人民代表大会常务委员会第二十五次会议上》，载中国人大网，http://www.npc.gov.cn/zgrdw/npc/xinwen/2018-08/31/content_2060159.htm，最后访问日期：2020年5月6日。该"起草说明"还对跨境电子商务进行了立法解释。近年来，我国跨境电子商务快速发展，已经形成一定的产业集群和交易规模。发展跨境电子商务，有利于完善我国对外开放战略布局和对外贸易优化升级，有利于推进"一带一路"建设和实施自由贸易区战略，形成对外开放新体制。为支持、促进和保障跨境电子商务发展，电子商务立法对此作了专门规定。一是国家鼓励促进跨境电子商务的发展。二是国家推动建立适应跨境电子商务活动需要的监督管理体系，提高通关效率，保障贸易安全，促进贸易便利化。三是国家推进跨境电子商务活动通关、税收、检验检疫等环节的电子化。四是推动建立国家之间跨境电子商务交流合作等。

第二章

电商平台经营者角色演化及影响

第一节

电商平台经营者角色演化及其主体地位嬗变

一、电商平台经营者角色演化及主体规范嬗变问题的提出

电商平台经营者提供服务的方法是提供电商平台，使利用电商平台进行交易的双方或者多方，在电子商务平台上独立开展交易活动。[①]电商平台的出现改变了信息化时代商务活动的基本结构和形式，使得新时期交易大量演化为“通过电商平台的在线交易”。这种交易的特点是，不仅以电商平台上发布的商品或者服务信息为前提，而且也是在平台相关机制的协助下订立和履行。如此看来，对电商平台的规范就显得十分必要和重要。但是，对于“电商平台”规范的研究，应当着眼于对电子商务主体法律制度，尤其是电商平台主体

① 杨立新：《电子商务法规定的电子商务交易法律关系主体及类型》，载《山东大学学报（哲学社会科学版）》2019 年第 2 期。

制度的研究。这是因为，平台是“工具”，经营者才是“人”，法律规范“人”，而不规范“工具”。关于电商平台的规范，最终要纳入电商主体规范，尤其是“电商平台经营者”主体规范之中。提供信息服务的电商平台，其本身并非法律上的人格者，而电商主体才是法律上的人格者。其中，“电商平台经营者”处于关键的运营者的位置。基于这种认识，我国《电子商务法》并没有对“电商平台”单独作出规范，而是将其纳入“电商平台经营者”规范体系，体现为电商平台经营者，作为第三方电商平台开展经营服务时的一系列规范，对电商平台经营者如何运营提出系列要求，如电商平台经营者在电商平台模式下提供第三方服务时，应当就电商平台加以合理经营利用并享有或承担相应权利、义务和责任。[①] 可见，电商主体尤其是电商平台经营者的规范，对电商平台规范研究具有直接意义，是认识和理解电商平台规范的体系基础和前提。[②]

电商平台主体制度的确立只是近来的事情，但研究起来却颇为棘手。这是因为，通过相关的规则和实践分析不难发现，其背后存在着一个电商平台主体论的观念变化和演进的复杂问题。电商平台经营者主体的定位，在短短的时间里产生了一些重要的发展变化。这些变化的原因和内涵值得我们思考。

---

① 《电子商务法》通过第 9 条第 1 款将“电商平台”纳入“电商平台经营者”一并予以规范界定，表明“电商平台”本身并非独立规范对象，而是纳入电商平台经营者的主体规范整体中处理。“电商平台”纳入“电商平台经营者”主体规范之下的这种体系关联事实，可以让我们认识到，关于“电商平台”规范系统的研究，实际应该转化为电商主体法律制度研究尤其是电商平台主体制度研究的一部分。

② 徐海明:《中国电子商务法律问题研究》，北京理工大学出版社 2017 年版，第 28 页。

首先，从法社会学的角度来说，社会生活中电商平台经营者的角色定位及其演化是法律上电商平台经营者主体地位构建和演化的基础。所有法律上的主体都是现实社会关系中的主体，社会关系主体根据自身社会角色定位来实现社会期待、履行社会义务并承担特定的社会责任，并最终在法律上反映为相应的法律主体定位和相应的权利、义务、责任要求。社会生活中特定主体的角色定位，最终体现为与其特定地位和作用相一致的社会期待或相应的社会要求，既是社会地位和积极利益的赋予基础，也是责任的载体或责任伦理的逻辑前提。[①] 电商平台经营者也不例外，只有正确认识其充当的社会角色，特别是其在实际业态发展中主体身份的认定、作用发挥及发展变化，才能合理地认识电商平台经营者这一特殊主体应当具有的法律地位及应享有的权利、承担的义务和相应的法律责任。当前立法和司法中的诸多争议，大多是由于缺少对电商平台经营者角色的准确理解和深刻把握所导致的。

其次，电商平台经营者角色也是变动的，其打造的电商平台是先进信息技术和商业模式相结合的产物，自身存在不断发展的可能。当这种发展积累到一定程度，就会打破既有的结构和功能，导致角色定位和功能的全新变化。正如美国文化人类学家拉尔夫·林顿所说，“角色体现了地位的动态的一面”，它是社会结构和社会安排的表征，当个人以特定的身份享有权利、承担义务时，就是在扮演其角色。[②] 电商平台经营者充当的实际角色，与其在法律上的主体地位

① 田秀云：《角色伦理的理论维度和实践基础》，载《道德与文明》2012 年第 4 期。

② ［美］乔纳森·特纳：《社会学理论的结构（下）》，邱泽奇等译，华夏出版社 2001 年版，第 10 页。

和相关权利、义务和责任配置的确定，存在内在联系。电商平台经营者充当的实际角色的发展必定引发法律上主体定位和相关权利义务与责任的变革。

可以发现：电商平台经营者就其本身角色定位和作用而言，随着新的信息技术应用和商业模式的更新迭代，出现了重要的演化趋势。这种趋势的基本特点是：基于新的技术应用和结构调整，电商平台经营者越来越有能力影响平台信息环境及其中的用户交互，从而大大加强了对于平台结构和功能的影响能力，并且逐渐形成实际控制。与此同时，电商平台经营者这种实际角色的新发展，对相关法律地位或权利、义务和责任的设定提出了新的要求。人们逐渐认识到，法律需要引入新的方法或手段来规范电商平台经营者，以便及时调整其主体地位、作用和相关的权利义务责任机制，包括促使电商平台经营者通过审核、推荐和策划等行为来不断调整公众论域（public discourse）所出现的新的变化。[①]

二、电商平台经营者早期角色定位及其主体地位确立

（一）早期电商平台经营者的技术服务提供者的本质及中介中立地位

对于电商平台的属性，以及因此而产生的法律上的后果应该具

---

① See Mariarosaria Taddeo & Luciano Floridi, New Civic Responsibilities for Online Service Providers, In the Responsibilities of Online Service Providers, 1 (Mariarosaria Taddeo & Luciano Floridi eds., 2017).

体情况具体分析。[①]在电商平台发展的初期，平台只是一种较为单纯的信息技术化服务组织架构或者说主要是一种更加接近于技术服务本质的组织架构。既有研究揭示，网络平台早期主要是通过信息科技链接商业交易生态系统中的互动主体、机构或资源，形成一种通过数字技术消除了空间和时间阻碍的融合开放的各方参与式架构，或者说，创造了一种为外部供应商和顾客之间的价值创造互动的商业模式，超越传统企业的“管道”（pipeline）传递价值的线性价值链（liner value chain）模式，转变为复杂的平台化价值矩阵模式，使得简单的管道格局变成一种复杂的关系。这种平台之所以能打败“管道”，不仅因其创造了新的价值互动模式，或者说开发了价值创造的新来源，而且也因为其借助规模化，有效消除了低效率意义上的管道式“守门人”（gate keeper），使其规模化更加有效。[②]

由上可见，在早期电商平台化模式中，其经营者的身份或者地位的最本质的特征在于其中立和中介性质，仅为双方或多方用户提供中立的技术媒介服务，充当商事交易、社会交往或信息传播的媒介。[③]首先，电商平台经营者在网络社会关系中的角色为“中介方”，[④]属于电商平台上交易的中介服务者，既区别于交易关系的直接

---

① 尹中卿主编：《中华人民共和国电子商务法解读》，中国法制出版社2018年版，第65页。

② 参见［美］杰奥夫雷·G. 帕克、马歇尔 .W. 范·艾尔斯泰恩、桑基特·保罗·邱达利：《平台革命：改变世界的商业形式》，志鹏译，机械工业出版社2019年版，第6~7页。

③ 周学峰、李平主编：《网络平台治理与法律责任》，中国法制出版社2018年版，第9页。

④ See Béatrice Martinet，Reinhard J. Oertli，Liability of E-Commerce Platforms for Copyright and Trademark Infringement，7 No. 5 Landslide 41.

参与者，也有别于传统意义上的“柜台出租方”。[①] 体现为：（1）平台仅是交易的场所，其经营者不是交易的双方，不参与交易的过程。（2）经营者仅提供技术平台服务，而不是具体信息的发布者。[②] 其次，电商平台经营者是较为纯粹的网络信息技术化服务提供者。互联网销售平台服务提供商（ISPP）仅向卖方和买方提供技术设施，或者说，仅为交易双方提供有利于交易开展的信息技术平台支持。

（二）早期电商平台经营者中介中立法律地位的确立及其体现

早期电商平台经营者实际具有交易中介和技术中立的身份特点，反映到法律上，网络平台经营者相应的主体地位及权利、义务和责任也应以此为基础。[③] 在早期的立法和实践中，通常都将电商平台经营者设定为交易的“中介者”；同时，从互联网平台提供技术服务的角度出发，基于技术中立的观念，也赋予其作为技术创新和应用者所享有的“技术中立”地位。

欧美早期的法律、判例或者研究文献中对于所谓网络服务提供者（在线服务商），明确了其技术中立和服务中介人的地位定性和免责保障。电商平台经营者的概念在当时并没有凸显出来，而是从提供特殊网络技术服务的角度，表述为“网络服务提供者”。这一时期，

---

① 吴仙桂认为，网络交易平台的法律性质属于特殊的租赁平台，租赁的是一个由数据信息构成的虚拟空间，其地位相当于网络交易双方的桥梁。参见吴仙桂：《网络交易平台的法律定位》，载《重庆邮电大学学报（社会科学版）》2008 年第 6 期。

② 廖宇羿：《以淘宝网为例谈网络交易平台提供商在知识产权保护中的义务》，载《法律适用》2012 年第 9 期。

③ 薛虹：《网络服务提供者中介责任“避风港”的比较研究》，载《中国版权》2011 年第 4 期。

一般也将“网络服务”在法律概念上表述为“网络中介或互联网中介（Internet Intermediary）”，将“网络服务经营者”称为“网络中介服务提供者（internet intermediary service provider）”，同时，将其责任表述为“网络中介责任（Internet Intermediary Liability）”。[①] 该时期的法律规定，网络服务提供者在信息传播中具有纯粹的被动角色，是获得中介身份责任免除的关键条件。而对互联网中介责任的理解，又通常建立在道德的或功利的等不同理论基础上。[②] 以美国为代表的某些网络先发国家，其早期关于互联网服务者责任的法律，在鼓励网络信息科技加速创新和开发应用的意识下，[③] 引入技术中立原则，在认为纯属信息技术服务的范围内，对网络服务提供者作出进一步

---

① 其中，功利理论认为，只有在成本效益分析的基础上才应施加赔偿责任，特别是对那种具有双重用途的技术来说更加重要，它既可用于侵犯他人权利又可促进社会有益用途。雷纳·克拉克曼（Reiner Kraakman）30 年前通过开创性文章提出了这种功利方法，奠定了所谓的“看门人理论”（gateway theory）的基础，对早期在线中介政策的形成产生影响，在中介责任政策中一直占主导地位。目前，关于中介责任的道德理论逐渐兴盛，人们开始关注如何支持将网络服务提供者的中介责任转化发展为一种强化的“责任”，其思路是，由于网络服务提供者（OSP）有能力影响市场，因此其作用是前所未有的，包括也可能鼓励侵权，但鼓励侵权是不道德的，所以网络服务提供者应就鼓励用户侵权的部分承担责任。服务提供商因侵权活动而获得回报，很难说他们不应该承担责任（Service providers reap rewards for infringing activity. It is difficult to argue that they should not bear the responsibilities），See 187-FZ of July 2，2013 amending Russian Civil Code，1253.1，http://cyberlaw.stanford.edu/page/wilmap-russia.

② See Alfred C. Yen，Internet Service Provider Liability for Subscriber Copyright：Infringement，Enterprise Liability，and the First Amendment，Vol. 88 Georgetown Law Journal，pp.1~12. 同时，也可参见周学峰、李平主编：《网络平台治理与法律责任》，中国法制出版社 2018 年版，第 8 页。

③ 技术中立原则是人类近代以来法律上确立的对于科技活动的一种鼓励原则，为科技开发和应用本身提供了免于责任的盾牌。这既是出自对于科技活动应该具有中立性质和价值的认识论的表达，也是基于国家之间开展科技竞争实践的需要。通常，在某种科技开发和应用的初期，国家为了鼓励其加速创新，往往会强化技术中立原则的适用，但是当这种科技成熟之后，往往会削弱该原则的适用。

免除或者减轻责任的规定。[①] 根据网络中立原则，网络服务提供者首先应当平等对待经由其基础设施发生的所有商业活动，以防止平台利用歧视、威胁来榨取和勒索等行为的风险；如果能做到这一点，其可以得到法律保护，并可因此而免责。[②] 可见，网络中立原则既体现为行为规则要求，也体现为免责机制的效果，成为规制网络服务提供者的重要规则。[③]

欧盟在 2000 年 6 月 8 日出台了《欧洲议会及欧盟理事会关于共同体内部市场的信息社会服务，尤其是电子商务若干法律方面的第 2000/31/EC 号指令》（以下简称《电子商务指令》），试图调和法律确定性与电子商务提供的可能性之间的矛盾，尤其是明确中介服务者引发的责任。其中，第 12 条至第 15 条的规定选择了有利于中介服务提供者一方的侵权责任规则，且不同于欧洲法上一般的侵权责任归责模式。[④] 欧洲法院（CJEU）在 C−236 / 08 至 C−238 / 08（Google AdWords）案中，为了确定相关服务提供商（谷歌）的责任是否可能受到《电子商务指令》第 14 条的制约，有必要查明该服务提供商所扮演的角色是否中立的（the role played by that service provider is neutral），即其行为是否只是纯技术的、自动的和被动的，不知道或

---

① 参见薛虹：《网络服务提供者中介责任“避风港”的比较研究》，载《中国版权》2011 年第 4 期。

② See Lina M. Khan，Sources of Tech Platform Power，2 Geo. L. Tech. Rev. 325，332（2018）.

③ 关于如何实现网络服务提供者中立，存在不少深入的研究，其体系架构和实现途径成为讨论热点。See Frank Pasquale，Platform Neutrality：Enhancing Freedom of Expression，17 THEORETICAL INQUIRIES IN L. 487（2016）.

④ 参见薛杉：《网络中介服务提供者知识产权侵权责任的发展与革新》，载《科技与法律》2015 年第 6 期。

不了解其所存储的数据，或者无法控制。[①]

美国早在1996年就出台了《通讯正派法》(Communications Decency Act，简称CDA，又译《通讯礼仪法》)，最早对网络服务者明确规定了“网络中介责任”(Internet Intermediary Liability)。该法第230条规定，网络服务者被视为仅具有中介人地位，即“交互式计算机服务的提供者或用户不得被视为另一信息内容提供者提供的任何信息的发布者或发言人”[②]。在1998年，美国出台了《千禧年数字版权法》(DMCA)，于2000年生效实施。该法从鼓励信息技术创新的角度，就电子版权领域确立了对于网络服务提供者的特殊中立保护，即具有优待意味的所谓“避风港规则”(safe harbor rules)，明确了在纯技术服务的范围内，如果网络服务提供者在遵循一系列要求的前提下，可以获得责任豁免。第512条为网络中介服务提供者设置了四个所谓的“避风港”，以限制侵权责任规则对网络中介服务提供者的适用。据此，对于电商平

① Cases C-236/08 to C-238/08 (Google AdWords), at paras. 113-114. Similar in Case C-324/09 (eBay) ECLI：EU：C：2011：474，para 113.

② See 47 U.S.C. 230 (c) (1) (Supp. II 1996). “No provider or user of an interactive computer service shall be treated as the publisher or speaker of any information provided by another information content provider.” 相关判例后来理解认为，这一规定除了可以发挥保护互联网服务提供商免受用户版权侵权责任的意义之外，也可以用来拒绝让互联网服务提供商为他人的诽谤性言论承担责任。例如，著名的泽兰和德拉吉案都利用1996年《通讯礼仪法》第230条来免除互联网服务提供商对他人诽谤言论的责任的案例。See Zeran v. America Online，Inc.，129 F.3d 327，333-35 (4th Cir.1997))(拒绝让互联网服务提供商为张贴在美国在线公告板上的诽谤性声明承担责任)；Blumenthal v. Drudge，992 F. Supp. 44，52-53 (D.D.C. 1998)(拒绝让互联网服务提供商为其网络上散布的诽谤性故事承担责任)。一般认为，从47 U.S.C. 230(c)(1)(Supp. II 1996)的文义上来看，是要避免对网络服务提供者(ISPs)施加版权间接侵权责任尤其是替代侵权责任。

台经营者来说，在中介责任法（intermediary liability law）基础上，又基于技术中立添加了享受避风港的优遇：享有对他们认为合适的站点进行监管的权利（right），但不承担相应的义务或职责（responsibility）。[①] 不过，在“避风港”下，被动传播与平台对信息的主动使用之间的区别是微妙的，无法用一般术语来描述，而是取决于案件的具体情况。[②] 当然，并非所有国家都有 CDA 和 DMCA 之类的法律，[③] 因此，相互之间产生了一定的法律隔阂和抵牾。许多国家或地区要求搜索引擎等服务商删除其在美国法上没有义务删除的链接，如德国、阿根廷和日本都曾要求谷歌更改某些诽谤个人或误导用户的搜索结果。[④] 为此，各国不断通过谈判签订贸易协定，以便使针对中介人的豁免和有罪不罚政策进一步国际化，[⑤] 使得各国法上的“避风港”虽有细节差别，但是总体上的可比性和趋同化仍然是非常明显的。[⑥]

我国这一时期的相关法律法规通常也将网络平台经营者称为“网络服务提供者”，原则上，赋予中介法律地位同时令其承担相应法律责任。2009 年《侵权责任法》即如此。该法第 36 条明确

---

① Tarleton Gillespie, Platforms Are Not Intermediaries, 2 Geo. L. Tech. Rev. 198, 216 (2018).

② Thomas Riis & Sebastian Felix Schwemer, Leaving the European Safe Harbor, Sailing Toward Algorithmic Content Regulation, 22 J. Internet L. 1, 18 (2019).

③ See Corey Omer, Intermediary Liability for Harmful Speech: Lessons from Abroad, 28 HARV. J.L. & TECH. 290 (2014).

④ See Frank Pasquale, The Black Box Society, Harvard University Press (2015), p.198.

⑤ See Frank Pasquale, Platform Neutrality: Enhancing Freedom of Expression in Spheres of Private Power, 17 Theoretical Inquiries L. 487, 513 (2016).

⑥ 参见薛虹：《网络服务提供者中介责任“避风港”的比较研究》，载《中国版权》2011 年第 4 期。

使用了“网络服务提供者”的概念。相关观点认为，电商平台经营者所经营的平台，实际上是一个虚拟的网上交易空间，平台经营者通过为相关网络空间使用者提供相应的服务来获得收益。这种服务即通常所称的网络服务，平台经营者的身份为“网络服务提供者”。[①] 电商平台经营者作为为买卖双方提供网络交易服务的第三方，应视为网络技术服务提供者，属于《民法典》第1194条、第1195条“互联网专条”所规定的“网络服务提供者”，应纳入其调整范围。相关司法实践中，通常也采取这种见解。例如，在某念公司与某宝公司、杜某发侵害商标权纠纷上诉案中，二审法院认为，上诉人作为某宝网的平台经营者，在本案中为杜某发销售侵权商品提供了平台服务，没有直接实施销售侵权商品的行为，性质属于网络服务提供者，因此仅承担中介责任。[②] 这种认识甚至为《专利法》(2020年)的修订草案所采纳。[③]2013年修订的《信息网络传播权保护条例》也使用了“网络服务提供者”的概念，并在一定程度上借鉴了美国《千禧年数字版权法》的规定，在包括信息存储服务在内的四种情况下，引入了体现“避风港”意义的“通知—删除”规则。那些不属于《信息网络传播权保护条例》

---

① 参见尹中卿主编:《中华人民共和国电子商务法解读》，中国法制出版社2018年版，第64~65页。

② 参见(2011)沪一中民五(知)终字第40号民事判决书。

③ 该草案新增了针对网络环境下第三方专利侵权中网络服务提供者的法律责任问题的规定。起草者在立法问答中，明确认为电商平台属于网络服务提供者之一，但网络服务提供者不等同于电商平台，只要本质上是提供信息存储空间或者提供搜索、链接等通道和技术平台的服务提供者，对于相关信息有完全的控制力，就应当适用本条款。参见《立法问答：专利法修订草案系列(1)网络服务提供者篇》，载国家知识产权局官网，http://www.sipo.gov.cn/docs/pub/old/ztzl/ywzt/zlfjqssxzdscxg/xylzlfxg/201607/t20160720_1281808.html，最后访问日期：2019年7月9日。

规定的四类网络服务提供者的主体，则不适用《信息网络传播权保护条例》的相关规定。①

三、电商平台不断发展导致经营者角色演化及主体地位变化

（一）关于电商平台经营者角色的早期争议与反思

即使在电商平台化的早期，对于电商平台经营者赋予中介中立地位的合理性即存在不同观点。随着电商平台自身的不断壮大，这些观点越发具有参考价值。不同观点尽管在一段时间内不被视为主流，但随着互联网平台的发展，其所发出的批评声音越发振聋发聩，如何合理地对网络平台予以法律治理的认识，引起了人们不同程度的反思，甚至在一定程度上为一些具体立法或者司法实践所采纳或考量。例如，美国早期判例虽然坚持网络服务提供者的中介中立待遇，但亦不时出现一些“游离于外”的倾向，在某些方面弱化了网络平台中介中立地位，加大了对网络平台经营者适用间接侵权责任

① 北京知识产权法院 2019 年 6 月 20 日在“某云公司与某越公司侵害作品信息网络传播权纠纷二审民事判决书”中指出，根据服务对象、服务内容、服务方式的不同，当前实际运营的信息存储空间服务主要包括综合性门户平台（含网站、APP 等）、电子商务平台、媒体平台、社交平台、云盘、网盘等。该判决也认为，《信息网络传播权保护条例》仅规定了自动接入、自动传输、自动缓存、信息存储空间、搜索链接等类型的服务，并在此基础上做了相应制度安排；同时《著作权法》《信息网络传播权保护条例》未对除此之外的服务进行一般性规定。参见（2017）京 73 民终 1194 号民事判决书。一审为北京市石景山区人民法院，参见石民（知）（2015）初字第 8279 号民事判决书。

的可能。[①]在必要时，美国法院和立法机构甚至引入了企业责任理论，认为网络服务提供者作为企业，既然是网络特殊风险的引入者，就应当引入相应的“企业责任”。该理论要求企业应将因其经营而造成的损失作为经营成本予以内部化，认为事实上的控制和经济利益的要求，只是评估被告是否能够分散损失和监督用户行为的简单方法而已，由此，鼓励企业对相关损失采取预防措施，或者通过将此类成本分散到社会更大范围来提高对受害者的赔偿。“企业责任原则表明，互联网服务提供商应该将这种风险造成的损失内部化为经营成本。这将迫使互联网服务提供商阻止版权侵权行为，提高版权侵权行为的赔偿金额，并在整个互联网用户群体中分散成本。”[②]他们认为，这种情形不能简单考虑其具有中介地位——尽管它“为互联网服务提供商不对用户行为负责的主张提供了普遍支持，但决策的具体依据使得更强有力的结论变得不可能”。[③]

我国在《侵权责任法》的起草过程中，针对网络服务提供者的法律地位和范围的问题也曾存在不同的认识。从某种意义上可以说，第36条关于网络特殊主体侵权责任的规定，或多或少超

---

① See Sega Enters. v. MAPHIA，948 F. Supp. 923，931-32 n.5（N.D. Cal.1996）(following Netcom and explicitly removing any implication that an earlier opinion in the same case established liability for direct infringement）；Fonovisa，Inc. v. Cherry Auction，Inc.，76 F.3d 259，261-64（9th Cir.1996）(holding operator of swap meet vicariously liable for copyright infringement of booth renters）；Marobie-FL，Inc. v. National Ass'n of Fire Equip.Distribs.，983 F. Supp. 1167，1178（N.D. Ill.1997）(following Netcom）；See Shapiro，316 F.2d at 307;2 PAUL GOLDSTEIN，COPYRIGHT：PRINCIPLES，LAW AND PRACTICE 6.2（2000）。

② See Alfred C. Yen，Internet Service Provider Liability for Subscriber Copyright：Infringement，Enterprise Liability，and the First Amendment，Vol. 88 Georgetown Law Journal，p.4.

③ See Alfred C. Yen，Internet Service Provider Liability for Subscriber Copyright：Infringement，Enterprise Liability，and the First Amendment，Vol. 88 Georgetown Law Journal，p.4.

出了对于中介中立地位者的通常责任规范，基于当时网络服务提供者正在出现新的演化的实际作出了适当加强网络服务提供者责任的调整。该条规定的“通知—删除”规则及其法律效果已经具有相当的复杂性，很难说，就是一种纯粹的基于技术中立的避风港规则的表达，某种意义上成为免责规则和归责规则的混合。此后，学术讨论和司法实践也不断提出观点分歧。起初，有观点认为，应坚持网络服务提供者具有中介法律地位，并采取广义范围理解。例如，全国人大法工委在立法解读中阐明，“网络服务提供者”一词内涵较广，不仅包括网络技术服务提供者，还包括网络内容服务提供者。[①]王利明教授认为，网络服务提供者，是指在信息交流或电子交易中处于消极中立地位，且不对双方的信息交流或交易进行人为的干预的中立性第三方主体；我国《侵权责任法》第 36 条所规定的“网络服务提供者”，类型上包括但不限于网络接入服务提供者、网络存储空间提供者、搜索引擎服务提供者、传输通道服务提供者等主体。[②]但是，这种观点在实践中很快受到质疑。相反的观点认为，在司法实践中，应当适时保持其权力、责任、问责的和谐统一，才能保障电子商务的健康发展及社会公众利益。[③]同时，也有观点主张对于《侵权责任法》第 36 条规定的网络服务提供者应该作狭义理解，即限于网络技术服务提

① 全国人大常委会法制工作委员会民法室编著：《中华人民共和国侵权责任法解读》，中国法制出版社 2010 年版，第 180 页。

② 参见王利明主编：《中华人民共和国侵权责任法释义》，中国法制出版社 2010 年版，第 159 页。

③ 参见薛虹：《论电子商务第三方交易平台——权力、责任和问责三重奏》，载《上海师范大学学报（哲学社会科学版）》2014 年第 5 期。

供者（ISP），而不应包括网络内容服务提供者（ICP）。例如，在“某云公司与某越公司侵害作品信息网络传播权纠纷”中，北京知识产权法院就在二审民事判决书中指出，《侵权责任法》第36条规定针对的应当是一切发生于网络空间的侵权行为……该两款中的网络服务提供者主要是指提供技术服务的网络服务提供者，亦即，将网络内容服务提供者排除在外。[①]

（二）电商平台崛起导致的角色变化及对经营者主体地位的影响

随着网络信息技术的发展，特别是云计算、大数据和人工智能等信息技术的出现和广泛应用，电商平台在结构和功能上均发生了重要变化。电商平台作为大型技术平台的崛起，对网络交易活动的控制欲望和能力也在不断增强，逐渐突破了过去单纯充当纯粹技术服务的角色，开始成为网络平台信息聚集和溢出效用的积极利用者和受益者，且越来越希望在平台复杂关系中发挥决定性影响作用，已演化成为电子商务环境中具有所谓“平台权力”的强势一方。在过去的技术条件下，电商平台的理想是要为所有用户提供开放、公平、公正的服务，通过无差别实现所有用户的价值从而实现自己的利益。但是现在情况不同了：平台本身创造了全新的竞争环境，即将生态系统放入针锋相对的竞争蓝图之中，使得过去的产品或服务的竞争发展为平台的竞争，出现了所谓“从产品竞争到平台竞争的迁

---

① 参见（2017）京73民终1194号民事判决书。该案一审为北京市石景山区人民法院，参见石民（知）（2015）初字第8279号民事判决书。

移”。[①] 在此基础上，随着平台的用户群日益增大，平台遂成为数据的得天独厚的聚集地。最初，电商平台经营者主要在广告的意义上认识到用户数据的价值，通过信息收集和用户画像，发送个性化推荐、针对性广告等间接服务实现利益；后来，经营者逐渐发现数据在更多的意义上成为一种重要的经营资源，因此在许多方面有意对平台生态加以支配和控制，以便更加方便地获取数据资源并加以有效利用。

今天，在互联网经济“数据就是新型石油”的意识下，电商平台经营者更是产生了从自身有利的角度控制平台生态系统[②] 中由用户或者为用户创造的主要资源的极大利益驱动，并且导致了一种基于资源控制欲望的“平台变体”趋势。首先，对于电商平台经营者而言，其强烈的经营动机是基于认识到数据是巨大的价值来源，所以，总是想方设法地通过设计和运用各种方式来获得、控制并使用数据以支撑其竞争地位。这种情况引发了大型平台对数据的争夺，并导致垄断。大型平台现在不仅痴迷于聚集数据资源，更急于控制这些数据资源。这就是为什么阿里巴巴开发应用使用自

---

① 参见［美］阿姆瑞特·蒂瓦纳：《平台生态系统：构架策划、治理与策略》，侯赟慧、赵驰译，北京大学出版社 2018 年版，第 4 页。

② 根据现有的平台生态系统理论，平台生态系统主要由软件平台和互补应用程序组成。软件平台是一个基于软件的可扩展系统，通过交互的“应用程序”共享核心功能，并提供交互结合；应用程序指的是连接到平台以扩展其功能的附加软件子系统或软件服务。其中，平台的所有权可以由多家公司享有，且不必是私有或营利的；平台所有权人应当担起领导平台的重要责任，被称为生态系统的基石或经济催化剂。平台生态系统除上述核心要素外，还有三个要素：终端用户、竞争对手的平台生态系统、竞争环境。它们导致了平台系统的复杂性，因此其治理应该是一种复杂的治理。参见［美］阿姆瑞特·蒂瓦纳：《平台生态系统：构架策划、治理与策略》，侯赟慧、赵驰译，北京大学出版社 2018 年版，第 6~8 页。

身平台的搜索而拒绝百度搜索，脸书（Facebook）使用自身的平台搜索而拒绝使用谷歌搜索，微软拥有对自身平台的文档搜索而拒绝某些外部软件开发者搜索。[①] 其次，电商平台经营者在控制和使用这些数据资源的同时，围绕自身利益的需求，逐渐出现以自己为中心的各种行为变异，以便强化支配平台的生态系统，由此充当了一种新的角色——平台权力的拥有者和行使者。随着大型技术平台的规模效应放大、平台经营者控制地位的加强和获利机会的增加，电商平台上的行为管控也就显得更加微妙而复杂，电商平台经营者自己的利益越来越成为影响平台权利保护或相关风险的主要因素。从作为技术服务中介者的理想来说，平台应当以开放、全面、公正的角色来营销自己，但现在的实际情况往往是封闭的、不公正的和为自我服务的。[②] 平台普遍使用三个杠杆——审核（通过移除、过滤和中止）、推荐（通过新闻提要、趋势列表和个性化建议）、策划（通过精选内容和首页产品），理想地说是用来主动和动态地调整用户参与度的，以便为每个用户生成“正确”的提要、“正确”的社交和“正确”的社区的行为。这里，“正确”本来应该意味着道德、法律和健康，但是，现在可能意味着歧视、增加广告收入和促进数据收集的任何事物。[③] 此外，网络平台在崛起的过程中，还呈现出了自身形态多样化的复杂问题，包括出现了许多功能复杂

① 参见［美］杰奥夫雷·G. 帕克、马歇尔 .W. 范·艾尔斯泰恩、桑基特·保罗·邱达利：《平台革命：改变世界的商业形式》，志鹏译，机械工业出版社 2019 年版，第 217 页。

② Frank Pasquale，Platform Neutrality：Enhancing Freedom of Expression in Spheres of Private Power，17 Theoretical Inquiries L. 487（2016）.

③ Tarleton Gillespie，Platforms Are Not Intermediaries，2 Geo. L. Tech. Rev. 198，202（2018）.

或者叠加化的混合型平台。其中，某些所谓新型网络平台，甚至引发人们对其网络中介身份的质疑。例如，有的属于介于纯粹的信息管道与媒体内容提供商之间的混合体，或者是它们融合后出现的新生事物。① 它们不是明显的渠道或内容，也不是网络或媒体，而是信息法或现有讨论未曾想到的混合体。② 这种新的混合体类别无疑包括将自己呈现为社交媒体平台的交易市场服务，如爱彼迎（Airbnb）、Etsy 和优步。③

上述电商平台及其经营者在新的信息技术下出现的新的变化，特别经营者在生态系统中实际影响力和地位上的显著变化，使得出台新的法律予以规范显得很有必要。这种情况下，为了更好地保护合法权利，抑制平台经营者的机会主义和滥用欲望，应当寻求突破既有的以中介中立为基础的法律设置。否则，电商平台经营者会继续以机会主义的方式将自己的角色定位主张为内容提供商或渠道。④ 与此同时，电商平台那些战略性、机会主义和矛盾性自我表征，也会在现有中立架构下体现为相关法律纠纷的独立性。⑤ 总体上，相关法律理论越来越多地对电商平台将话语从中介责任（liability）转变

---

① Tarleton Gillespie，Platforms Are Not Intermediaries，2 Geo. L. Tech. Rev. 198，210（2018）.

② Tarleton Gillespie，Platforms Are Not Intermediaries，2 Geo. L. Tech. Rev. 198，210（2018）.

③ Tarleton Gillespie，Platforms Are Not Intermediaries，2 Geo. L. Tech. Rev. 198，211–212（2018）.

④ Noam Cohen，Professor Makes the Case That Google Is a Publisher，N.Y. TIMES，May 20，2012，载 https://www. nytimes.com/2012/05/21/business/media/eugene-volokh-ucla-professor-makes-a-case-for-google-as-publisher.html，最后访问日期：2019 年 10 月 30 日。

⑤ See Frank Pasquale，Platform Neutrality：Enhancing Freedom of Expression in Spheres of Private Power，17 Theoretical Inquiries L. 487，496（2016）.

为强化的“职责”（enhanced responsibilities）。[①] 这些反映到法律规范策略上，就是各国新的相关网络立法逐渐将网络服务提供者从概念上改造为电商平台经营者，并将其主体地位和责任从中介人、中介责任（intermediary liability）发展为平台治理者和平台责任（platform responsibility），甚至承担相应的企业社会责任及发挥在实现和促进人权方面的作用。[②] 一些国家的法律中，还提出了应关注网络利益相关者，网络平台经营者除了企业属性之外，还具有社会属性，必须把维护利益相关者的利益也纳入平台治理的目标，不是简单追求股东利益至上，而是需要承担平台的社会责任（social responsibility of platforms）。[③] 例如，马丁·胡索维克（Martin Husove）就发现，现在欧盟法律越来越多地迫使互联网平台对权利人负责，即使其对用户的行为不承担侵权责任（not tortiously liable），也需要对其行为负

---

① See Giancarlo F. Frosio, Internet Intermediary Liability: WILMap, Theory and Trends, 13 Indian J. L. & Tech. 16, 25 (2017).

② See Emily B. Laidlaw, Regulating Speech in Cyberspace: Gatekeeps, Human Right and Corporate Responsibility (CUP 2015); Mariarosaria Taddeo and Luciano Floridi, The Debate on the Moral Responsibilities of Online Service Providers, 22 (6) SCI. & ENG. ETHICS 1575 (published online November 27, 2015), available at http:// link.springer.com/article/10.1007%2Fsl1948-015-9734-1; Marcelo Thompson, Beyond Gatekeeping: The Normative Responsibility of Internet Intermediaries, 18 (4) VAND. J. ENT. & TECH. L. (forthcoming 2016); Sophie Stalla-Bourdillon, Internet Intermediaries as Responsible Actors? Why It Is Time to Rethink the E-Commerce Directive as Well... in the Responsibilities of Online Service Providers (L. Floridi and M. Taddeo (eds.), Springer 2016), https://papers.ssrn.com/sol3/Papers.cfm?abstractid=2808031; see also United Nations Human Rights Council, The Promotion, Protection and Enjoyment of Human Rights on the Internet, A/HRC/RES/26/13 (June 20, 2014), available at http:// hrlibrary.umn.edu/hrcouncil res26-13.pdf (addressing inter alia a legally binding instru-ment on corporations' responsibility to ensure human rights).

③ See Tarleton Gillespie, Platforms Are Not Intermediaries, 2 Geo. L. Tech. Rev. 198, 216 (2018).

责（accountable）。[①]

我国也出现了这种变化。我国作为电商产业大国，近年来涌现出一批具有世界影响力的巨型电商平台。同样，在新的信息技术应用的驱动下，基于数据价值的利用和控制利益的需要，出现了从纯粹技术服务的中介地位向实际的平台生态控制者的地位转型，其对网络交易活动的控制能力和愿望也在逐渐增强，演化成为日益显像的“平台权力”者。于是，一种通过新的社会角色来定义电商平台经营者义务模式的方法论，也逐步被引入到电商平台立法的调整中来，特别是在电商平台经营者法定义务缺失的情况下，成为设定主体义务的重要依据。[②]我国立法者很快意识到电商平台经营者角色演化及其责任基础修正问题，提出必须对相关法律法规作出新的检视。[③]例如，2018 年出台的《电子商务法》率先使用了“电商平台经营者”的概念，且通过第 41 条至第 44 条极其复杂的“通知—转达—反通知—转达”的规则设计，明显加强了网络平台经营者（网络服务提供者）治理义务的相应责任。其用意不言而喻，一方面，肯定了网络平台经营者追求自身利益

① See Martin Husovec，Accountable，Not Liable：Injunctions Against Intermediaries，TILEC Discussion Paper No. 2016-012（May 2，2016），available at http://ssrn.com/ abstract=2773768；Martin Husovec，Accountable，Not Liable：How Injunctions Against Intermediaries Change Intermediary Liability In Europe，Stanford Law School，April 13，2016，http://www.husovec.eu/2016/05/accountable-not-liable-video-new-paper.html；Accountable Not Liable：How Far Should Mandatory Cooperation of Intermediaries Go? http://accountablenotliable.org.

② 参见霍永库、冯潇洒：《社会角色理论的网络运营者安全保障义务分析》，载《西安交通大学学报（社会科学版）》2016 年第 1 期。

③ 参见刘立甲：《网络服务提供者侵权责任的重新审视》，载《重庆社会科学》2018 年第 7 期。

和权力化趋势，另一方面，通过要求采取更加积极主动和更加细致的措施来应对网络侵权，从而达到合理规范的效果。此外，第45条规定平台经营者的连带责任，显然也考虑到了电商平台角色变化的客观实际。因此，要设定平台经营者负有一定范围的积极制止平台内知识产权侵权的一般性注意义务，违反此义务不仅被认为有过错（包括故意与重大过失），而且会导致连带法律责任的发生。[①]其关注的电商平台经营者注意义务系以其法律地位的新发展为前提。[②]2020年5月28日通过的《民法典》侵权责任编第1194至第1197条[③]，虽然沿袭《侵权责任法》第36条继续使用“网络服务提供者”的主体概念，但是，在主体义务和责任方面，《民法典》大幅借鉴采纳了《电子商务法》的规定，特别是复杂的“通知—删除—反通知—转达”规则，只是在细节上（如将15天等待期改为合理期限）进行了某些软化处理，以便为个案预留空间。相关规定还体现了对网络服务提供者基于不同服务类型的主体角色的区分考虑。例如，第1195条第2款规定，网络服务提供者在接到权利人通知后，应当及时将该通知转送给相关网络用户，并根据提供的初步证据和“服务类型”来采取合理必要措施；未及

① 参见薛虹：《国际电子商务法通论》，中国法制出版社2019年版，第113页。

② 参见刘立甲：《网络服务提供者侵权责任的重新审视》，载《重庆社会科学》2018年第7期。

③ 《民法典》第1194条规定网络用户和网络服务提供者的直接侵权责任；第1195条主要规定权利人通知和网络服务提供者转达和相应补救措施与责任承担，附带规定权利人错误通知的责任；第1196条主要规定用户再通知（不侵权声明）和网络服务提供者再转达；第1197条规定所谓红旗规则，即网络服务提供者知道或应当知道侵权时未采取必要措施的承担连带责任。这些规定，比较《侵权责任法》第36条，不仅专门针对网络服务提供者的义务和责任机制进行了更为详细的规定，而且也做出了重要修改。

时采取合理必要措施的，对损害的扩大部分将与直接侵权的网络用户承担连带责任。[①] 此外，我国《民法典》第 86 条也规定了营利法人承担社会责任的义务，“营利法人从事经营活动，应当遵守商业道德，维护交易安全，接受政府和社会监督，承担社会责任”。原则上，当然这一规定理应适用于电商平台经营者。

（三）电商平台经营者主体地位转型的多种学说

目前，各国或地区立法或学理从理论解释的角度，对于电商平台经营者或广义网络平台运营者的主体地位转型，形成了多种观点，试图通过揭示其特殊主体地位或者职责的形成基础，主要包括互联网公共承运人说、互联网公共场所管理者说、互联网新型权力主体说和互联网治理主体说等。这些学说彼此存在差异，但在支持电商平台经营者或广义网络平台经营者的主体地位从中介中立论演化为承担不同程度的治理义务和责任的主体论方面异曲同工，体现出近似的理论发展趋势。

1. 互联网公共承运人说。这一观点流行于欧美，认为电商平台经营者或网络平台运营者是互联网公共承运人，应当让电商经营者或网络平台运营者根据网络平台作为公用事业或者公共基础设施的属性，获得像公共承运人那样的法律地位。这种理论对于大型网络平台，特别是其中的主导型电商平台来说具有私人控制和追求合理利

① 《民法典》编纂中，一审稿和二审稿中仅规定了“采取必要措施”，三审稿开始加入了“根据服务类型不同采取必要措施”，最终出台的规定优化为“根据构成侵权的初步证据和服务类型采取必要措施”。

益的一面，但是，添加的同时也具有公共承运人属性的另一面。该理论的根本立论在于，像谷歌、脸书和亚马逊等平台企业并不是在市场上销售商品和服务的普通公司，而应当被更好地理解为基础设施公司（infrastructural firms）。[①]

大型网络平台企业所特有的商业模式，决定了它可能同时扮演市场参与者和组织者的双重角色。一方面，那些巨型规模的大型平台企业，借助其优势进一步放大了平台企业作为市场组织者、信息壁垒重构者这一角色，甚至俨然成为平台经济时代互联网环境中新的经济社会基础设施。[②]可以说，这类网络平台已经成为互联网时代的基础设施，所有经济和社会活动包括交易都在此基础上进行；特别是能源、通信、运输、医疗、金融、国防等在内的国家重要领域对信息系统和网络的依赖度也在不断提高，在这种情形下的网络平台被视为国家关键基础设施已是各国立法的普遍做法。[③]另一方面，这些基础设施仍然是私人控制的，追求最终利益和公司本身的利润，他们的内部政策和决定事实上控制了我们日益数字化的经济和社会中的信息、商品和服务的流动。[④]因此，对大型网络平台有必要修正既有纯粹单一的网络中介人理论和中

① See K. Sabeel Rahman，Regulating Informational Infrastructure：Internet Platforms As the New Public Utilities，2 Geo. L. Tech. Rev. 234（2018）.

② 参见陈永伟：《平台治理中的关键问题与应对原则》，载《学习时报》2019 年 6 月 26 日第 6 版。

③ 参见霍永库、冯潇洒：《社会角色理论的网络运营者安全保障义务分析》，载《西安交通大学学报（社会科学版）》2016 年第 1 期。

④ See K. Sabeel Rahman，Regulating Informational Infrastructure：Internet Platforms As the New Public Utilities，2 Geo. L. Tech. Rev. 234，235（2018）.

立制度，引入公共承运人理论，规定其同时具有公共承运人地位，作为支持其获得守门人权力的一种方法，并承担相应职责。为了使互联网成为一个公平的竞争环境，占主导地位的平台公司需要开始认识到其具有类似于公共设施的角色（utility-like aspects of their role），并承担作为基础设施的一些负担（而不是仅仅带来收益）。[①] 实践中，这些主导型平台对公众生活的影响十分明显和复杂，这些公司实际上开始努力应对如何最好地成为公共文化的管理者（stewards of public culture）。这是一种最开始对他们来说并不明显的责任。[②]

2. 互联网公共场所管理者说。这一观点目前在我国学术界和司法界颇为流行，认为电商平台经营者或网络平台运营者是互联网公共场所的管理人，应当让他们像《民法典》第1198条（原《侵权责任法》第37条）中的“经营场所、公共场所的经营者、管理者或者群众性活动的组织者”那样，需要承担一定的公共安全保障义务。《侵权责任法》第37条第1款明确规定了，安全保障义务侵权责任的主体范围为“宾馆、商场、银行、车站、娱乐场所等公共场所的管理人或者群众性活动的组织者”，即“公共场所的管理人或者群众性活动的组织者”。该法对主体范围的界定与2003年《最高人民法院关于审理人身损害赔偿案件适用法律若干问题的解释》的规定略有不

---

① See Jack Balkin，The First Amendment Is an Information Policy，41 HOFSTRA L. REV. 1，7（2012）（“[I] ndividual freedoms of speech，press，and assembly require an infrastructure of free expression.”）.

② See Tarleton Gillespie，Platforms Are Not Intermediaries，2 Geo. L. Tech. Rev. 198，199（2018）.

同，范围似乎更窄一些。[①]《民法典》第1198条与《侵权责任法》第37条基本一致，变化主要体现在主体方面新增明确“经营者”作为安全保障义务主体，新增“机场、体育场馆”，并明确规定了追偿权。[②]目前从法律体系上说，这一观点必须处理好《电子商务法》第45条规定与《民法典》侵权责任编第1198条安全保障义务人责任规定存在的竞合关系。这种观点认为，后者可被倾向解释为兜底条款，电商平台经营者因此可以被纳入该条的规定，对网络用户负有一定安全保障义务。但是，对此如何从体系上进行合理解释尚需认真研究。此外，电商平台经营者虽然是具有典型性和代表性的网络服务提供者，但仍然具有侧重经营的角色功能和责任的特殊性，与线下现实空间内的经营者、管理者或者组织者有诸多不同。

---

① 该司法解释第6条第1款规定：“从事住宿、餐饮、娱乐等经营活动或者其他社会活动的自然人、法人、其他组织，未尽合理限度范围内的安全保障义务致使他人遭受人身损害，赔偿权利人请求其承担相应赔偿责任的，人民法院应予支持。”也就是说，该司法解释规定的负有安全保障义务的主体是经营者和其他社会活动的组织者。王利明教授认为，该司法解释第6条关于安全保障义务产生的原因保持了开放性，但是《侵权责任法》第37条第1款却将我国的安全保障义务局限于“场所责任”和“组织责任”。在司法实务中，如果有借助安全保障义务来扩展作为义务的必要，应当通过比较法等方式，通过类推适用来扩展安全保障义务的产生原因。参见王利明主编：《中华人民共和国侵权责任法释义》，中国法制出版社2010年版，第168页。杨立新教授也指出，该司法解释中的“住宿、餐饮、娱乐等经营活动”并不是完全的列举，最后一个“等”字可以理解为把它们都概括进去了；并认为《侵权责任法》的主体范围实际上比最高人民法院司法解释相关规定的范围更窄，这样不利于保护应该受保护的人的利益，所以在司法实践中可以考虑适当扩大。参见杨立新主编：《侵权责任法》，复旦大学出版社2016年版，第264页。

② 《民法典》第1198条规定，宾馆、商场、银行、车站、机场、体育场馆、娱乐场所等经营场所、公共场所的经营者、管理者或者群众性活动的组织者，未尽到安全保障义务，造成他人损害的，应当承担侵权责任。因第三人的行为造成他人损害的，由第三人承担侵权责任；经营者、管理者或者组织者未尽到安全保障义务的，承担相应的补充责任。经营者、管理者或者组织者承担补充责任后，可以向第三人追偿。

这一观点还认为，在21世纪，网络服务提供者以网站为平台、为依托，在一定程度上扮演着社会性场所管理人或者群众性活动组织者的角色。这是因为，电子商务平台的行为实际上构成了复杂的组织行为，具有社会性场所管理人的角色特征；网络平台提供的各种服务增加了交易的风险，也理应对此风险进行防控；平台既然从平台内业务经营中获取了广告和增值服务等收益，也因此需要承担相应的责任，故网络平台符合安全保障义务主体的各种要件。[①] 因此，有必要重塑网络服务提供者责任的法理基础，采纳传统的安全保障义务理论，但正如物理空间中主体的安全保障义务一样，网络空间内主体的安全保障义务也只是尽“合理的注意”，并非无限的安全保证，同时，还要看具体情形的危险性。[②] 网络服务提供者扮演着类似于承担“安全保障义务”的角色，承担“相应的补充责任”。网络服务提供者是网络空间一定范围的守护者，拥有相应的管理权限。比如，核实网络用户身份，给予网络活动权限等。当其怠于行使该管理职责，因未能尽到与其职责相应的注意义务而导致网络用户侵犯著作权行为发生或者扩大时，应当承担相应的补充责任。[③] 持有这种观点的学者，针对现实中顺风车网络平台，也提出应当基于《民法典》第1198条（《侵权责任法》第37条）承担组织者安全

---

① 参见刘文杰：《网络服务提供者的安全保障义务》，载《中外法学》2012年第2期；陈芳：《虚拟空间之安全保障义务研究》，载《武汉大学学报（哲学社会科学版）》2014年第1期；齐爱民、陈琛：《论网络交易平台提供商之交易安全保障义务》，载《法律科学》2011年第5期；张新宝：《顺风车网络平台的安全保障义务与侵权责任》，载《法律适用·司法案例》2018年第12期。

② 参见刘文杰：《网络服务提供者的安全保障义务》，载《中外法学》2012年第2期。

③ 参见王晋：《网络服务提供者著作权侵权责任研究》，知识产权出版社2016年版，第122页。

保障义务，对网络平台课以组织者安全保障义务。理由是，虽然该条规定没有明确将网络平台列举规定为安全保障义务的责任主体，但换句话说，其法条文义也并没有将此种具有营利性的组织行为明确排除在“群众性活动”类型之外，但在事实上顺风车平台确实扮演着“组织者”的角色。① 目前，在我国司法层面，也肯定了网络服务提供者具有“经营场所、公共场所的经营者、管理者或者群众性活动的组织者”的身份角色。北京市朝阳区人民法院 2008 年就在其审理的系列案件中，认为网络服务提供者作为在网络空间内活动的管理者、经营者、组织者，在特定情况下，应当对网络用户负有一定程度的安全保障义务。②2019 年在某风公司网络侵权责任纠纷案的判决中，北京互联网法院也认为，随着网络信息技术的发展，人们的工作和学习、社交和娱乐以及购物等许多活动都可以在网络空间实现，而且常常都是通过某个互联网平台进行。网络空间其自身便具有互联、互通、开放和共享的特点，因此实际上也存在公共空间或群众性活动。③

3. 互联网新型权力主体说。在欧美国家和我国学术界都存在这种观点。这一观点认为，电商平台或网络平台是新型权力主体，因

① 参见张新宝：《顺风车网络平台的安全保障义务与侵权责任》，载《法律适用 · 司法案例》2018 年第 12 期。但在论证中，又提到“网络平台开启了危险源并应当对此危险予以控制”，以及“作为专家系统的网络平台需要为乘客提供足够的信任感”，似乎又有了危险责任和专家责任的意味。

② 北京市朝阳区人民法院 2008 年作出全国首例“人肉搜索”案判决，认定了相关网络服务提供者的侵权责任。参见（2008）朝民初字第 29276 号王某诉大旗网侵犯名誉权案民事判决书；（2008）朝民初字第 29277 号王某诉天涯网侵犯名誉权案民事判决书；（2008）朝民初字第 10930 号王某诉张某奕侵犯名誉权案民事判决书。

③ 参见“某风公司网络侵权责任纠纷”，（2018）京 0491 民初 2386 号民事判决书。

为领先的平台以迅捷的速度支配并占据主导地位，主导平台已经控制了其他公司在网络经济中开展业务所依赖的技术，事实上形成了影响其他私权利主体的能力。[①] 其权力的三个来源——守门人权力、杠杆权力和信息开发权力——在很大程度上说明了这些公司目前所享有的主导地位。[②] 可以肯定的是，平台还具有其他形式的权力机制。这种观点发现，网络技术通常更倾向于集中权力，而不是分散权力；当权力集中发生时，法律必须作出回应。[③] 就技术和互联网而言，它们通常看上去是权力下放的、分散的（decentralized）系统，它们是动态的、易于分化的，因此较少像过去的典型垄断一样受到规制。但是，在这种充满活力和权力下放的表象之下，存在着更现代的，甚至可能更令人担忧的权力集中。[④] 或者说，在网络空间中，主导平台实际已经具备可以令其他私权利主体处于失去自主权、选择权的能力，在这种意义上，它从私权利主体已经转变为不完全私权力主体；这种“权力”表明在与其他私权利主体之间的法律关系中，平台已经拥有了“哪怕遇到反对也能贯彻自己意志的机会”。[⑤]

根据该理论，主导型平台的权力规制问题成为互联网政策研究的重点。美国目前出现了将亚马逊、谷歌、优步等主导型平台的监

① See Lina M. Khan, Sources of Tech Platform Power, 2 Geo. L. Tech. Rev. 325, 326 (2018).

② See Lina M. Khan, Sources of Tech Platform Power, 2 Geo. L. Tech. Rev. 325, 331 (2018).

③ See Alexander Calloway, Protocol (2004); David Golumbia, The Culture of Computation (2009).

④ See K. Sabeel Rahman, Regulating Informational Infrastructure: Internet Platforms As the New Public Utilities, 2 Geo. L. Tech. Rev. 234, 235 (2018).

⑤ 参见周辉：《技术、平台与信息：网络空间中私权力的崛起》，载《网络信息法学研究》2017 年第 2 期。

管和规制提上重要紧迫议题的建议。[①]我国腾讯微信平台、阿里巴巴淘宝平台、京东平台等也具有了主导型平台的特征。在这种情况下，如何强化对它们的监管与规制，显然也应该成为紧迫的议题。目前，一种颇有影响的规制策略认为，应将这种私人权力概念化并纳入规制，尤其是通过对必需品和重要基础设施那样的控制来体现。这一策略为应对信息平台和我们现代技术基础设施的当代挑战提供了一种引人注目的方法。[②]目前，一项新的调查显示，美国人希望对大型科技公司采取更加严格的规制。[③]美国一个重要的政策趋势是“明显的，也许是永久的，转向应对（turn against）科技产业”，过去被视为美国创新闪亮符号的新的大型科技公司，现在越来越多地被视为危险的、不负责任的强大新型权力中心（as sinister new centers of unaccountable power）。公众态度的这种转变可能对该行业和美国政策产生重大影响。[④]

人们越来越认识到规制平台权力的重要性，但关于该权力为何

① See Natasha Singer，Tech’s Ethical “Dark Side”：Harvard，Stanford and Others Want to Address It（2018.02.12），载 https://www.nytimes.com/2018/02/12/business/computer-science-ethics-courses.html，最后访问日期：2019 年 11 月 3 日。

② See K. Sabeel Rahman，Regulating Informational Infrastructure：Internet Platforms As the New Public Utilities，2 Geo. L. Tech. Rev. 234，240（2018）.

③ See Ali Breland，Americans Want Tougher Regulations for Tech Companies：Poll，HILL（Apr. 20，2018），载 https://thehill.com/policy/technology/384144-poll-americans-want-tougher-regulations-for-technology-companies，最后访问日期：2019 年 10 月 24 日。

④ See Ben Smith，There’s Blood in the Water in Silicon Valley，BUZZFEED（Sept. 12，2017，3：37 PM），载 https://www.buzzfeednews.com/article/bensmith/theres-blood-in-the-water-in-silicon-valley，最后访问日期：2019 年 10 月 24 日。

存在以及如何处理的讨论才刚刚开始。[①] 相关思考认为，可以将平台权力分解为特定的形式和来源，使我们可以提炼出关于平台权力的哪些问题是真正的新问题，换句话说，可以了解到过去我们已经在平台权力哪些方面进行了努力，哪些方面属于新问题需要新思维或新政策行动。[②] 首先，应认识到主导平台（dominant platforms）所享有的市场控制程度（degree of market control）受到网络效应和所获取数据的自我强化优势的保护。这成为其他私权利主体进入市场的障碍。[③] 这意味着平台不仅是至关重要的中介，而且，在许多情况下是唯一的选择，普通企业即使存在其他到达用户的方式，也常常是边缘化的，这使得企业不得不高度依赖平台来接触用户。[④] 其次，应认识到电商平台由于其特殊属性，权力集中的激励和危险性更加突出。电商平台不像沃尔玛这样的“实体店”零售商（“brick-and-mortar” retailer）所进行的实体销售，它做的是数字销售，两者有着重要区别。[⑤] 其一，平台市场的经济属性为公司追求利润增长提供了动力，这一策略得到了投资者的奖励；其二，由于在线平台

---

① See Lina M. Khan，Sources of Tech Platform Power，2 Geo. L. Tech. Rev. 325（2018）.

② See Lina M. Khan，Sources of Tech Platform Power，2 Geo. L. Tech. Rev. 325，331（2018）.

③ See Lina M. Khan，Sources of Tech Platform Power，2 Geo. L. Tech. Rev. 325，326（2018）.

④ 欧盟委员会（EC）最近进行的一项研究证实了这一发现。欧盟委员会指出：许多商务经营用户表示，他们努力避免与平台发生任何冲突，因为担心会对他们的业务产生负面影响。这尤其适用于与那些最大平台的冲突，商务经营用户指出，通常不存在这些主要平台的可行替代选择，由于他们的规模、地理范围以及在平台上活跃的（潜在）客户数量。参见 Ecorys，Business-to-Business Relations in the Online Platform Environment（May 22，2017），载 https://www.econstor.eu/bitstream/10419/170570/1/898500524.pdf，最后访问日期：2019 年 10 月 26 日。

⑤ Frank Pasquale，Platform Neutrality：Enhancing Freedom of Expression in Spheres of Private Power，17 Theoretical Inquiries L. 487，499（2016）.

是关键的中介，跨业务线的整合使这些平台能够控制竞争对手所依赖的基本基础设施。这种双重角色（dual role）还使平台可以利用其服务收集有关公司的信息，从而破坏它们作为竞争对手的地位。[①]

4. 互联网治理主体说。这一学说流行于我国，且实际上已为《电子商务法》和《民法典》所接受。该学说认为，电商平台经营者角色日益趋向控制化的不断演化，导致有必要在法律地位上将其从中介中立的主体地位提升到相应网络空间治理者的主体地位，进而引入相关治理的权力、义务以及责任。我国 2018 年制定的《电子商务法》可以认为基本上采纳了“互联网治理主体论”。该法第 2 章第 2 节创造性地构建了电商平台经营者法律制度，把平台治理作为重要一环纳入互联网平台制度中，建立了相应的平台治理规则，明确赋予电商平台知识产权多项治理义务。电商平台经营者可以制定管理规则及相关保护规则，合理实施治理措施，相关职责既是一种治理权力，又是一种法定义务。[②]《民法典》亦然，其第 1194 条至第 1197 条的相关规定主要沿袭了《电子商务法》的原理。这种认识引出了现代互联网规范应由事后责任向事先治理发展的观点。这一理论与新型权力主体说的差异在于，希望通过明确赋予平台积极治理地位和权力以达到更佳的规范效果，而不是像后者那样着眼于对事实权力保持警惕和规制的视角。例如，我国学者刘立甲认为，随着网络技术的发展，网络交易模式呈现多样性，网络交易平台的法律地位，

---

① Lina M. Khan，Amazon's Antitrust Paradox，126 Yale L.J. 710（2017）.

② 尹中卿主编:《中华人民共和国电子商务法解读》，中国法制出版社 2018 年版，第 201 页。

实际已经从以往那种单纯的网络中介服务提供者转变为兼具网络中介服务提供者和场所管理者双重属性。[①]周樨平认为，在电子商务模式下，平台从纯粹的中间人变成了交易的管理者，平台经济的发展客观上要求其承担更多的责任和义务。[②]薛虹教授也认为，电子商务平台经营者虽然属于广义上的网络服务提供者，但是，其服务对于平台内经营者具有综合性、关键性与支配性的特点，对平台内交易环境拥有治理的权力与义务，在知识产权保护上能够发挥重要作用。[③]产业界也认为，中国电子商务经过20多年的蓬勃发展，形成了多方共治的实践环境和立法选择，电商平台作为重要的治理主体实际被赋予了更多的责任和义务。[④]

上述观点从特定角度来看，均具有一定的合理性，但是，我们更应该看到，目前的大型主导型电商平台其实存在多种类型，完全可能获得多重身份，可能分别是重要的新型公共基础设施的主体（互联网公共承运人）、具有重大社会聚集效应的新型空间（虚拟但实际）活动的持续组织者（互联网公共场所经营者、管理者或群众活动组织者）、掌握控制能力并将其变成自己实际结构关系能力的支配者（互联网新型权力者）、具有重大影响的双边或多边市场意义的平台经营组织者（互联网治理主体）等。从这个角度来说，重要的是我们应当区分不同的主体，尽可能地在统一的基础上形成类型差异

---

① 刘立甲：《网络服务提供者侵权责任的重新审视》，载《重庆社会科学》2018年第7期。

② 周樨平：《电子商务平台的安全保障义务及其法律责任》，载《学术研究》2019年第6期。

③ 薛虹：《国际电子商务法通论》，中国法制出版社2019年版，第95页。

④ 阿里巴巴知识产权研究院：《中国电子商务知识产权保护回顾与展望》（2018年4月20日），载IPRdaily中文网，http://www.iprdaily.cn/article_18758.html，最后访问日期：2020年6月10日。

化处理，在各类型化的框架下明确其主体内涵。

四、本节结论

对电商平台经营者角色的定位决定相关规范策略。随着新的信息技术不断迭代，电商平台自身经历着重要的演化，也对法律调整产生了重要的影响，导致关于电商平台经营者法律主体地位规范的发展与转型成为必要。在电商平台发展的初期，电商平台被视为技术服务平台，电商平台经营者也仅被视为提供技术服务的网络服务提供者，因此，其被法律设定为交易中介者、网络交易关系的“中介方”，同时，基于网络平台信息技术创新的需要，还引入了技术中立原则进一步削减其可能承担的责任，具体体现为所谓避风港原则的创制和适用。然而，随着网络信息技术的不断发展和主导型平台的崛起，电商平台经营者对网络交易活动的控制能力亦在逐渐增强，不仅事实上成为具有所谓“平台权力”的一方，导致电商平台主体关系结构发生明显倾斜，而且，在自身日益膨胀的数据利益驱动下，平台逐渐突破过去限于提供纯粹技术服务的角色，越来越倾向于利用其控制优势，加大发挥在平台关系中的决定性影响，基于一种“平台变体”或平台经营者行为异化已成趋势，引发了电商平台经营者任性操控网络生态系统的现实问题。在这种情况下，新的法律规范策略成为必要。目前，各国在立法和理论上，为了更好地保护各方合法权利，抑制电商平台经营者极为可能的机会主义和优势滥用的欲望，讨论提出了多种应对电商平台经营者主体角色演化的转型理论与实践方案，总体上，考虑了如何对电商平台经营者施加不同程度的治理义务和相应责任，体现了从中介中立论到治理责任论的主体规范模式的嬗变。可以预计，该趋势将会更加明显。

第二节 2

电商平台经营者角色演化对知识产权保护的影响

一、电商平台化初期对知识产权保护的挑战及因应策略

自 17 世纪开始，人类建立了近现代意义的知识产权制度，成为法律史上一次极其重大的革新。[①]知识产权制度是人类一项伟大的制度发明，不仅仅是人类对自己精神创造——智力成果价值的法律确认，也是对社会、经济和文化发展最重要动力的法律保障。人是会创造智慧的动物，其中，包括科技文明和文化文明。这些智力成果在知识产权及其制度问世之后被纳入，作为专利权、商标权和著作权等加以确认和保护，进而得到巨大促进和繁荣，使得几个世纪以

① 一般认为，1623 年英国国会通过的《垄断法规》，确立正式专利权制度，是近现代知识产权的肇始。1967 年，国际社会签订《建立世界知识产权组织公约》，建立了世界知识产权组织，开启有组织的国际知识产权保护与合作。第 2 条第 8 项规定了今天知识产权的基本范围："'知识产权'包括下列有关的产权：文学、艺术和科学著作或作品；表演艺术家的演出、唱片或录音片或广播；人类经过努力在各个领域的发明；科学发现；工业品外观设计；商标、服务标志和商号名称及标识；以及所有其他在工业、科学、文学或艺术领域中的智能活动产生的产权。"

来科技和文化突飞猛进。对此，刘春田教授认为，知识产权是工业文明的产物，是现代社会最基础、最重要的财产制度，是一个日益国际化、全球化的规范系统、理论系统、知识系统和文化系统，同时也是现代人类的基本生活方式、行为方式、思维方式和发展方式。[①]我国在知识产权方面属于后发国家，以对现代性追求后来居上，先后在科技是第一生产力、建设现代化国家、实施创新驱动战略等驱动下，建立起了相对完善的知识产权法律体系。

毫无疑问，知识产权保护属于知识产权制度的核心部分，旨在维护知识产权人拥有通过知识产权获利的合法权利，以此刺激鼓励智慧开发和促进科学文化进步。法谚云，有权利，必有保护。知识产权也不例外，知识产权及知识产权人的利益需要保护。我国特别重视知识产权的保护，国家政策、立法和司法都把知识产权保护置于很重要的位置。党的十八大提出了“加强知识产权保护”的重大命题，十九大进一步确立国家知识产权战略实施的重点并提出要“强化知识产权创造、保护、运用”；此外，中央政府的《国民经济和社会发展第十三个五年规划纲要》也提出“强化知识产权司法保护，实施严格的知识产权保护制度”，《关于新形势下加快知识产权强国建设的若干意见》也提出了打击侵权、制裁犯罪、建立预警防范机制、加强新业态和新领域创新成果保护等一系列任务要求。多年来，我国司法实践和行政执法机构也形成了强大的保护体系，还专门成立知识产权法院，积极发挥专业保障作用，并积累了丰富的经验。[②]2018

---

① 参见刘春田：《知识产权制度与中国的现代性》，载《中小企业管理与科技（中旬刊）》2012 年第 7 期。

② 参见吴汉东：《严格保护知识产权的司法思考》，载《江苏法制报》2019 年 5 月 17 日第 00D 版。

年，我国政府力推的各项保护政策组合接连落地，该年被誉为知识产权“强保护”元年；2019年，我国政府又进一步加强整体设计，通过制订实施相关知识产权保护体系建设的方案，完善这种集“严保护、大保护、快保护和同保护”四位一体的知识产权保护工作格局。[①]

毋庸讳言，我们也应当看到，知识产权保护是一个世界难题，存在很多原因。比如，这种保护的进行是置身于当下国际贸易、科技和文化频繁交往、相互融合而又相互博弈的复杂环境之下的，因此存在大量复杂的问题。同时，我们还应该注意到，电商平台化近二十年的蓬勃发展，使知识产权保护更具复杂性和挑战性。电商平台化在带来巨大网络经济效应的同时也催生了复杂而特别的平台权利保护或行为治理难题，其中，知识产权问题尤为突出，平台上知识产权侵权行为大量发生，而因平台环境的特殊性治理起来比以往要困难得多。

随着电商平台的发展，特别是以信息存储和搜索等内容服务为支持的电商平台出现之后，平台上用户知识产权侵权问题开始以爆炸的情势出现，平台承担知识产权侵权责任议题也日趋复杂化。电商平台卷入知识产权侵权比以往更加可能和频繁。原因有二：第一，电商平台创造了一种全新的以信息聚合为架构和动力支持的商业模式，而知识产权与信息化密切相关，其本身就是信息的重要部分，是网络平台信息化价值实现的重要组成。第二，电商平台以聚集尽可能多的用户为重要结构特点，旨在产生巨大聚集效应，同时又兼具空间虚拟性、主体匿名性、全球开放性或跨境性、完成的非及时

---

① 参见前瞻产业研究院：《2018年中国知识产权行业市场现状及发展趋势分析》，载搜狐网，https://www.sohu.com/a/319570501_473133，最后访问日期：2020年4月10日。

性等特点，不仅容易导致平台自身的侵权利用谋利的冲动，而且更为用户进行未经授权的传播提供了难以抗拒的诱惑和便利。

从司法实践来看，在电商领域，知识产权纠纷案件在数量上远多于合同纠纷、不正当竞争纠纷等案件，已引起广泛的社会关注和讨论，成为新时期极具挑战的问题。概括起来，我国大量频发的涉及电商平台知识产权的纠纷或侵权案件，主要有以下几个方面的特征：（1）标的额不高但影响较大，对于权利人具有重大的示范效应，对于电商平台不利的个案判决，会引发潜在的维权诉讼的爆发。（2）主要分布在经济发达地区。电商平台知识产权纠纷具有明显的地域性，浙江省是领跑全国电商的大省，全国范围内约有 80% 的电商零售在浙江省的电商平台上完成。在电商产业蓬勃发展的同时，也导致了电商平台知识产权侵权行为的频繁发生。浙江省知识产权局系统在 2015 年全年一共处理了电商专利侵权纠纷案件 64417 起。[①]（3）纠纷类型主要为商标权、著作权案件。涉电商平台知识产权纠纷案由最多的为商标权案件，其次为著作权案件，专利案件是近几年新出现的案件类型，数量亦在逐年增加，但案件总数相对较少。（4）显著影响到互联网新技术的应用和由此驱动的新经济模式的开启。电商平台知识产权保护制度，既是互联网时代平台治理的重要内容，同时也是国家治理平台的重要依据。平台新技术和新经济模式的发展，导致平台角色和功能均在发生着变化，知识产权传播的形式和内容也发生了相应改变。电商平台在知识产权保护制度中的角色定位、权利义务和责任机制体现了

① 参见《电商时代，专利维权有何高招》，载《浙江日报》2016 年 2 月 22 日版。

各国互联网治理的政策和模式。（5）争议焦点为电商平台的保护义务和责任。例如，电商平台应在何种范围内和何种程度上承担知识产权保护义务和责任？电商平台承担自主管理是否为有限作为义务？如何理解所谓的避风港规则或者“通知—删除”规则？电商平台在接到通知后及时采取必要措施，是否可以作为其履行了保护职责（合理注意义务）的证明，履行删除义务是否并不当然是电商平台已尽到注意义务的充分条件？相反，如果没有及时履行，又应如何理解其法律效果及其性质？（6）相关知识产权义务和责任的认定并非固定一成不变。在电商平台化自身不断迭代的环境下，相关知识产权保护义务范围及责任认定机制也在发生着重要变化。[①]

历史上的法治经验证明，确定有效的法律责任规则，对于侵权冲动是可靠、有效的威慑。但问题是，基于电商平台化出现的知识产权侵权的严峻性和治理困难远超出一般性经验，而我们现有知识产权保护法律体系对其适用又明显存在极大不适应性，相关侵权责任法和知识产权法的制度规则，虽然确立了禁止侵权和如何制裁侵权的基本规则，也确立了保护知识产权和如何制裁侵犯知识产权的基本规则，但是，对于电商平台化特殊环境下的知识产权保护，特别是对于因平台效应而大量发生的用户知识产权侵权缺乏针对性。由此便难以控制和应对这种基于电商平台的大量的知识产权侵权或纠纷，那些新型化和疑难化案件尤其为甚。显然，这些新的特点需要认真研究和应对。因此，立法机关的任务是不断适时地制定新的

---

① 参见吴汉东、刘鑫：《改革开放四十年的中国知识产权法》，载《山东大学学报（哲学社会科学版）》2018 年第 3 期。

可适用的法律，同时司法机构在审理电子商务案件，尤其是平台知识产权相关案件的过程中，面临法律适用的挑战时，也需要灵活解释法律，作出符合实际的合理裁判。应该说，2009 年《侵权责任法》、2013 年修订的《信息网络传播权保护条例》以及该时期大量司法解释等，都是适应电商平台化实践的产物，其中，相关知识产权保护规则在一定阶段发挥了及时的制度供给效应。

二、电商平台经营者主体地位变化对知识产权保护的影响及应对

在发展初期，电商平台被看作为平台上的交易双方提供技术中介支持，并具有技术服务平台的属性，电商平台经营者也因此被视为提供技术中介和服务意义上的所谓“网络服务提供者”。由此，电商平台经营者在网络平台关系中的角色定位是“中介者”（交易服务关系）和“中立者”（技术服务提供者）。法律为此引入了相应调整理念，基于网络服务提供者提供信息技术中介和服务的事实认识，赋予其中介地位，同时，也给予中立优待，并在此范围内享有责任豁免。[①] 总之，在早期电商平台的商业模式架构下，网络平台服务者

---

① 美国 1996 年《通讯正派法》第 230 条正式确立了包含网络中立在内的电信中立原则。See Communications Decency Act，1996，47 U.S.C. 5 230，https://cyberlaw.stanford. edu/page/wilmap-united-states；see also David S. Ardia，Free Speech Savior or Shield for Scoundrels：An Empirical Study of Intermediary Immunity under Section 230 of the Communications Decency Act，43 LOYOLA L. REv. 373（2010）. 关于支持网络中立及其责任的研究，可参考 Tim Wu，Network Neutrality，Broadband Discrimination，2 J. Telecomm. & High Tech. L. 141（2003）；Barbara van Schewick，Network Neutrality and Quality of Service：What A Nondiscrimination Rule Should Look Like，67 Stan. L. Rev. 1，17（2015）。

被视为所谓“机构守门人”或“技术守门人”中的一类，系以信息技术为基础搭建和经营服务于电子交易的平台，在服务中，虽然与用户也形成一定的经济利益关系，但这种关系应被视为基于信息技术和内容服务的居间中介关系；对内对外承担的责任也限于中介人责任范畴，而且，还享有技术中立的保护。[①]设计此类法律的原理，反映到平台知识产权保护制度的建构上，就是电商平台经营者除了对自己侵犯知识产权的行为需要按照侵权法和知识产权法承担直接侵权责任之外，对平台上发生的用户之间或用户对第三人的知识产权侵权，如果其按照中介人身份行事则在此范围就无须承担侵权责任。例外的情况是，如果平台经营者超出中介人范围行事，且构成了侵权法上的帮助侵权、教唆侵权（引诱侵权）等，则需要依法承担间接侵权责任。但是，即使出现这些情形，法律仍可以引入技术中立原则，平台据此享有一定范围的责任豁免。

但是，随着网络信息技术的发展，今天，电商平台技术结构和商业模式均发生了新的颠覆式变化，原先仅仅作为中立性渠道的平台演变成所谓的“主导型平台”。随着电商平台进一步演化，特别是，当其发展到以云计算、大数据、算法等新信息技术为基础之后，技术架构、结构关系和商业模式等发生剧变，平台经营者已实际演化为“大数据守门人”或“算法守门人”。电商平台经营者通过新的技术架构和商业模式革新，对网络交易活动的控制能力不断增强，已经成为电商平台环境中实际具有“平台权力”

---

① 参见魏露露：《网络平台责任的理论与实践——兼议与我国电子商务平台责任制度的对接》，载《北京航空航天大学学报（人文社科版）》2019 年第 6 期。

的一方。在这种情况下，明显不宜再将其简单地当作“技术中立者”“中介服务者”对待。电商平台经营者的身份角色事实上已发生了重大变化，且改变了原来平台上的结构关系，特别是，其中的主体和利益关系，不断打破既有权利保护、行为管控、责任配置等法律关系平衡。在此种情况下，是否应当对此前法律所设定的“中介者”或者“中立者”身份予以发展和突破？如果需要突破，应当在何种程度加以突破？回答当然是肯定的。对于电商平台经营者角色变化导致的法律效果，此前一节已进行了研究，并聚焦探讨了多种事实变化，特别是有关“平台权力”崛起的事实及其可能导致的法律影响。

电商平台及其经营者经历着重要角色变化，对平台自身治理带来了巨大冲击效应，同时也自然会对知识产权的保护产生影响。那么，这些保护落到平台知识产权保护上，会导致什么的后果呢？或者说，面对主导型平台正在兴起的现实，从当下电商平台知识产权保护的需求出发，应当如何施加合理的知识产权保护呢？这一问题颇具挑战性。显然，法律应当及时反映社会发展和变化，基于电商平台及其经营者发生的新的角色变化，针对平台知识产权的保护问题，毫无疑问，应当做出合理变化，及时调整或修改那些过去基于平台中介性甚至中立性的认识而建构的、已经明显不适应现实需求的原理和规则。但是，这里的关键前提是，我们应当如何正确理解当下电商平台的权力崛起、角色演变对于平台知识产权保护的影响或合理变化要求。理论上，可能存在着两个相互连接的要求：首先，合理确定主导型电商平台身份演化所要求的法律主体新内涵；其次，合理转化这些新内涵对于平台知识产权保护具有的要求。对此，详细分析如下。

首先，合理确定主导型电商平台新的身份角色所要求的法律主体新内涵。但是，这种新的法律主体内涵其实并不容易确定。从目前情况来看，理论上存在明显的分歧，前已述及，有“互联网公共承运人论”、“互联网公共场所管理者论”、“互联网新型权力论”和“互联网治理主体论”等。这些理论方案，在不同程度上突破了传统的电商平台经营者的“中立者”和“中介者”的地位或角色。上述理论都认为，新型主导型电商平台经营者，的确不能再简单地被看成是普通信息的“中介方”，或者继续简单地在鼓励技术创新和应用的名义下被视为“技术中立者”。但是，在具体程度和功能指向上，各理论之间亦存在明显差异。本书认为，这些不同理论都具有特定角度的合理性。但是，我们更应该看到，目前的大型主导型电商平台事实上存在多种类型，完全可能获得多重身份，可能分别是重要的新型公共基础设施的运营者（互联网公共承运人）、具有重大社会聚集效应的新型空间（虚拟但实际）活动的持续组织者（互联网公共场所管理者或群众活动组织者）、掌握控制能力并将其变成自己实际结构关系能力的支配者（互联网新型权力者）、具有重大影响的双边或多边市场意义上的平台经营组织者（互联网治理主体）等。从这一角度来说，重要的是，我们应当建立不同的主体划分，尽可能在统一的基础上，形成类型差异化处理，在各种类型化框架下，明确其主体内涵。

其次，合理转化这些新内涵对平台知识产权保护的要求。总体而言，无论归入何种类型或者存在何种范围的类型叠加，相关主导型电商平台经营者在获得主体类型定位后，便会基于相应主体类型的内涵设定其地位、权利或权力、义务及责任等，包括对知识产权保护的特定要求。具体体现在以下四个方面：

第一，这些不同主体类型，均在不同程度上超越了既有“中介人”或“中立者”的要求。应该根据不同情况予以处理。“互联网治理主体论”主张的是一种全新的主体身份，这种情形在一定程度上否认了电商平台经营者原则上具有中介人的地位，并根据新主体类型的内涵赋予其治理者地位，从而使其享有治理的权力并承担义务和责任等。[①] 但是，“互联网公共承运人论”“互联网公共场所管理者论”“互联网新型权力论”，通常被认为仅主张对中介地位本身予以修正或补充，是在继续尊重电商平台经营者具有中介人地位的基础上，就同时存在这些附加身份的实际情况，分别施以保护知识产权的义务。这些理论主张的电商平台经营者的身份与电商平台作为中介人的身份的并存，折射出电商平台在知识产权侵权纠纷中的角色，即使到了今天已经出现了大型主导型电商平台的情形下，其究竟是交易“当事人”还是“第三者”，仍

---

① 但存在任何情况下都不赞成将电商平台经营者视为独立“第三者”的观点，理由在于：（1）电商平台经营者对虚拟市场中的知识产权纠纷没有管辖权，其所提供的投诉和申诉等渠道或机制更多的是一种售后服务性质，而不是对纠纷本身进行裁决；（2）电商平台经营者做出的纠纷解决方案没有强制力来保障执行，对争议双方缺乏法律上的约束；（3）电商平台经营者和虚拟市场交易的各方主体均具有不可分割的联系，在知识产权侵权纠纷中其也承担一定的法律义务和法律责任，无法做到独立于争议之外。参见徐妤：《网络交易平台提供商在电商务纠纷中的法律定位》，载《仲裁研究》2008 年第 2 期。

然581值得深思。[①]

第二，无论何种主体类型，都对平台经营者提出了积极作为要求。无论是基于公共承运人的积极保护义务、基于公共场所管理人的特殊安全保障义务、基于对新型权力合理管控要求、还是基于治理主体的积极治理义务，莫不如此。广义上，都可以归纳为不同程度的“治理义务”，由此产生了所谓平台知识产权治理义务。在一定意义上，亦相当于合法授权平台可以或者应当以保护为目的，在义务或职责范围内，积极管理平台上的知识产权事务，因此形成平台知识产权自主管理制度。

第三，违反相关“治理义务”时，根据不同情况承担相应责任。这些责任体现为对平台上用户知识产权侵权的间接责任，平台从过去对用户侵权承担的中介责任转向承担较大的责任，且远远超出以前作为简单中介人时需承担的间接侵权责任范围。这种扩展间接侵权责任的制度设置，可以迫使平台在经营中积极采取必要措施，以

---

① 现实中，电商平台经营者自身也存在摇摆：当出现基于知识产权或诽谤的主张时，往往喜欢强调其仅作为渠道（emphasize their role as mere conduits）的作用，体现对用户的偏好并服务于用户的利益；但是，当出现经典的商业侵权或隐私权主张时，电商平台经营者通常会争辩说他们是一种当事人即言论者（speaker），他们对信息的选择和安排是一种表达自由最好的保护的活动。See Tansy Woan，Searching for an Answer：Can Google Legally Manipulate Search Engine Results? 16 U. PA. J. BUS. L. 294（2013）；Tim Wu，Machine Speech，161 U. PA. L. REV. 1495（2013）。所以，有学者建议，大型互联网平台必须接受“甘苦与共（take the bitter with the sweet）”的一体化思维，应当考虑以言论当事人的心态来对平台上的知识产权侵权和诽谤承担责任。See Frank Pasquale，Platform Neutrality：Enhancing Freedom of Expression in Spheres of Private Power，17 Theoretical Inquiries L. 487，503（2016）。我国也有学者认为，在知识产权侵权纠纷的处理中，电商平台经营者并不完全具备中立性，很多时候其行为甚至构成共同侵权，平台基于自身利益的考量而作出的侵权认定结果确实值得质疑。参见何炼红、邓欣欣：《“互联网 +”时代我国电子商务平台法律定位之反思》，载《重庆邮电大学学报（社会科学版）》2016 年第 1 期。

减少或避免用户侵权。[①]

第四，电商平台经营者主体身份的变化，最终都影响到对其技术中立的判断。目前，各种类型的主体理论并不直接针对中立问题进行修正，但是，却包含了必要情形导致对于中立问题的重新考量可能。所以，曾在谷歌担任高级研究员、现为斯坦福大学的知名计算机科学教授的梅兰·萨米（Mehran Sahmi）就指出，"技术不是中立的"，"在技术架构中做出选择就会产生社会后果"。[②]

① 参见魏露露：《网络平台责任的理论与实践——兼议与我国电子商务平台责任制度的对接》，载《北京航空航天大学学报（人文社科版）》2019 年第 6 期。

② See Natasha Singer，Tech's Ethical "Dark Side"：Harvard，Stanford and Others Want to Address It（2018.02.12），https://www.nytimes.com/2018/02/12/business/computer-science-ethics-courses.html.

第三章

我国电商平台知识产权保护的规范基础和规范体系

第一节

《电子商务法》电商平台知识产权保护规定的发展与适用

一、《电子商务法》电商平台知识产权保护规定的立法发展

2018 年我国通过了《电子商务法》，自 2019 年 1 月 1 日起正式实施。《电子商务法》第 41 条至第 45 条的规定创造性地构建了我国电商平台知识产权保护法律制度，实际上建立了一种以促进平台知识产权治理为中心的复杂保护系统，是对电商平台知识产权保护制度的重大发展。[①] 然而，这些法律规范或制度仅适用于电子商务平台经营者，其他电子商务经营者保护知识产权对应的义务与责任，直接适用知识产权保护的一般性法律规定。其中，第 41 条规定了电商平台经营者建立知识产权保护规则和加强合作的义务或职责；[②] 第 42 条

① 薛虹:《国际电子商务法通论》，中国法制出版社 2019 年版，第 95 页。

② 《电子商务法》第 41 条规定了电商平台经营者制定保护规则的义务或职责，推论起来这也是一项权力，根据这种情形制定的保护知识产权规则，只要没有违反法律规范，便具有像法律一样的效力，所以如果平台经营者违反自身制定的知识产权保护规则，也会导致承担相应的适用效力和后果。

至第44条以电商平台经营者为中心规定了平台知识产权治理中各方的义务和责任，涉及平台经营者、平台内经营者和知识产权权利人等，任何一方违反相关义务时，应当承担相应的法律责任；第45条则规定了电商平台经营者对知识产权侵权明知或应知时，应及时采取必要措施的义务以及违反时承担连带侵权责任的后果。这些规定既不同于此前《专利法》《商标法》《著作权法》等知识产权法律中的有关侵权责任的规则，也不完全等同于《民法典》侵权责任编第1194条至第1197条（原《侵权责任法》第36条）关于网络服务提供者侵权的责任规定，就网络环境下的著作权而言，也不完全等同于《信息网络传播权保护条例》的相关规定。

上述规定总体上体现了为应对电子商务知识产权侵权乱象而加强电商平台上知识产权保护的一种新思路：增强电商平台经营者的治理能力，要求其承担更多的知识产权主动治理责任和义务，更加重视电商平台在网络交易环境中的主导作用，更加注重发挥其在网络环境治理中的高效优势和掌控能力。例如，电商平台经营者可以进行自主管理，通过制定平台知识产权保护规则，合理实施保护知识产权的治理措施，这些权力既是其治理权力，同时也是其法定义务。[①]此外，《电子商务法》相关规定还设定了“通知—删除”规则，是平台知识产权治理的一项重要举措。根据该规则，平台未及时采取删除等必要措施，不仅要承担侵权责任，还可能面临《电子商务法》第84条规定的行政处罚；而且平台经营者无论是否收到知识产权人的

① 尹中卿主编：《中华人民共和国电子商务法解读》，中国法制出版社2018年版，第201页。

“通知”，均应尽一般性注意义务，否则即视为有过错。[①] 这实际上已经突破了作为借鉴基本的美国 1998 年《千禧年数字版权法》创制的平台“避风港”免责机制。《电子商务法》中的“通知—删除”规则，可以认为，不再仅仅是侵权责任的一种抗辩事由，更是一种归责机制。[②]

二、《电子商务法》电商平台知识产权保护规定的适用复杂性

我国《电子商务法》建立了关于电商的基本法律制度，尤以第 2 章第 2 节相关规定，即第 41 条至第 45 条内容为重点，创造性地构建了旨在强化平台经营者治理地位的电商平台知识产权保护制度。上述规定非常重要，在我国电子商务持续多年保持高速发展的背景下出台，其实施备受关注，被各方主体寄予更多期待。但是，上述规定对电商平台知识产权保护做出的创新发展，包括保护模式及其导致相应法律地位、权利义务和法律责任等方面的重大变化，其适用实际上颇为复杂，值得深入研究。同时，这些规定尚不够具体，其实施亦成为难点，需要深入研究和完善。其中，除了相关规定不够具体导致诸多解释的空间和难题以外，一个容易忽视的问题是仍

① 尹中卿主编：《中华人民共和国电子商务法解读》，中国法制出版社 2018 年版，第 222 页。

② 参见周学峰：《“通知—移除”规则的应然定位与相关制度构造》，载《比较法研究》2019 年第 6 期。周学峰教授主张将来应当改造该规则，重新回到免责规则上来。关于《电子商务法》“通知—删除”规则的相关认识和讨论，另参见丁道勤：《〈电子商务法〉平台责任“管道化”问题及其反思》，载《北京航空航天大学学报（社会科学版）》2018 年第 6 期；刘文杰：《〈电子商务法〉“通知—移除”规则之检讨》，载《北京航空航天大学学报（社会科学版）》2019 年第 6 期。

存在体系适用上的复杂性。我国除了《电子商务法》之外，多部法律都对该问题作出了规定，它们之间存在或多或少的差异性，包括2009年制定的《侵权责任法》、2013年修订的《信息网络传播权保护条例》以及2021年1月1日生效而取代《侵权责任法》的《民法典》中的侵权责任编等。我们需要认真研究相关规范基础和体系结构，进一步阐明这些规定的适用目的、内在规范系统及其构成、外部体系关联等要求，从而达成可以从中有效提取和理解合理规范并加以正确适用的效果，实现调整的目的。

其中，尤以《电子商务法》强化电商平台治理地位和功能的相关规定的适用为困惑之最。这些规定，为激发电商平台利用形成的优势地位来加强管控或治理平台知识产权侵权和保护问题提供了一套法律授权依据，相当于在一定范围内确立了一种治理主体地位。从积极方面来说，不仅有利于平台发挥主动性，而且，通过其实际获得的控制能力，利用起来威力巨大，也容易达成治理实效。但是，悖论或困惑也正在这里，即在强化电商平台自主治理地位的同时，也很可能因为规范授权而为电商平台提供滥用其实际控制能力的机会。因此，在《电子商务法》现有的模式之下，从法律适用上来看，如何保证电商平台将实际控制能力真正结合用于正当保护知识产权的目的，而不是用来服务于自己利益的目的，就成为一个极具挑战性的法律现实难题。从真正善治的角度来说，授权本身不仅需要科学和明确，而且还应当注意合理使用的精确控制和有效监督。为此，立法应更加完善，司法实践也有必要就此作出更加有效的适用指引，通过相关实施细则或司法解释，进一步明确平台权力边界和行使，明确相关责任条件、承担、边界和免责机制，以便电商平台基于这些规定行使治理权和承担职责时，可以真正置身于符合合理目的和体系要求的界限之内，平衡好保护知识产权权利人利益与追求平台经营者自身利益的关系，既要避免因为治理要求而使得电商平台负担过重，又要避免因治理赋权而导致滥权“任性”。

此外，考虑到电商平台还处于快速迭代之中，现代主导型平台角色、地位还在演化之中，现行《电子商务法》关于电商平台知识产权相关规定的适用更存在动态化解释或完善的必要，唯如此才能使电商平台基于信息技术的迭代发展得以正向发挥作用，造福社会，最终也保障电商平台自身的健康长久发展。对此，无论是在学术研究层面还是在法律政策层面都应引起足够重视。

第二节 2

《电子商务法》电商平台知识产权保护的规范基础

一、《电子商务法》电商平台知识产权保护规定的规范架构

《电子商务法》第 41 条至第 45 条关于电商平台知识产权保护的相关规定，总体上构成现行电商平台知识产权保护制度的基本框架，界定了平台内经营者保护知识产权的义务、知识产权治理措施的条件与程序、违反规则的后果及在线争议解决方式等内容。[①] 从体系解释的角度来看，这些规定可以组合为电商平台经营者通过制定规则和加强合作的自主管理（第 41 条）、电商平台上各方知识产权保护治理措施（第 42 条至第 44 条）、平台经营者对平台知识产权侵权承担间接法律责任（第 45 条）三组规

① 参见尹中卿主编:《中华人民共和国电子商务法解读》，中国法制出版社 2018 年版，第 201 页。

范；① 还可以进一步整合为电商平台治理制度和侵权责任制度两大基本制度，两大基本制度包含不同的权利义务体系，但在前述具体规范中存在相互结合和交叉的关系，其中，“通知—删除”机制是两者的重要内容。从总体上来看，这些规定体现了一种保护治理模式的变化，将知识产权保护从单纯的事后责任制度发展到事前、事中的治理与事后的责任并重的制度，是对我国知识产权法律制度的重要发展。②

二、电商平台经营者自主管理规范（第 41 条）

《电子商务法》第 41 条规定：“电子商务平台经营者应当建立知识产权保护规则，与知识产权权利人加强合作，依法保护知识产权。”该条规定可以理解为旨在规范平台治理，对于电商平台经营者提出了两大自主管理职责或义务要求：

① 参见尹中卿主编：《中华人民共和国电子商务法解读》，中国法制出版社 2018 年版，第 202~203 页。（尹中卿是全国人大常委会委员、财经委副主任委员、起草《电子商务法》的重要成员）江苏省高级人民法院宋健法官在 2019 年 11 月 1 日在中国政法大学法硕学院举办的“电商法下平台知识产权责任与治理措施的平衡”讲座中，也归纳认为《电子商务法》关于知识产权法律规定具有三大亮点，即“直接规定了电子商务经营者的知识产权积极保护义务”、“完善了通知—必要措施规则”和“明确了电商平台的知识产权责任”。参见 http://flssxy.cupl.edu.cn/info/1077/9205.htm?from=timeline&isappinstalled=0，最后访问日期：2020 年 5 月 6 日。

② 参见尹中卿主编：《中华人民共和国电子商务法解读》，中国法制出版社 2018 年版，第 202~203 页。不妨对比一下《电子商务法》对于平台制定与实施交易规则提出的要求，电商平台经营者制定的知识产权保护规则作为交易规则的组成部分，与这些规则效力是一样的。包括：交易规则的制定应当遵循公开、公平、公正的原则（第 32 条），交易规则的修改应当公开征求意见并不得强行适用于用户（第 34 条），交易规则应当充分有效地公开透明（第 33 条），交易规则应具有合法性（第 35 条）。

（一）第一项自主管理职责或义务是制定知识产权保护规则的要求

首先，知识产权保护规则虽然是电商平台经营者为依法履行法定义务而制定与实施的，但是并非简单地重复相关法律规定和要求，而是要将法律规定适用于平台环境，并尽力使之具体化和细致化。[①]其次，电商平台经营者行使自主管理，在制定和实施平台知识产权保护规则的过程中，要正确处理法律规范与网络自律的关系。法律是网络自律、制定网规的依据，网络自律和网规要符合法律的规定。[②]再次，这些保护规则，在实践中，可能体现为不同的标准和做法。准确把握法定知识产权保护标准成为平台制定知识产权保护规则的关键因素。在体系解释上，必须符合相关知识产权法律、行政法规的规定，不能降低知识产权的法定保护水平，抑或为知识产权保护设置了不合理的条件和障碍；不过，平台知识产权保护水平过高，亦不可取。[③]最后，这些规则一旦制定出来，应视为具有合法性、公开性、公共性与强制性的特征。[④]这些保护规则的强制性效力重点涉及三方当事人：平台经营者、平台内经营者、知识产权权利人。平台知识产权保护规则因服务协议的约束力，理应对平台内经营者依法具有强制性，可以说，平台内经营者如果违反平台知识产权保护规则，就等于违反了相关法律、行政法规的规定；[⑤]平台经营者作为规则的

---

① 尹中卿主编:《中华人民共和国电子商务法解读》，中国法制出版社 2018 年版，第 201 页。
② 尹中卿主编:《中华人民共和国电子商务法解读》，中国法制出版社 2018 年版，序言二第 9 页。
③ 参见尹中卿主编:《中华人民共和国电子商务法解读》，中国法制出版社 2018 年版，第 203 页。
④ 参见尹中卿主编:《中华人民共和国电子商务法解读》，中国法制出版社 2018 年版，第 202~203 页。
⑤ 参见尹中卿主编:《中华人民共和国电子商务法解读》，中国法制出版社 2018 年版，第 204 页。

制定方，理应严格执行生效规则。存在较大争议的是，知识产权权利人是否应当遵守平台知识产权保护规则和程序。在某网络有限公司与某生活家电有限公司侵害发明专利权纠纷案中，浙江省高级人民法院的裁判认为，某网络有限公司所确定的平台投诉规制对知识产权权利人维权并不具有法律约束力，权利人只需要在法律明确规定的框架内进行维权行为即可，权利人投诉方可以根据自己的利益考量来自愿决定是否接受平台所确定的投诉规制。①《电子商务法》第41条又特别规定，平台制定知识产权保护规则，要加强与知识产权权利人的合作。

（二）第二项自主管理职责或义务是与知识产权权利人合作的要求

电商平台经营者应当与知识产权权利人加强合作。合作可采取多种形式。包括通过共同制定规则的方式，或者保障平台内外知识产权权利人平等参与规则的制定与修改等方式，以使保护规则更加合理和有效。在这种情况下，平台也有义务遵循保护规则，否则即涉嫌违反《电子商务法》规定的法定义务；同理，对于参与规则制定的知识产权人来说，也是如此。这里的知识产权权利人，从著作权人扩展到包括著作权人、商标权人、专利权人、商业秘密权利人等全部类型的知识产权的权利人。关于知识产权权利人是否包括利害

---

① 参见某网络有限公司与某生活家电有限公司侵害发明专利权纠纷案，（2015）浙知终字第186号民事判决书，最高人民法院发布第16批指导案例，2015年中国法院十大知识产权案件、50件典型知识产权案例。

关系人的问题，2019 年 1 月 4 日，全国人大网站上公布了《中华人民共和国专利法修正案（草案）》，[①] 新增第 71 条明确了网络服务提供者对网络侵权的连带责任，该条使用了“专利权人或者利害关系人”的主体概念，与《电子商务法》中的知识产权权利人的关系问题值得注意。[②] 不过，2020 年 10 月 17 日第十三届全国人民代表大会常务委员会第二十二次会议通过的《关于修改〈中华人民共和国专利法〉的决定》（第四次修正）最终删除了这一条，该内容未能在专利法中引入专门规定。电商平台经营者自主管理这一部分值得详细展开研究，参见本书第四章。

三、电商平台上各方知识产权保护治理措施规范（第 42 条至第 44 条）

《电子商务法》第 42 条至第 44 条规定了以电商平台经营者为中心的电子商务平台知识产权治理措施中各方当事人的法律义务和责任，包括平台经营者、平台内经营者和知识产权权利人等各方当事人的权利和义务；任何一方违反相关义务，均应当承担相应的法律责任，可见这是一种非常复杂的治理规则。其中，电商平台经营者显

---

① 参见中国专利保护协会：《我会关于开始征求〈专利法（修正案草案）〉意见和建议工作的通知》，载中国专利保护协会网，http://www.ppac.org.cn/notice/detail-40.html，最后访问日期：2019 年 12 月 2 日。

② 《中华人民共和国专利法修正案（草案）》第 71 条规定：“专利权人或者利害关系人可以依据人民法院生效的判决书、裁定书、调解书，或者管理专利工作的部门作出的责令停止侵权的决定，通知网络服务提供者采取删除、屏蔽、断开侵权产品链接等必要措施。网络服务提供者接到通知后未及时采取必要措施的，对损害的扩大部分与侵权网络用户承担连带责任。负责专利执法的部门对假冒专利作出责令改正的决定后，可以通知网络服务提供者采取删除、屏蔽、断开假冒专利产品链接等必要措施。网络服务提供者接到通知后应当及时采取必要措施。”

然是最重要的主体。这里，不妨比较一下早期电商平台知识产权保护制度，那时基于电商平台经营者中介中立地位的考虑，往往把电商平台经营者定义为“信使”，因此其通常是无须承担治理责任的。[①]但是，《电子商务法》作出了不一样的规定。不过即便如此，我国有学者对于电商平台经营者在“通知 + 采取必要措施”的流程中，其角色定位应该是“信使”还是“裁判者”，仍存在不同观点，有的学者认为，不论是从电商平台经营者具有的裁决权力的来源及裁决者本身的属性而言，还是从裁决规则应当具有法定性以及裁决结果可执行性考量而言，平台经营者作为知识产权侵权与否的认定者，抑或争议纠纷的裁决者的法律身份，都尚存在理论上与法律上的障碍。[②]同时，实务界也有人认为，《电子商务法》规定的对平台知识产权责任的规定总体上有所加重，但在具体规则设计上则是减轻的，即电商法要求平台事先制定知识产权保护规则，之后对平台的定位实际上就是“信使”，即主要做好通知与反通知的转递即可，因而从

---

① 例如，加拿大《版权现代化法案》第 2.4（1）（b）节规定保护那些为他人通过电信进行通信提供手段的相关活动免于承担责任。委员会认为，通信的“意思”，……不仅限于路由器（routers）和其他硬件（hardware）。它们包括所有软件连接设备、连接服务、托管和其他设施和服务，没有这些，此类通信就无法发生。只要互联网中介本身不参与与通信内容有关的行为，即其参与是内容中立（content neutral），但仅限于为其他人传达的信息提供“管道”（provide a conduit），那么它就符合 2.4（1）（b）的保护范围。上诉人支持这一结果的一般理论是“不要射杀信使！”（Don’t shoot the messenger!）。See Society of Composers，Authors and Music Publishers of Canada v. Canadian Assn. of Internet Providers，[2004] 2 S.C.R. 427，2004 SCC 45. 载 https://scc-csc.lexum.com/scc-csc/scc-csc/en/item/2159/index.do，最后访问日期：2020 年 5 月 1 日。

② 何炼红、邓欣欣：《“互联网 +”时代我国电子商务平台法律定位之反思》，载《重庆邮电大学学报（社会科学版）》2016 年第 1 期。

法律的内在逻辑来看，两者之间是平衡的。[①]但也有观点认为，《电子商务法》导致平台呈现“管道化”，平台责任相关条款对电商平台的管控力度在日渐强化，从某种程度上来说，实际已经严重影响了电商平台对自身平台生态的有效管控权限，电商平台将日益沦为“管道”。例如，“通知—删除”规则削弱了平台对商家知识产权侵权的判断权，“禁止删评”等又使平台丧失了对第三方违规刷单刷好评和恶意差评以及不良信息进行自我管理的手段。[②]2020 年 5 月 28 日出台的《民法典》关于网络责任主体的特殊规定（第 1194 条至第 1197 条）基本是引入了《电子商务法》的模式，只做了微小调整（如将“15 天期限”调整为“合理期限”等）。

（一）“通知—删除”规则（第 42 条）

《电子商务法》第 42 条规定了知识产权权利人的通知和平台经营者的删除等措施。[③]关于该“通知—删除”规则的性质，国内多数学者认为，它不同于美国 1998 年《千禧年数字版权法》创制的

① 《【新闻】法律硕士学院专家讲坛——“电商法下平台知识产权责任与治理措施的平衡”成功举办》，载 http://flssxy.cupl.edu.cn/info/1077/9205.htm?from=timeline&isappinstalled=0，最后访问日期：2020 年 5 月 2 日。

② 丁道勤：《〈电子商务法〉平台责任“管道化”问题及其反思》，载《北京航空航天大学学报（社会科学版）》2018 年第 6 期。

③ 《电子商务法》第 42 条规定：“知识产权权利人认为其知识产权受到侵害的，有权通知电子商务平台经营者采取删除、屏蔽、断开链接、终止交易和服务等必要措施。通知应当包括构成侵权的初步证据。电子商务平台经营者接到通知后，应当及时采取必要措施，并将该通知转送平台内经营者；未及时采取必要措施的，对损害的扩大部分与平台内经营者承担连带责任。因通知错误造成平台内经营者损害的，依法承担民事责任。恶意发出错误通知，造成平台内经营者损失的，加倍承担赔偿责任。”

那种作为免责机制的“避风港”制度，而是已经转化为一种早已不限于侵权责任限制制度或抗辩的事由的特殊治理规定，作为一种归责规定融合纳入了互联网治理框架，具有促进治理的积极意义。[①]我国“通知—删除”规则的这种发展，并非始自《电子商务法》，实际上早在《侵权责任法》与《信息网络传播权保护条例》中就有了此迹象。此外，《电子商务法》还汲取将网络侵权由著作权领域扩展到专利领域、商标领域等整个知识产权领域的司法实践，采取了同样的扩展立场。

1. 关于通知的有效性及举证责任问题。《电子商务法》只原则性地规定了通知应当包括构成侵权的初步证据。结合第 41 条规定的义务，平台应在知识产权保护规则中对通知的内容和程序进行明确和细化。在具体操作中，可以依据先前的规定和指导案例。根据《信息网络传播权保护条例》第 14 条[②]和国家版权局发布的《互联网著作权行政保护办法》(2005)第 8 条等的规定[③]，知识产权权利人发出的通知应当至少包括身份证明、要求平台采取的措施、知识产权权

① 参见尹中卿主编:《中华人民共和国电子商务法解读》，中国法制出版社 2018 年版，第 208 页。

② 《信息网络传播权保护条例》第 14 条规定，针对侵犯信息网络传播权，权利人可以向网络服务提供商提交书面通知，通知书应当包含下列内容：(1)权利人的姓名(名称)、联系方式和地址；(2)要求删除或者断开链接的侵权作品、表演、录音录像制品的名称和网络地址；(3)构成侵权的初步证明材料。

③ 国家版权局发布的《互联网著作权行政保护办法》第 8 条规定：“著作权人的通知应当包含以下内容：(一)涉嫌侵权内容所侵犯的著作权权属证明；(二)明确的身份证明、住址、联系方式；(三)涉嫌侵权内容在信息网络上的位置；(四)侵犯著作权的相关证据；(五)通知内容的真实性声明。”第 10 条规定：“著作权人的通知和互联网内容提供者的反通知应当采取书面形式。著作权人的通知和互联网内容提供者的反通知不具备本办法第八条、第九条所规定内容的，视为未发出。”

属证明、构成侵权的初步证明、内容真实性声明等内容。对于何为合格的通知，司法实践中具体案件的裁决尺度不尽相同。[①] 关于通知形式的有效性，以及何为初步证据的问题，仍需要在实践中进一步明确。特别是针对著作权、商标权、专利权等不同知识产权形式，是否存在区别的问题。

2. 关于平台收到通知后的处理问题。《电子商务法》第 42 条规定，电商平台经营者接到通知后，应当“及时采取必要措施”，并且将该权利人的通知“转送平台内经营者”。相关立法专家进一步解读认为，电子商务平台经营者通过自动信息系统接收到知识产权权利人的通知后，只需要通过自身系统进行形式上的审查，不需要对通知内容进行法律层面的判断，也不需要对通知指控的内容进行任何调查，应当根据通知提出的要求，及时对平台内经营者采取删除、屏蔽、断开链接、终止交易和服务等必要措施。[②] 原《侵权责任法》第 36 条仅仅笼统规定了“及时采取必要措施”；《信息网络传播权保护条例》第 15 条对网络平台接到权利人通知后的要求是，“立即删除”涉嫌侵权的作品、表演、录音录像制品，或者断开与涉嫌侵权的作品、表演、录音录像制品的链接。《信息网络传播权保护条例》虽强调“同时”，但客观上，通常是网络服务提供者先删除、断开链接，然后，在较短时间内或合理时间内转送通知。[③] 这实际上要求平台收到通知后，必须“立即”履行两项义务，

① 参见杜颖：《网络交易平台上的知识产权恶意投诉及其应对》，载《知识产权》2017 年第 9 期。
② 参见尹中卿主编：《中华人民共和国电子商务法解读》，中国法制出版社 2018 年版，第 211 页。
③ 参见（2017）京 73 民终 1194 号民事判决书。

才能规避承担“连带责任”的风险：（1）立即采取必要措施，如删除、断开、屏蔽链接等；（2）立即将通知转送平台内经营者而无须（也无权利）对通知进行内容判断或对侵权事实进行调查。但是，一个值得思考的问题是，针对滥用通知权限的虚假通知或者不完全符合平台通知程序或实质要件的通知，平台是否有进行初步判断或者退回补充说明的权利？如果平台收到通知后一概不加审核，一律采取删除经营者链接的形式，是否实际上赋予了权利人高于法定程序的权利？经营者在未经法律或实质审查的情况下就先被推定为“侵权人”会不会使自由经营的权利和秩序受到损害？基于权利义务平等原则，法律在施加平台自我治理责任和义务的同时，是否也应给予平台相应的权利和判断、操作空间，而不仅仅充当“传话人”的角色？

3. 关于“错误通知”的判断标准和赔偿责任问题。我国《电子商务法》第42条规定，因通知错误造成平台内经营者损害的，依法承担民事责任；恶意发出错误通知，造成平台内经营者损失的，加倍承担赔偿责任。这里，应当进一步明确：（1）此处通知“错误”的判断标准为无过错责任，即只要“通知”客观上是错误的，与事实不符，不以权利人主观上有无过错。（2）“通知错误”的赔偿责任人为发出通知的“知识产权权利人”，平台经营者无须承担责任。[①] 知识产权

① 《最高人民法院关于审理利用信息网络侵害人身权益民事纠纷案件适用法律若干问题的规定》第5条有相同原则的规定：“其发布的信息被采取删除、屏蔽、断开链接等措施的网络用户，主张网络服务提供者承担违约责任或者侵权责任，网络服务提供者以收到民法典第一千一百九十五条第一款规定的有效通知为由抗辩的，人民法院应予支持。”

保护规则应该特别表明，电商平台经营者采取删除、屏蔽等知识产权治理有关措施的，平台内经营者一般不得追究平台经营者的违约责任。[①] 本条虽对“错误通知”给平台内经营者造成的损害提供了明确的赔偿救济，但是，在实践中还是有较大的风险。比如，恶意通知“权利人”没有赔偿能力时，平台内经营者的损失应如何救济？本书认为，为防止恶意通知，可利用类似“支付宝”的担保平台，在采取删除等措施前，让通知人提供一定的担保。同时，鉴于电子商务经营的瞬间爆发效应，商业竞争者在关键活动中恶意投诉可以导致竞争对手遭受较大损失、丧失竞争地位甚至倒闭，损失可能是无法估量的，即使适用惩罚性加倍赔偿也难以弥补经营者的损失。另外，关于错误通知给平台造成损失的情况，法律并没有明确规定。本书认为，此时平台可以适用一般侵权规则，应当有权要求提交错误通知的权利人赔偿相应损失。

（二）声明—恢复规则（第 43 条）

《电子商务法》第 43 条规定了平台内经营者声明及平台经营者采取措施终止的规则。[②] 原《侵权责任法》第 36 条仅规定了被侵权人通知的权利和平台的连带责任，并没有规定平台内经营者是否有

---

① 参见尹中卿主编：《中华人民共和国电子商务法解读》，中国法制出版社 2018 年版，第 209 页。

② 《电子商务法》第 43 条规定：“平台内经营者接到转送的通知后，可以向电子商务平台经营者提交不存在侵权行为的声明。声明应当包括不存在侵权行为的初步证据。电子商务平台经营者接到声明后，应当将该声明转送发出通知的知识产权权利人，并告知其可以向有关主管部门投诉或者向人民法院起诉。电子商务平台经营者在转送声明到达知识产权权利人后十五日内，未收到权利人已经投诉或者起诉通知的，应当及时终止所采取的措施。”

权利进行申辩以及要求终止平台所采取的措施。《电子商务法》参照《信息网络传播权保护条例》第16条的规定，将平台内经营者提交声明的权利扩展到整个知识产权领域。这样规定兼顾和平衡了知识产权权利人和平台内经营者的双方利益。《民法典》在这一问题上改变了此前《信息网络传播权保护条例》的立场，延续了《电子商务法》的立场，将反通知的当然恢复效力变更为有条件的恢复效力。①

1. 关于声明的有效性和举证责任问题。《电子商务法》进一步明确了，平台内经营者的声明应当包括不存在侵权行为的初步证据。平台应在知识产权保护规则中对声明的内容和程序进行明确和细化。关于保证不存在侵权声明内容的要求，可以参照《信息网络传播权保护条例》第16条②和《互联网著作权行政保护办法》第9条③等规定，应当至少包括身份证明、不存在侵权的初步证据、要求平台终止的措施和内容真实性声明等。

2. 关于平台接到声明后的处理问题。依据《电子商务法》的规定，电商平台经营者接到声明以后，应当履行以下义务：(1) 转发义务，

---

① 江必新主编:《民法典重点修改及新条文解读》，中国法制出版社2020年版，第1011页。

② 《信息网络传播权保护条例》第16条规定："服务对象接到网络服务提供者转送的通知书后，认为其提供的作品、表演、录音录像制品未侵犯他人权利的，可以向网络服务提供者提交书面说明，要求恢复被删除的作品、表演、录音录像制品，或者恢复与被断开的作品、表演、录音录像制品的链接。书面说明应当包含下列内容：(一) 服务对象的姓名（名称）、联系方式和地址；(二) 要求恢复的作品、表演、录音录像制品的名称和网络地址；(三) 不构成侵权的初步证明材料。服务对象应当对书面说明的真实性负责。"

③ 国家版权局发布的《互联网著作权行政保护办法》第9条规定："互联网内容提供者的反通知应当包含以下内容：(一) 明确的身份证明、住址、联系方式；(二) 被移除内容的合法性证明；(三) 被移除内容在互联网上的位置；(四) 反通知内容的真实性声明。"

应当将该声明转送给发出通知的知识产权权利人；（2）告知义务，告知权利人可以向有关主管部门投诉或者可以向人民法院起诉；（3）等待15日后的处理义务（维持或终止），权利人在15日内提出投诉或者起诉的，电商平台应当继续维持所采取的措施，如果权利人在15日内没有提交投诉抑或起诉的，电商平台应当对所采取的措施及时终止。关于平台是否需要对声明进行审查判断的问题。依照现有法律规定，应当参照平台对通知的审查标准，只进行形式审查，不需进行法律上的判断，也无须进行事实调查。

原《侵权责任法》并未规定平台经营者申辩的权利及其处理。《电子商务法》吸纳了《信息网络传播权保护条例》关于赋予电商平台内经营者提出声明的权利的规定，但是在接到声明后的处理方式方面有很大的不同。《信息网络传播权保护条例》第17条的规定是，网络服务提供者接到服务对象的书面说明以后，应当"立即"恢复被删除的链接，同时规定权利人"不得再通知"网络服务提供者删除或者断开链接。《电子商务法》规定了15天的等待期，在这15天的等待期内平台默认应当维持所采取的措施，15天之后再根据权利人是否投诉相应维持或终止该措施。15天内只要权利人提起投诉或者起诉，不管投诉或起诉是否能够胜诉，在漫长的1年甚至2年或更长的审判期间（一审、二审、再审等），平台都将继续维持所采取的措施。这一规定比《信息网络传播权保护条例》更加偏向对知识产权权利人的保护。本书根据现行法相关规定的体系理解，制作了以下的相关规则流程图。

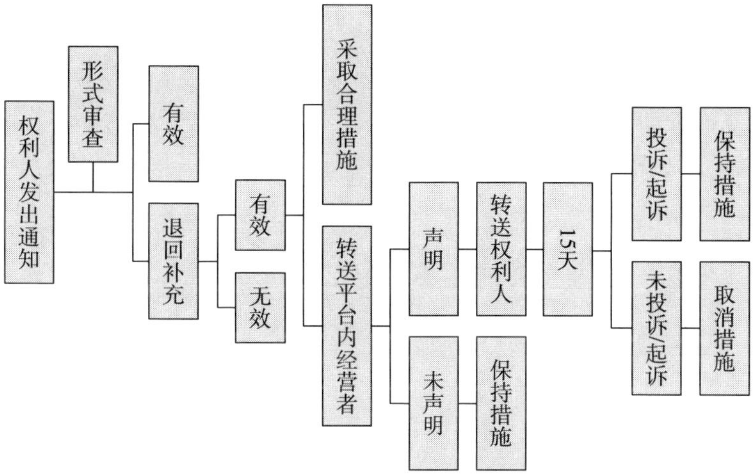

《电子商务法》“通知—删除—声明—恢复”规则流程图

3. 关于“错误声明”的责任和赔偿问题。对于经营者自认为不存在侵权或者恶意发出错误声明而导致的责任和赔偿问题，《电子商务法》没有作出相应规定。

2021 年 8 月 31 日，市场监管总局起草了《关于修改〈中华人民共和国电子商务法〉的决定（征求意见稿）》（以下简称《电子商务法（征求意见稿）》），向社会公开征求意见。[①] 此次修改主要针对第 43 条、第 84 条进行修改完善，针对以上问题也做出了积极回应。针对第 43 条的修改主要是以下三个方面：一是延长反通知后等待期，将 15 日修改为 20 个工作日。二是为了缓和反通知等待期过长带来的可能的交

① 《市场监管总局关于公开征求〈关于修改《中华人民共和国电子商务法》的决定（征求意见稿）〉意见的公告》，载国家市场监管总局网站，https://www.samr.gov.cn/hd/zjdc/202108/t20210831_334252.html，最后访问日期：2022 年 9 月 28 日。

易损失问题，增加一款规定：平台内经营者提出担保，用于赔偿潜在的知识产权侵权所造成的损失的，则电子商务平台经营者可以暂时中止所采取的措施。三是增加一款规定：平台内经营者提交虚假的不存在侵权行为的声明、导致权利人损失扩大的，加倍承担赔偿责任。

（三）平台信息公示规则（第44条）

《电子商务法》第44条规定，电子商务平台经营者应当及时公示收到的本法第42条、第43条规定的通知、声明及处理结果。本条规定的平台信息公示义务，是《电子商务法》的新增内容，《侵权责任法》《信息网络传播权保护条例》等法律法规并没有相关规定。规定平台进行信息公示旨在保障平台治理的公开透明，避免出现信息黑洞或暗箱操作。

在实践操作中，需要注意的问题是平台履行信息公示义务、保护隐私与商业秘密等之间的平衡。平台在公示通知、声明及处理结果时，应当注意对个人信息、商业秘密等内容进行省略或遮盖，避免给权利人或经营者造成侵害。具体对哪些内容如何进行省略或节略，既能不侵害权利人或经营者的权益，又能达到信息公示的规范目的，以及平台是否会因履行信息公示义务而成为被告，是一个需要明确和值得探讨的问题。

四、平台经营者对平台上知识产权侵权承担间接法律责任（第45条）

《电子商务法》第45条规定了电商平台经营者在知道或者应当知

道其平台内经营者存在侵犯知识产权行为时应当采取的措施和承担的相应责任。该规定确立了所谓电商平台经营者的知识产权间接侵权责任，表面上看，该条规定具有完全性规范的特点，但是在解释上，仍然需要结合前面关于自主管理和治理措施的相关规定进行体系理解，特别是在“知道”或者“应当知道”这种主观要件的认定方面。

（一）关于平台经营者知识产权间接侵权责任类型问题

《电子商务法》第45条未像我国《信息网络传播权保护条例》那样，明确将电商平台经营者知识产权间接侵权责任区分为帮助侵权和教唆侵权两种类型，也没有像美国判例法和《千禧年数字版权法》那样，明确区分为帮助侵权责任、替代侵权责任和引诱侵权责任三种类型，而是采取了一种笼统化表述。那么，对此适用是否应当以适当类型化方式继续进行限定把握呢？本书认为，从规范目的和现有文字表述来看，不能认为这里存在与既有类型化立法规定和实践相冲突的意图或含义，根据不存在冲突时应该进行体系融合解释的观点，基于间接侵权责任的基本法理，此处应该将此前类型化限定方式引入其中。这一问题异常复杂，本书认为，从目的和体系解释来看，《电子商务法》对平台知识产权间接侵权责任存在明显的扩展倾向，体现了由简单保护模式向复杂治理保护模式转型的立法理念的变化。本书第五章对该问题会有详细论述，此处不再赘述。

（二）关于平台一般性注意义务问题

依据本条规定，平台经营者不论是否收到权利人的通知，均应尽一般性注意义务，否则即有过错。这里的注意义务，结合前面积极的治理义务和措施的要求，当然不仅包括侵权法上规定的那种消极不作为义务，还应该包括与治理措施和义务相关的积极作为义务类型的注意义务。此外，立法专家相关解读认为，平台经营者知道或应当知道平台内侵权行为，即使没有权利人的通知，也应主动采取必要措施，否则将与侵权人承担连带责任。[①]这种解释值得商榷，实际上突破了第42条“通知—删除”规则下平台被动治理的模式，而要求平台承担自发采取措施的主动治理义务。

（三）在未收到通知的情况下，平台“知道或应当知道”的判断标准

关于在未收到通知的情况下平台“知道或应当知道”的判断标准，《电子商务法》及《侵权责任法》均未作出明确规定。本书认为，从目的和体系解释来判断，平台“知道或者应当知道平台内经营者侵犯知识产权”应同时满足两个要件：（1）明知或应知被控侵权交易信息通过其网络服务进行传播；（2）明知或应知被控侵权交易信息或相应交易行为侵害他人知识产权。[②]关于“认定网络服务提供者是否‘知道’”的考虑因素，判断平台“知道或应当知道”的过错责任，可以

---

① 参见尹中卿主编:《中华人民共和国电子商务法解读》，中国法制出版社2018年版，第223页。

② 参见《北京市高级人民法院关于审理电子商务侵害知识产权纠纷案件若干问题的解答》（2012年12月28日，京高法发〔2013〕23号）：“……6.认定电子商务平台经营者‘知道网络卖家利用其网络服务侵害他人知识产权’的要件是什么？同时符合以下情形的，可以认定电子商务平台经营者知道网络卖家利用其网络服务侵害他人知识产权：（1）明知或应知被控侵权交易信息通过其网络服务进行传播；（2）明知或应知被控侵权交易信息或相应交易行为侵害他人知识产权……”

综合考虑以下因素:（1）平台的类型和功能，提供服务的性质和方式，以及引发侵权的可能性大小，应当具备的管理信息的能力;（2）平台是否参与，以人工或者自动方式对侵权商家或产品以推荐、排名、选择、编辑加工等方式作出处理;（3）平台是否采取了合理措施，包括侵权防御措施，特别是针对同一网络用户的重复侵权行为或者同一侵权信息采取了相应的合理措施;（4）侵权行为的明显程度，包括侵权产品在平台网站明显位置（首页、分类主页等）、以明显不合理的价格出售知名品牌商品或服务、存在大量买家投诉、产品页面宣传名牌“仿制品”等;（5）其他相关因素。

第三节 3

《电子商务法》电商平台知识产权保护规定的外部体系及其适用

一、《电子商务法》相关规定的法体系关联及适用的复杂性

《电子商务法》作为电子商务领域的基本法律，与其他相关法律法规存在复杂的外部法体系关联。《电子商务法》中确立的电商平台知识产权保护制度，与其他法律法规也存在广泛的体系关联。除了《电子商务法》以外，许多不同层次、不同时期的法律法规就平台知识产权保护和侵权责任或者更加广义的侵权责任或者知识产权侵权责任以及网络侵权责任等大多作出过相关规定。此外还存在着大量的司法解释和实践规则。《电子商务法》在制定过程中，广泛梳理和吸收了此前与电子商务知识产权保护相关的法律法规的成果，同时也面向实践及其发展情况做出了立法发展研究，在对电子商务立法认识进一步深化的基础上，形成了相应革新规则。[①] 在立法过程中

① 尹中卿主编:《中华人民共和国电子商务法解读》，中国法制出版社 2018 年版，序言二第 10 页。

《电子商务法》还充分借鉴吸收现实中发挥了积极作用的网络自律规则的有益成分，将发展实践中已经成熟有效、需要上升到法律并已经取得共识的网络规则和措施作为制度确定下来，为电子商务发展实践提供切实可靠的法律保障。[①]但《电子商务法》相关规定的出台，并不意味着相关立法的当然废止或者失效，更何况，在其之后还会不断产生新的法律，如已经通过的《民法典》。于是，从法律适用角度来看，就产生了一个法体系关联问题。《电子商务法》的相关规定与其他法律法规的相关规定有可能出现矛盾冲突，那么，在此种情况下应当如何适用法律呢？这需要进行法体系的适用效力分析。通过引入法体系适用规则或原理，讨论和分析《电子商务法》的此类规定与相关法律法规的体系适用效力及其关系，以求明确《电子商务法》的相关规定在复杂法体系关联下的正确适用，进而达到合理的调整规范目的。

《电子商务法》出台之前，我国已存在一系列可以适用于网络知识产权侵权责任和网络知识产权保护的相关立法。其中，较为重要的至少有三部：第一，原《侵权责任法》第 36 条明确规定了网络侵权责任。该条作为一般性规定，针对的是发生于网络空间的一切侵权行为，解释上理应覆盖到网络平台知识产权侵权和保护。《侵权责任法》第 36 条第 1 款规定了网络用户、网络服务提供者的直接侵权行为，第 2 款、第 3 款规定的是网络用户如果利用网络服务实施侵权行为，网络服务提供者作为技术服务提供者在哪种情况下需要与

① 参见尹中卿主编：《中华人民共和国电子商务法解读》，中国法制出版社 2018 年版，序言二第 9~10 页。

其网络用户一起承担连带责任。该条第2款规定了“通知加采取必要措施”规则，但只作出了原则性的规定，明确权利人有权发出通知要求网络服务提供者采取必要措施，同时，如果网络服务提供者在接到通知以后未及时采取必要措施则应承担的相应法律责任。该条第3款规定了“知道加采取必要措施”规则，即网络服务提供者如果“知道”网络用户在利用其网络服务，从事侵害他人民事权益的行为，但是未采取必要措施则应当承担相应的法律责任。这里的“知道”，包括明知和应该知道。第二，2013年修订的《信息网络传播权保护条例》及其司法解释等针对四类网络服务提供者侵害信息网络传播权的规则和免责机制进行了详细规定，亦即所谓的“避风港规则”。第三，2013年修订《消费者权益保护法》时新增的第44条[①]规定了为网络交易平台确定了其在消费者权益保护领域的民事责任规则。此外，《食品安全法》也有相关规定。我国这些现行法律的相关规定，实际上共同构建了网络平台知识产权保护制度的规则体系，与《电子商务法》知识产权保护制度存在复杂的法体系关联。《电子商务法》出台之后，《民法典》亦出台，其“侵权责任编”对网络服务提供者的侵权责任作出了最新规定，包括：第1194条（网络侵

① 《消费者权益保护法》第44条规定：“消费者通过网络交易平台购买商品或者接受服务，其合法权益受到损害的，可以向销售者或者服务者要求赔偿。网络交易平台提供者不能提供销售者或者服务者的真实名称、地址和有效联系方式的，消费者也可以向网络交易平台提供者要求赔偿；网络交易平台提供者作出更有利于消费者的承诺的，应当履行承诺。网络交易平台提供者赔偿后，有权向销售者或者服务者追偿。网络交易平台提供者明知或者应知销售者或者服务者利用其平台侵害消费者合法权益，未采取必要措施的，依法与该销售者或者服务者承担连带责任。”

权责任)[①]、第1195条(网络服务提供者侵权补救措施与责任承担)[②]、第1196条(不侵权声明)[③]、第1197条(网络服务提供者的连带责任)[④]等。这些规定不仅专门针对网络服务提供者的义务和责任机制进行了更为详细的规定，而且也做出了适当修改。[⑤]可见,《电子商务法》关于知识产权保护相关规定的体系适用，重点就是要厘清它们与上述相关法律法规有关规定的体系关联。

---

① 《民法典》第1194条规定:"网络用户、网络服务提供者利用网络侵害他人民事权益的，应当承担侵权责任。法律另有规定的，依照其规定。"

② 《民法典》第1195条规定:"网络用户利用网络服务实施侵权行为的，权利人有权通知网络服务提供者采取删除、屏蔽、断开链接等必要措施。通知应当包括构成侵权的初步证据及权利人的真实身份信息。网络服务提供者接到通知后，应当及时将该通知转送相关网络用户，并根据构成侵权的初步证据和服务类型采取必要措施；未及时采取必要措施的，对损害的扩大部分与该网络用户承担连带责任。权利人因错误通知造成网络用户或者网络服务提供者损害的，应当承担侵权责任。法律另有规定的，依照其规定。"

③ 《民法典》第1196条规定:"网络用户接到转送的通知后，可以向网络服务提供者提交不存在侵权行为的声明。声明应当包括不存在侵权行为的初步证据及网络用户的真实身份信息。网络服务提供者接到声明后，应当将该声明转送发出通知的权利人，并告知其可以向有关部门投诉或者向人民法院提起诉讼。网络服务提供者在转送声明到达权利人后的合理期限内，未收到权利人已经投诉或者提起诉讼通知的，应当及时终止所采取的措施。"

④ 《民法典》第1197条规定:"网络服务提供者知道或者应当知道网络用户利用其网络服务侵害他人民事权益，未采取必要措施的，与该网络用户承担连带责任。"

⑤ 《民法典》第1194条至第1197条是对原《侵权责任法》第36条的细化，包括对网络服务提供者侵权责任也做出了部分修改，有以下重点：明确了网络服务提供者对于权利人的转通知义务，增加反通知的规定；明确平台可以根据服务类型的不同采取必要措施，给诸如最新的某云案[北京知识产权法院(2017)京73民终1194号民事判决书]、首例小程序侵权案[杭州互联网法院(2018)浙0192民初7184号民事判决书]等涉及新类型网络服务的解释适用预留空间；明确了权利人错误的责任承担，打击治理恶意投诉泛滥；增加要求权利人和网络用户在通知和声明中提供初步证据和真实身份信息的要求；增加了网络用户反通知的声明权利以与权利人的通知权利相平衡，为被投诉人提供抗辩渠道；在《电子商务法》15日等待期刚性规定的基础上进行优化、软化，改为"合理期限内"；将网络服务提供者承担间接责任的主观要件由"知道"修改明确为"知道或者应当知道"。

二、《电子商务法》商品交易和服务交易规范的体系适用关系

关于商品交易和服务交易规范的法体系效力问题，《电子商务法》进行了明确规定，实际上排除简单地适用《立法法》的相关原理规定。依据《电子商务法》第2条第3款的规定，法律、行政法规对商品交易或者服务交易有规定的，适用其规定。《电子商务法》虽然是电子商务领域一部基础性、综合性的法律，但就商品交易或服务交易来说，其他相关法律、法规也可能会作出规定。在这种情形下，《电子商务法》与其他法律法规的相关规定，按照第2条第3款的规定，应为一般与特殊的关系。该款的适用不应被解释为：只要其他法律、行政法规对于商品交易或者服务交易有规定，《电子商务法》就当然被排除适用。在这个问题上，《电子商务法》被视为综合性与基础性立法，涵盖了一系列与网络商品与服务交易相关的法律问题与法律关系。该款是为了保证我国法律体系在商品交易和服务交易上的统一性，尽量避免《电子商务法》与其他相关法律、行政法规发生冲突而作出的规定。[①] 市场监督管理总局法规司副司长任端平先生强调，落实《电子商务法》需要注意把握好该法处理相关法律关系的特点。《电子商务法》用包容谦让的方式把现行特别法的有关规定进行了衔接。[②]

《电子商务法》的法律规范，在此具体问题上是与现有法律规范

---

① 参见薛虹：《国际电子商务法通论》，中国法制出版社2019年版，第21页。

② 参见任端平：《〈电子商务法〉体现了包容谦让和转引共治》，载《工商行政管理》2018年第22期。

相比，依其创新程度，又可以大致分为创新性、补充性与更新性三类规范。在处理与其他法律、行政法规的关系上，电子商务法三类规范的适用有所不同。[①]《电子商务法》中的创新性规范，是针对目前存在空白的领域创立了新的法律制度，与其他法律、行政法规并无任何冲突与矛盾，无疑应予适用。例如，关于电子支付、网上争议解决、电子商务市场竞争等方面，《电子商务法》从法律层面创新规定填补了法律上的空白。《电子商务法》中的补充性规范，基本上与相关法律、行政法规相互配合、彼此补充，亦无法律适用上的冲突，因此，应与相关法律、行政法规共同适用。[②]例如，《电子商务法》第 24 条、第 25 条、第 69 条等关于电子商务数据流动与保护的规定，是对《网络安全法》等现行法律法规关于个人信息保护制度的补充性规定。关于更新性规范，是新法在某些方面修改并更新了现有法律规范。此类更新性规范虽然在《电子商务法》中所占比重不大，但确实存在。在电子商务领域，更新性规范应优于原有法律规范予以适用。例如，《电子商务法》第 41 条至第 45 条关于电商平台知识产权保护制度的规定，以及《电子商务法》第 51 条第 2 款更新了《电子签名法》第 11 条第 2 款关于数据电文接受时间的规定。总之，《电子商务法》关于法律适用效力的规定，不应仅依据字面含义加以僵化与狭义的解释，而应结合立法目的、现实需要与法律规范之间的

① 参见电子商务法起草组编著：《中华人民共和国电子商务法条文研析与适用指引》，中国法制出版社 2018 年版，第 25 页；薛虹：《国际电子商务法通论》，中国法制出版社 2019 年版，第 21~22 页。

② 参见薛虹：《国际电子商务法通论》，中国法制出版社 2019 年版，第 22 页。

关系综合判断，让《电子商务法》能够充分发挥它应有的积极作用。[①]

三、《电子商务法》相关规定在《立法法》视角下的法体系适用分析

《电子商务法》是根据电子商务的特殊性制定的，不同于一般民商法，属于民商法的特别法。尽管如此，电子商务所涉及的社会关系远非《电子商务法》所能够单独调整的，还需要与其他部门法结合适用。《电子商务法》针对电子商务领域特有的矛盾，解决其特殊性问题，实际上难以避免与其他法律交叉重复，因此，法律的协调衔接十分重要。[②]比如，在涉及知识产权的问题时，就需要知识产权法予以调整。[③]原则上，应当依据《立法法》处理法体系关系，从理论和制度上来说，无非是一般法与特别法、新法与旧法等关于法体系适用的效力关系规则的应用问题。根据我国《立法法》第 92 条规定的法律适用原则，新法规定与现有法律原规定不一致的，适用新法规定。[④]

（一）基于“一般法和特别法”效力规则的体系适用

《电子商务法》作为我国电子商务领域首部综合性法律，确立了具体的电商平台知识产权保护制度。它提供了适用于电商领域的基

① 薛虹：《国际电子商务法通论》，中国法制出版社 2019 年版，第 24 页。
② 尹中卿主编：《中华人民共和国电子商务法解读》，中国法制出版社 2018 年版，序言二第 10 页。
③ 李东进、秦勇主编：《电子商务实务教程》，中国发展出版社 2013 年版，第 264 页。
④ 全国人大法工委国家法室编著：《中华人民共和国立法法解读》，中国法制出版社 2015 年版，第 323~326 页。

本准则，与《民法典》《商标法》《专利法》《著作权法》《反不正当竞争法》等法律相互衔接，为明确和规范电子商务经营者和平台经营者的知识产权治理义务与法律责任提供依据，为电子商务的健康发展保驾护航。但是，又必须认识到，《电子商务法》虽是电商基本法律，但只是适用于电商领域的基本法而已。换言之，在电商领域，《电子商务法》相对于基础民商法、知识产权法甚至网络法的一般规定而言，仍然属于一种在专门领域中适用的特别法。[①] 从这个意义上说，比起《著作权法》《民法典》侵权责任编等主要知识产权法律和《信息网络传播权保护条例》及《网络安全法》等法律规定而言，《电子商务法》仍居于特别法地位。由此，《电子商务法》的相关规定，在电商领域，如果与上述一般规定相冲突，应根据《立法法》“特别法优于一般法”的效力规则，视为具有优先适用效力。

必须指出的是，《信息网络传播权保护条例》和《民法典》侵权责任编第1194条至第1197条所规定的网络服务提供者的主体范围不同。因此，平衡两部立法之间的法体系关系尤为重要。对此，相关立法专家认为，《民法典》侵权责任编与《信息网络传播权保护条例》之间，构成一般法与特别法的相互关系，针对网络著作权侵权问题，

---

① 在现行的知识产权、网络单行法中，也逐渐出现一些专门针对网络服务提供者或电商特殊知识产权保护责任的特殊规范，这些特殊规范又应该被看成是比《电子商务法》规定还更特别的规范：如关于电子商务领域著作权保护问题，它们可能存在于《著作权法》《信息网络传播权保护条例》或相关司法解释中；关于电子商务领域商标权保护问题，它们可能规定在《商标法》和相关司法解释之中；关于电子商务领域专利权保护问题，它们可能规定在《专利法》及相关司法解释之中。这些在与《电子商务法》有关规定发生冲突时，应当反而具有优先适用效力。

发生冲突的应注意要优先适用《信息网络传播权保护条例》。[①]《信息网络传播权保护条例》仅涉及自动接入、自动传输、自动缓存、信息存储空间、搜索链接服务提供者；《民法典》侵权责任编第1194条至第1197条规定的网络服务提供者，除涵盖上述网络服务提供者外，还包括其他网络技术服务提供者。[②]《信息网络传播权保护条例》等著作权保护体系下的“网络服务提供者”主体，与《电子商务法》规范的调整对象——“电商平台经营者”，二者之间存在着一定范围上的交叉重叠。[③]此外，美国《千禧年数字版权法》本身仅适用于网络著作权保护的法律规范，我国《民法典》侵权责任编实际上扩大了避风港规则与红旗规则的适用范围：不仅将其适用于保护知识产

① 参见最高人民法院侵权责任法研究小组编著：《〈中华人民共和国侵权责任法〉条文理解与适用》，人民法院出版社2010年版，第262~268页。《北京市高级人民法院关于涉及网络知识产权案件的审理指南》也持相同观点，认为《侵权责任法》第36条属于侵权责任构成要件条款；《信息网络传播权保护条例》第20条、第21条、第22条、第23条属于网络服务提供者侵权损害赔偿责任免责条款，不符合前述免责条件的，应根据《侵权责任法》第36条判断网络服务提供者是否应当承担损害赔偿责任。参见《北京市高级人民法院关于涉及网络知识产权案件的审理指南》(2016年4月13日)：“11、侵权责任法第三十六条属于侵权责任构成要件条款。信息网络传播权保护条例第二十条、第二十一条、第二十二条、第二十三条属于网络服务提供者侵权损害赔偿责任免责条款。不符合前述免责条件的，应根据侵权责任法第三十六条判断网络服务提供者是否应当承担损害赔偿责任。”

② 参见(2017)京73民终1194号二审民事判决书；(2015)石民(知)初字第8279号一审民事判决书。

③《电子商务法》第2条规定了该法的调整对象为通过互联网等信息网络销售商品或者提供服务的经营活动。这里的商品包括有形商品和无形商品，如数字产品；《电子商务法》第9条在此基础上，针对电子商务经营者给出了主体概念界定和分类，明确“电子商务平台经营者”，是指在电子商务中为交易双方或者多方提供网络经营场所、交易撮合、信息发布等服务，供交易双方或者多方独立开展交易活动的法人或者非法人组织；而“平台内经营者”，是指通过电子商务平台销售商品或者提供服务的电子商务经营者。

权，还将其扩展适用于保护其他类型“民事权益”，[①] 而《信息网络传播权保护条例》仅仅是针对信息网络传播权的保护规定。

这里要特别说明的是，《民法典》侵权责任编与《电子商务法》的相关规定存在适用“一般法和特别法”效力关系规则的判断的复杂性。前已述及，《民法典》侵权责任编第1194条至第1197条，在原《侵权责任法》第36条规定的网络侵权责任基础上，进行了修改，并增加了重要的规则，进而完善了网络侵权责任的规范体系。《民法典》上述规定相对于《电子商务法》的相关规定，具有新法、一般法、上位法的三重属性，使得其与《电子商务法》的体系适用更为错综复杂。[②] 从理论上讲，《民法典》是新法，同时又是一般法，还是全国人大制定的上位法，所以，不能简单援用新法优于旧法或者适用特别法优于一般法的适法原则，需要综合考虑三重属性。首先，《民法典》相关规定和《电子商务法》相关规定的关系，虽然是一般法和特别法的关系，但同时因为又是上位法和下位法的关系，所以需

---

① 其实，这里的“民事权益”主要保护的是知识产权及名誉权、隐私权、个人信息权等权益，不包括生命权、健康权等人格权益。参见杨立新：《电子商务民事责任之立法基础与基本规则》，载《甘肃社会科学》2019年第1期。

② 参见杨立新：《民法典侵权责任编草案规定的网络侵权责任规则检视》，载《法学论坛》2019年第3期。但也有学者持不同的看法，例如周学峰教授就认为2018年9月全国人大常委会公布的《民法典各分编（草案）》中侵权责任编第970条和第971条几乎全面拷贝了《电子商务法》第42条和第43条的规则，只是将“电子商务平台经营者”替换为了“网络服务提供者”，并可适用于全部民事侵权领域，既不限于电子商务领域，亦不限于知识产权领域。这无疑是一项比《电子商务法》还要大胆激进的立法举措。虽然2019年8月公布的《民法典侵权责任编（草案）》三次审议稿试图通过区分网络服务的类型而弱化“必要措施”的刚性，但是，在现行法律条款结构和表述下，“通知—移除”规则的构造缺陷仍然难以弥补，并有可能因其适用范围的扩展而更加明显。参见周学峰：《“通知—移除”规则的应然定位与相关制度构造》，载《比较法研究》2019年第6期。

要进行竞合权衡。《民法典》相关规定作为上位法，通常具有直接否定下位法的效力，这种情况即使下位法是特别法，也无法引用特别法优于一般法的效力规则；但也存在例外，即如果上位法自身明确规定对特别法作出保留授权，那就不具有否定下位法的效力，下位法可以因为是特别法而仍然具有优先效力。现在，《民法典》第1194条和第1195条明确规定了“法律另有规定的，依照其规定”，也就是说为《电子商务法》相关规定作出了特别法保留授权。所以，在这一范围内，《电子商务法》作为特别法仍然应优先适用。《民法典》在原《侵权责任法》第36条第1款的基础上增加“法律另有规定的，依照其规定”，是为了与著作权法、专利法、商标法、电子商务法等法律衔接，根据侵害客体的不同，适用不同的法律规定和归责原则。[①]不过值得注意的是，《民法典》第1196条和第1197条并没有明确作出特别法保留授权，这两条是否应当区别对待，人们仍有疑惑。本书认为，从体系解释和目的解释出发，统一解释可能更加合理。

（二）基于“新法和旧法”效力规则的体系适用

《电子商务法》第2条第3款的规定适用于特定领域，不应被解释为在其他方面排除本法更新性规范的适用。[②]因此，《电子商务法》关于电商知识产权保护的规定，根据《立法法》确立的“新法优于旧法”的适用关系原则，在相同层次事项范畴内，当其作为更新性

---

① 黄薇主编：《中华人民共和国民法典侵权责任编解读》，中国法制出版社2020年版，第122页。

② 参见薛虹：《国际电子商务法通论》，中国法制出版社2019年版，第23~24页。

规定，与现有法律原规定不一致时，获得新法优先效力，反之，当其作为原有法律规定，与此后制定的新法规定不一致时，则让位于新法规定的适用。

一方面，《电子商务法》的电商平台知识产权保护制度是较新的规定，比起此前的法律而言，属于更新性规范，从新法的角度来说，在与相同领域的可以适用的许多此前出台的法律法规发生冲突时，作为新法而发生优于旧法的适用效力。基于此，《电子商务法》平台知识产权保护制度相关规定，与原《侵权责任法》和《信息网络传播权保护条例》相关规定比较，具有作为新法（更新性规范）而优先适用的效力。①

另一方面，《电子商务法》出台以后，立法也在产生新的相关规定。《电子商务法》相关规定如果与新法规定形成冲突，理论上，在适用效力上应让位于新法。现在，最重要的新法当然是《民法典》侵权责任编的有关规定。但是，由于《民法典》具有上位法的地位，导致原则上不能简单适用新法优于旧法、特别法优于一般法，相关规定实际通过特别法授权保留使其得以回到适用一般法与特别法的关系规则。所以，《民法典》侵权责任编相关规定与《电子商务法》相关规定的关系，最终可以适用一般法与特别法关系的规则。对此，有学者提醒：随着我国《电子商务法》的制定、《民法典》的出台，以及《专利法》和《商标法》的进一步修订，在上述知识产权分属领域亦将分别建立起网络平台民事责任的具体规则。如果不能事先

① 尹中卿主编:《中华人民共和国电子商务法解读》，中国法制出版社 2018 年版，第 30 页。

在法体系层面做好整体衔接设计，则可能导致网络平台民事责任规则的碎片化，特别是，如果相关立法用语模糊、不一致和不周全等问题较突出，则更容易导致法体系适用的模糊。[①]

四、电商平台知识产权保护制度中法体系适用的两个难点

《电子商务法》电商平台知识产权保护规定的法体系适用，具体落实到相关规范上，在法体系关联上有两个适用难点，即《电子商务法》第41条至第44条整合形成的“通知—删除”规则总体的体系适用问题，以及第45条规定适用时与相关规范基础的体系适用问题。

（一）《电子商务法》第41条到第44条形成的“通知—删除”规则的体系适用问题

《电子商务法》第41条至第44条结合起来，构建了电子商务领域中重要的“通知—删除”规则。其适用的体系效力问题实际是一个由多个条文形成的规范整体的效力问题，而不是某个单一条文的体系适用效力问题。由此导致了作为一套规则整体的体系适用效力分析的复杂性。

首先，是“通知—删除”规则作为总体的差异分析。《电子商务法》的所谓“通知—删除”从四个条文概括而来，因此，讨论其适用效力，与其他法律法规相关规定的分析比较，不能简单地通过单个条

① 参见周学峰、李平：《网络平台的法律责任与治理研究》，中国法制出版社2018年版，第372页。

文比较来做判断，而应该以合成规则总体来比较判断。所以说，无论是“一般法和特别法”还是“新法与旧法”关系如何适用，前提都应如此。我们通过这种总体比较可以发现，所谓“通知—删除”作为概括性规则，其构造在不同法律法规之间实际上存在着一定的差异。《侵权责任法》采用的是“通知—删除”程序，《信息网络传播权保护条例》采用的是“通知—删除—转通知—反通知—恢复”程序，而《电子商务法》采用的实际是“通知—采取必要措施 / 转通知—反通知—二次转通知—15 天内未回复 / 恢复”程序。现在，《民法典》侵权责任编将其发展为“通知—转通知 / 采取必要措施—反通知—二次转通知—合理期限内未回复 / 恢复”程序。最高人民法院于 2020 年 9 月发布了《关于审理侵犯商业秘密纠纷民事案件应用法律若干问题的解释》、《关于涉网络知识产权侵权纠纷几个有关法律适用问题的批复》（以下简称《批复》）、《关于审理涉电子商务平台知识产权纠纷民事案件的指导意见》（以下简称《指导意见》）三个司法解释，其中，电商平台“通知—删除”规则是后两个文件的重点。《批复》和《指导意见》重点针对《电子商务法》和《民法典》的相关规定进行了细化和完善，同时也有一些突破和发展，特别是体现了《中华人民共和国政府和美利坚合众国政府经济贸易协议》电商平台知识产权保护要求的转化落实，将成为具体指导司法实践的操作性指引。值得注意的是，《批复》“网络服务提供者、电子商务平台经营者”终止措施的等待期为与《民法典》一致，规定为概括的“合理期限”[①]，

① 网络服务提供者、电子商务平台经营者在转送声明到达权利人后的合理期限内，未收到权利人已经投诉或者提起诉讼通知的，应当及时终止所采取的措施。

而《指导意见》“电子商务平台经营者”等待期则规定为“25 个工作日”①。

其次，是“通知—删除”规则作为总体的分析应该关注功能定位。目前，对于《电子商务法》第 42 条至第 44 条整合形成的“通知—删除”规则，在功能上如何理解存在分歧。但目前通常认为，这是针对“电子商务平台”设计为一种归责机制，而并没有像美国 1998 年制定的《千禧年数字版权法》那样设计为基于“避风港”的一种免责机制。② 也就是说，电子商务平台是否适用“通知—删除”规则，似乎并不需要自己一定是避风港规则下所设计的特殊主体，即所谓的四类避风港主体。③这就产生与《民法典》侵权责任编、《信息网络传播权保护条例》等相关规定的功能差异或主体适用上的差异。例如，一般认为，《信息网络传播权保护条例》的“通知—删除”规则，功能上必须限于四类避风港主体。这样，在《电子商务法》和《信息网络传播权保护条例》之间就出现了适用主体的不同，由此导致相应的体系适用问题。此外，多重角色对应多重规制。平台功能融合下形成平台生态，同一平台往往在涉案法律关系中充当多重角色，就要对应多重规制。例如，如果同时扮演了电商平台和互联网接入服务提供者，就需要适用《电子商务法》“通知—删除”

① 11. 电子商务平台经营者在将平台内经营者提交的不侵权声明转交知识产权权利人后，在 25 个工作日内未收到知识产权权利人提交的人民法院或者行政机关受理通知书的，应当及时终止所采取的删除、屏蔽、断开链接等下架措施。

② 参见周学峰:《“通知—移除”规则的应然定位与相关制度构造》，载《比较法研究》2019 年第 6 期。

③ 《电子商务法》不仅在主体要件上所谓“电子商务平台”实际可能会超出传统的四类“避风港”主体范围，而且将适用范围从著作权扩展到包括商标、专利等所有知识产权领域。

规则，并不会因为《信息网络传播权保护条例》对网络接入服务提供者并没有规定“通知—删除”义务而当然获得免责。[①] 电商平台知识产权法律责任的认定和承担，也是《批复》与《指导意见》的重点。《指导意见》第 14 条 [②] 重点分三款针对电商平台的三种情况下的责任承担及范围进行了明确细化。特别在第 16 条 [③]“应当知道”的认定情形上明确赋予了电商平台主动审核和过滤的义务。这实际上进一步肯定了“通知—删除”规则定位为电商平台归责机制的立法倾向，并进行了合理细化，但是在适用中仍需要适当注意平衡和区分。

---

① 我国杭州互联网法院在首例小程序侵权案中，简单地以小程序平台为“网络自动接入（传输）服务提供者”而否定了其得以构成帮助侵权。这一判决引发不少争论。实际上，在涉嫌侵权活动中，若小程序平台同时扮演了“网络自动接入（传输）服务提供者”和“电子商务平台经营者”双重角色的话，继续以符合“纯管道”单一功能的要求，认定为“驶入”第一类“避风港”，免除通知删除义务，值得讨论。参见李小草：《网络平台的“避风港”适用及多重规制研究——兼评我国首例小程序侵权案》，载《北方法学》2019 年第 5 期。

② 14. 电子商务平台经营者知道或者应当知道平台内经营者侵犯知识产权，但未采取必要措施，或者在收到知识产权权利人的通知后，仍未及时采取必要措施的，应当就知识产权权利人的全部损失，与侵权人承担连带责任。电子商务平台经营者知道或者应当知道平台内经营者侵犯知识产权且未采取必要措施，在收到知识产权权利人的通知后虽然采取了必要措施，仍应当就采取必要措施前知识产权权利人的损失，与侵权人承担连带责任。电子商务平台经营者不知道也不应当知道平台内经营者侵犯知识产权，在收到知识产权权利人的通知后，应当及时采取必要措施。未及时采取必要措施或者采取的必要措施不合理，造成损害扩大的，应当就损害扩大的部分与侵权人承担连带责任。

③ 16. 电子商务平台经营者存在下列情形之一的，人民法院可以认定其“应当知道”侵权行为的存在：未履行制定知识产权保护规则、审核平台内经营者经营资质等法定义务；未审核平台内标注“旗舰店”“专营店”字样经营者的权利证明；未采取有效技术手段，对包含“高仿”“假货”等字样的侵权商品链接、投诉成立后再次上架的侵权商品链接进行过滤和拦截等。

（二）《电子商务法》第45条与《民法典》侵权责任编第1198条的体系适用关系问题

《电子商务法》出台之前，原《侵权责任法》除第36条规定网络侵权责任外，还在第37条中规定了安全保障义务及其违反责任，由此导致了两个条文关系理解上的复杂性。二者之间的衔接和适用关系在实践中应当如何处理，确实是值得深入研究的问题。《电子商务法》出台之后，对这种关系的讨论也蔓延到其第45条与《侵权责任法》第37条之中。现在《民法典》出台了，该问题又将转化为《民法典》侵权责任编第1194条至第1197条或仍然有效的《电子商务法》第45条与《民法典》侵权责任编第1198条之间的适用关系的讨论。《民法典》第1198条与原《侵权责任法》第37条的规则基本一致，变化主要为主体上新增明确“经营者”作为安全保障义务主体，新增“机场、体育场馆”，并明确规定了追偿权。《民法典》实施后，同样适用于此处关于电商平台知识产权保护规定与安全保障义务责任规定的法体系适用关系的分析。《民法典》侵权责任编第1194条至第1197条规定，电商平台经营者作为网络服务提供者相应情况下承担网络间接侵权责任，而第1198条规定经营场所、公共场所的经营者、管理者或者群众性活动的组织者违反安全保障义务，应承担相应侵权责任。[①]

---

① 《民法典》第1198条规定：“宾馆、商场、银行、车站、机场、体育场馆、娱乐场所等经营场所、公共场所的经营者、管理者或者群众性活动的组织者，未尽到安全保障义务，造成他人损害的，应当承担侵权责任。因第三人的行为造成他人损害的，由第三人承担侵权责任；经营者、管理者或者组织者未尽到安全保障义务的，承担相应的补充责任。经营者、管理者或者组织者承担补充责任后，可以向第三人追偿。”

那么，应如何看待二者之间的关系？《民法典》侵权责任编第1194条至第1197条的网络服务提供者（或者《电子商务法》第45条的电商平台）是否可被视为第1198条所规定的经营场所、公共场所的经营者、管理者或者群众性活动的组织者[①]，是否需要相应地承担违反安全保障义务所导致的侵权责任呢？我国安全保障义务制度实际上是借鉴德国法体系中的交往安全义务制度而移植设计的，在德国法上，这种交往安全义务的产生是因为开启或持续了某种危险。另外，在我国法上，也存在一些除了侵权责任编第1198条规定以外的其他类型的安全保障义务，包括侵权责任编中规定的产品跟踪观察义务等。[②]《电子商务法》第38条第2款规定，虽然不是直接地但也似乎在立法层面如此理解了这两种责任之间的体系关联，该款规定了电商平台经营者对消费者的安全保障义务与责任。为此，学者多倾向于赞成二者可以互通，认为网络空间也是需要潜在的网络

① 杨立新教授认为，原《侵权责任法》第37条的主体范围比原来司法解释规定的范围窄，不利于保护受保护的人的利益，在司法实践中可以适当扩大。最高人民法院2003年《关于审理人身损害赔偿案件适用法律若干问题的解释》第6条规定，负有安全保障义务的义务主体应当是经营者和其他社会活动的组织者，包括自然人、法人和其他组织。第一种主体是经营活动的经营者，第二种主体是其他社会活动的组织者。该司法解释中列举的“住宿、餐饮、娱乐等经营活动”并不是完全的列举，一个“等”字应该把它们都概括进去了。他建议，对此可以借鉴英美侵权法的土地利益占有人或者土地占有者的概念，更容易处理实际问题。不论是经营者，还是社会活动的组织者，他们都占有土地，在土地上进行活动。即使不是公共场所的管理人或者群众性活动的组织者的其他人，如果占有土地进行活动，对于进入土地范围的人也应当承担安全保障义务。例如，自己的房屋和庭院存在现实危险，造成他人损害，是不是也要承担侵权责任呢？不仅如此，还可以通过这种标准界定义务主体负有安全保障义务的范围。参见杨立新主编：《侵权责任法（第2版）》，复旦大学出版社2016年版，第264页。

② 参见周友军：《〈民法典侵权责任编草案〉一审稿评析》，载中国民商法律网，http://www.civillaw.com.cn/zt/t/?id=34632，最后访问日期：2019年7月11日。

秩序的，网络服务提供者作为网络空间这种社会生活场景的守护者，实际在其职责范围内扮演着一定意义上的网络空间安全保障的角色。[①] 本书也赞成此观点，倾向于接受2003年《最高人民法院关于审理人身损害赔偿案件适用法律若干问题的解释》第6条所采取的规范立场，倾向于对产生安全保障义务的原因应保持开放性，可以设置兜底性的规定，建议以“实施危险活动”这一因素作为安全保障义务的兜底性原因。

我们注意到，在全国首例“人肉搜索案”中，网民基于网上博客等信息对特定人和其家庭进行侵扰，北京市朝阳区人民法院经审理认为，作为网络空间内的管理者、经营者、组织者，网络服务提供者对网络用户应当负有一定程度的安全保障义务，本案中网络服务提供者对上述危险开展防范也是一种安全保障。[②] 北京互联网法院2019年5月21日在“某风科技有限公司网络侵权责任纠纷案”中也判决认为二者可以互通。[③] 不过，这些判决同时认为，即便如此，考虑到网络空间本身的虚拟性，安全保障义务的内容仍然应当与实体空间下产生的安全保障义务的内容不同。网络服务提供者被要求采取的措施应该符合网络空间的特点，在网络服务提供者具备的能力范围内，不应要求网络服务提供者采取实体空间下的那些安全保障措施。也就是说，网络服务提供者的安全保障义务的内容一般情况

① 王晋:《网络服务提供者著作权侵权责任研究》，知识产权出版社2016年版，第122~123页。

② 参见（2008）朝民初字第10930号“王某诉张某奕侵犯名誉权案民事判决书”。

③ 参见（2018）京0491民初2386号民事判决书。

仅包括合理采取审核、告知、删除、屏蔽、断开链接等相关措施。[①]换言之，网络服务提供者虽然在一定情况下扮演“类似于安全保障义务”的角色，但同时又与法律规定的传统安全保障义务有所区别。两种都属于不作为侵权，且都是因为怠于行使在社会空间抑或网络空间里的某些职责，但是二者也存在最大的一点不同，即是否需要基于“接到通知”。实体社会空间内的安全保障义务人在没有收到受害人发出的通知时，也要承担相应的补充责任；而作为特定网络空间内守护者身份的网络服务提供者则是大多在接到权利人的通知时，才开启它应该履行的义务。[②]综上分析，实体社会空间的安全保障义务开展的防护往往是一种“主动”意义的防护，而虚拟网络空间内网络服务提供者进行的防护通常是一种受限于网络合理措施下的“被动”意义的防护。也正是在这种被动的防护角度下，网络服务提供者一般不需要采取事先审查等行为，所承担的义务内容也有所不同。

五、本节小结

《电子商务法》存在于法体系之中，其关于电商平台知识产权保护规定的适用，应当注意处理好与《民法典》侵权责任编、《信息网络传播权保护条例》等法律法规的体系衔接和适用效力关系。归纳起来，原则上，除了《电子商务法》明确规定的关于食品交易和服务交

① 参见（2018）京 0491 民初 2386 号民事判决书。

② 参见王晋：《网络服务提供者著作权侵权责任研究》，知识产权出版社 2016 年版，第 122 页。

易的特殊领域之外，在其他方面，特别是针对电商平台知识产权保护相关规范的体系衔接和选择适用关系，重点是对《电子商务法》和其他相关法律法规的适用关系的处理，应当从《立法法》确立的基本原理出发，遵循“特别法优于一般法”“新法优于旧法”等原则。

首先，《电子商务法》相关规定相对于《民法典》《信息网络传播权保护条例》等，在电商领域通常认为更具有特殊性，按照“特别法优于一般法”并结合“新法优于旧法”等规则，属于特殊性事项或更新性规范而应优先适用；如果彼此并无冲突，推论上，一般性规定也需要适用，因《民法典》同时具有新法、一般法、全国人大上位法的三重属性，致使其较《电子商务法》的体系适用变得复杂，但鉴于《民法典》对相关规定作出了“法律另有规定的，依照其规定”，最终，也回到“特别法优于一般法”适用之下。总之，《电子商务法》相关规定，在与上述其他法律法规存在冲突时，具有优先效力；反之，在不存在冲突时，则可以回溯适用一般性规定。例如，对于《电子商务法》相关规定没有具体明确的问题，如果《民法典》侵权责任编第1194条至第1197条作出了规定，便应回到一般条款的适用上来。

其次，要注意《电子商务法》第41条规定了电商平台经营者制定保护规则的义务或职责，从某种意义上讲这也是一项权力，根据这种情形制定的保护知识产权规则，只要没有违反法律规范，便具有法律般的效力。所以，如果平台经营者违反自身制定的知识产权保护规则，也会导致承担相应的适用效力和后果。

此外，《电子商务法》第45条规定与《民法典》侵权责任编第

1198 条安全保障义务人责任规定还存在竞合适用关系，鉴于后者可被倾向解释为兜底条款，电商平台也因此经常被纳入该条规定，在一定情况下对网络用户负有安全保障义务。

最后，要认识到所有法律法规所形成的规范系统，在电商平台仍然处于不断演化以及平台上知识产权保护问题仍然不断加剧的趋势之下，不可避免地存在明显的具体化、清晰化不足问题，甚至存在巨大缺漏。无论是《电子商务法》关于电子商务平台在知识产权保护中的权利、义务、措施和责任的规定，还是《民法典》等法律法规中的相关规定，相关概念界定、规则、标准不乏仍然存在不明确、不清晰的问题，即使参照结合现有法院案例，特别是最高人民法院的指导、公报案例裁判规则等，仍然不免会有具体辨析上的困惑。例如，关于电商平台这一规范主体的界定问题，电商平台的义务是有所加重还是有所减轻，“通知—转达—再通知—转达”规则中合理期限的适用问题，避风港规则是否适用于电商平台等，这些都很不确定，尚需进一步明确。对此，一方面，应当不断通过立法修正、制定实施细则及司法解释等加以完善、补充、配套和细化。电子商务立法应与其他法律衔接配套，共同发力，适宜由其他法律法规解决的，可以通过完善相关法律法规进行解决。国务院有关部门已经及时修改完善并出台了一系列电子商务部门规章和政策措施。[①] 另一方面，除了立法完善之外，这种情况在法律适用中也可以引入灵活解释以应对相应的动态挑战。

---

① 尹中卿主编：《中华人民共和国电子商务法解读》，中国法制出版社 2018 年版，序言二第 10 页。

第四章

电商平台知识产权保护义务转型与治理体系发展

第一节

电商平台知识产权保护模式和义务发展

一、电商平台知识产权保护模式转型及其相关义务设定

（一）电商平台知识产权保护模式转型

电子商务平台化，导致了平台上知识产权保护与其他情形下保护的差异性，这种差异性主要体现为，电商平台及其经营者所代表的平台化技术价值、用户行为自由和便利所代表的平台经济效应价值，与知识产权人需要尊重所代表的权利保护价值三者之间的平衡需要。[①] 同时，电商平台上知识产权保护问题及其规范发展，又是动态演化的，这是因为电商平台自身在不断变化发展，导致上述三种价值或利益本身的事实关系也处在不断变化之中，因此需要不断适应新的关系变化。总体来说，与电商平台经营者角色定位和主体定位演化相适应，电商平台知识产权保护也出现了由消极保护模式向积极保护模式转化的基本趋势。

在早期电商平台化结构关系中，平台经营者作为平台技术创新和

① 参见于波：《网络中介服务商知识产权法律义务研究》，华东政法大学 2013 年博士学位论文。

应用的推动者，追求的是提供方便产品与服务信息交换的平台化技术服务，这种情况下平台经营者的利益关系比较单纯，是以信息技术中介中立的地位获得自己的利益实现。另外，各国或地区关于电商平台知识产权保护的模式设定，都是以这种中介中立地位为基础的，引入消极保护模式，原则上电商平台经营者对于平台上知识产权保护只需尽到消极保护义务，即侵权法和知识产权法上的所谓一般注意义务即可，而无须承担更多注意义务。在这种情况下，电商平台经营者通常也只需对知识产权人就自己的直接侵权负责，而无须对平台上发生的用户对知识产权人的侵权负责，除非法律有特别规定的情形，如发生共同侵权等原因。我们可以把早期平台知识产权保护的这种模式称为消极保护模式。消极保护模式对于电商平台经营者来说显然是有利的，但其目的不是简单偏向电商平台经营者的利益，而是建立在平台本身具有中立结构特点的基础上，同时考虑了平台技术处于早期需求期的特点，旨在维护平台的这种中立价值和促进平台技术创新。

但是，随着电商平台技术和经营模式的不断发展，尤其在移动互联网、大数据、人工智能发展起来之后，电商平台经营者越来越趋向将社会角色突破单纯的渠道“中介中立商”，转向架构数据经营自利模式，不惜利用一切手段增加对平台的控制能力，从而导致电商平台权力崛起。本书在第二章中研究了电商平台经营者角色地位变化对于电商平台经营者主体规范的影响，即导致由中立中介主体论转向治理责任主体论。[①] 与此相适应，相关立法针对电商平台经营者这种社

---

① 关于电商平台经营者角色定位和主体地位的演化研究，参见第二章。

会角色或主体地位的变化，认识到电商平台经营者对于平台知识产权保护的设定基础已经与此前明显不同，平台及其经营者、用户、知识产权人三者之间的平衡关系已经被打破，有必要做出合理调整，重新恢复三者利益关系的平衡。其中，一个关键点就是如何制约电商平台经营者为了自身利益而滥用控制地位进而加剧或引诱平台知识产权侵权问题，解铃还须系铃人，因此，需要对电商平台经营者施加必要的行为要求和限制，以约束其恣意行为。这实际在电商平台知识产权保护机制方面，提出了一种更加积极的保护要求：电商平台经营者不能像过去那样在知识产权保护上单纯基于中立中介享有消极不作为的地位，而是应当转向采取与其控制地位相适应的有所作为的积极保护立场，以避免因为自己的利益和控制欲望而可能导致平台知识产权侵权的不当增加，更加损害知识产权人的合法利益。

（二）电商平台经营者知识产权积极保护模式下的义务设定

在电商平台知识产权积极保护模式下，对于电商平台经营者提出的法律义务，应为有效控制其滥用控制能力可能导致知识产权保护恶化，因此应当远远超出原来一般侵权法和知识产权法语境的一般“注意义务”，体现为一种程度更高的注意义务，这些义务体现为对某些特定行为特别是积极作为行为的要求，同时由于它的履行体现为电商平台经营者基于保护知识产权特定目的而实施必要行为。《电子商务法》和《民法典》相关规定明确引入了这种平台知识产权保护的特殊注意义务。本书在第三章解读了《电子商务法》第 41 条至第 45 条关于电商平台知识产权的保护规定，发现可将其梳理为紧密关联的电商平台治理规范和侵权责任规范两大基本规范，其中电商平台治理规范形式上体现为制定知识产权规则、履行“通知—删除”、公示等要求，对这些进一步深入解析的话，不难发现其体现的是一套特殊保护目的的积极作为义务要求，包括自主管理义务和积极监管义务等。

二、电商平台经营者的特殊注意义务的性质和功能

（一）作为避免加害的不作为义务的一般注意义务

通常意义上的“注意义务”概念，起源于一般侵权法，也应用于一般知识产权侵权领域，是在民法过错责任原则下形成的一种义务观念，认为在一般情形下，造成他人损害本身并不当然导致责任，从维护个人自由角度出发，通常应以行为人无过错为前提，而过错的一般评价前提以是否尽到所谓理性人应有的注意义务为标准。这种所谓理性人应有的注意义务，即“一般注意义务”，实际体现为一种消极保护义务，即避免加害的不作为义务。现在，无论英美法系还是大陆法系都惯用违反注意义务来作为分析一般侵权的过错要件的工具。[①] 在英美法系国家，虽然注意义务常常由法官基于个案事实采取灵活运用，但一般仍认为应在具备三个相互关联的要件时，才能要求侵权人承担这种注意义务：第一，危险是能够预见的；第二，这种预见到的危险是能够避免的；第三，负有这种注意义务的人应该是与

① 廖焕国：《注意义务与大陆法系侵权法的嬗变》，载《法学》2006 年第 6 期。

受害人有一定程度的联系，或者称为“邻居要件”。[①] 注意义务，可以产生于法定义务（a statutory obligation）、合同关系（a contractual relationship）、当事人之间的特殊关系（a special relationship between the parties），或者由于有关活动的一般特征（because of the general character of the activity in question）可以产生谨慎责任的情形。[②] “在过错伤害（negligent injury）控诉中，存在义务的事实是必要的，并且一项未能用事实证明存在上述义务的控诉是有致命缺陷的。”[③] 只有当被告对原告负有注意义务时，才会产生“过错干涉的索赔”。[④] 在著名的 Dolin v. Facebook，Inc. 案中，法院便认为原告主张的过错干涉索赔（negligent interference claim）是失败的，因为他未能证明脸书对他负有注意义务（owed him a duty of care）。[⑤] 在大陆法系，一般注意义务的要旨在于，任何人都应当尊重他人的绝对权利，因此应当避免加害或者作出不当干涉而导致损害。所以，一般注意义务要求任何人对欠缺契约关系的社会参与者均不得引发任何损害。德国法上的过失，判断上一般根据《德国民法典》第 276 条第 2 款的规定，在于没有尽到交往中所必要的注意，实践中学者倾向认为这种注意通常是指外在的注意。[⑥] 德国法上的一般注意义务的类型包括：第一，对自己支配范围内的注意义务（也称范围责任，Bereichshaftung）。这是一般

① 参见 John Cooke，Law of Tort，5th Edition，Law Press，2003，pp.30~35。

② Shin v. Kong，80 Cal. App. 4th 498，504（2000）.

③ Jacoves v. United Merch. Corp.，9 Cal. App. 4th 88，113（1992）.

④ See Lange v. TIG Ins. Co.，68 Cal. App. 4th 1179，1187（1998）.

⑤ Dolin v. Facebook，Inc.，No. C 18-0950 SBA，2018 WL 2047766，at *6（N.D. Cal. May 2，2018）.

⑥ 参见［德］马克西米利安·福克斯：《侵权责任法》，齐晓琨译，法律出版社 2006 年版，第 92 页。

注意义务的一种典型情形，旨在让责任人对他领域内的安全负责。第二，是职业中的注意义务（也称职业责任）。注意义务从内容上包括结果预见义务及结果避免义务。这些注意义务都是以行为人“行为”作为考察的对象，是要求行为人在开启行为之时要合理预见潜在可能带来的危险并应当采取适当的保护措施来予以避免。[①]

（二）保护他人的积极作为义务的出现和发展

民法作为过错或责任评价基础的义务类型，并不限于一般注意义务，同时值得关注的还有特殊情形下的以保护他人为目的的积极作为义务。这种特殊情形领域的积极保护义务，具有规范不作为及间接侵权的法律价值。拉伦茨认为，间接侵害在本质上与不作为侵权具有一定类似性，间接侵害与违反义务的不作为通常相互呼应。[②]例如，从危险责任等发展起来的“保护他人免受损害的义务”，后者显然是一种积极作为义务。[③]德国民法没有确立严格责任，但按照其危险责任规则，危险的制造者和危险状态的维持者都应当有义务采取一切必要的与适当的措施以保护他人，以及他人之绝对权。[④]由于

---

① 金凌：《略论注意义务对我国侵权行为法的启示》，载《法学评论》2009 年第 2 期。

② 廖焕国：《论德国侵权法上的一般注意义务——以司法判例为主线的考察》，载《武汉大学学报（哲学社会科学版）》2006 年第 3 期。

③ 但我国有学者认为德国法将这种危险责任中的积极作为义务也归入“一般注意义务”，作为其第三种类型。这样一般注意义务将侵权行为法从权利层面转移到了行为（义务）层面，形成了一个侵权行为法的“运动体系”，能够更精致地平衡行为自由和法益保护之间的紧张关系，因应了工业危险社会发展。参见廖焕国：《论德国侵权法上的一般注意义务——以司法判例为主线的考察》，载《武汉大学学报（哲学社会科学版）》2006 年第 3 期。

④ [德] 克雷斯蒂安·冯·巴尔：《欧洲比较侵权行为法（下卷）》，焦美华译，法律出版社 2001 年版，第 145 页。

责任人在这种情形下，制造并延续特定危险，责任人对该危险相当了解，且具有控制的能力，因此法律特别要求制造危险源的人应该更加积极作为，来对自己制造抑或延续的特定危险源依照具体情形来采取必要的合理危险防范措施，以便保护他人。[①] 德国法上也基于一般交往原则，在司法实践中创制了一般安全保障义务，这种义务显然产生于特定情形，因场合不同，区别于一般注意义务。[②] 欧洲侵权法小组在其推出的《欧洲侵权法原则：文本与评注》第四章"过错责任"第 4：103 条也规定了这种"保护他人免受损害的义务"，区别于前面过错一般认定标准，即违反"必需的行为标准"的要求。也就是说，这种情形中行为人有过错的原因不是基于对一般注意义务的违反，而是对某种积极作为的保护义务的违反。该条规定的这种积极作为类型的保护义务的产生基础包括：第一是法律有明确规定，第二是行为人制造抑或控制了某种特定危险情势，第三是当事人相互之间存在某种特殊关系，第四是产生的损害严重，同时避免损害是容易的。[③] 显然，范围更广了。

在属于英美法系的美国侵权法中，判例法在一般注意义务之外发展出了所谓的"有限义务规则"（Limited-Duty Rules）。[④] 有限义务其

---

① 廖焕国：《论德国侵权法上的一般注意义务——以司法判例为主线的考察》，载《武汉大学学报（哲学社会科学版）》2006 年第 3 期。

② 我国学者周友军教授和李昊教授对德国安全交往义务或安全保障义务有深入研究。参见周友军：《交往安全义务理论研究》，中国人民大学出版社 2008 年版；李昊：《交易安全义务论：德国侵权行为法结构变迁的一种解读》，北京大学出版社 2008 年版。

③ 欧洲侵权法小组在其推出的《欧洲侵权法原则：文本与评注》第四章"过错责任"第 4：103 条。

④ 参见［美］文森特·R. 约翰逊：《美国侵权法》，赵秀文等译，中国人民大学出版社 2017 年版，第 111 页。

实就是特殊情形的特别注意义务，即一种保护他人的积极作为义务。“在一些特殊类型的案件，包括但不限于被告的过失行为给原告造成了精神或感情痛苦、帮助或救助他人的义务、对未出生婴儿所造成的损害、与酒精相关的损害行为、警察或消防人员未能提供充分保护以及在被告的土地上所受的损害等案件，则适用特殊的义务规则。”[①]这些类型的案件出于政策上的考虑，通常让被告或是承担有限注意义务或是根本不承担任何注意义务，形成所谓有限义务规则和无义务规则。另外，一些法院可能通过适用因果关系、责任豁免或抗辩事由规则达到相同变通的效果。美国判例法早期有一种“无义务规则”（No-Duty Rules），认为行为人对处于危险之中的他人没有提供帮助的义务，最早在 Bishop 诉 City of Chicago 案中确立。[②]但是，这种规则长期以来受到批评，所以遭到废除，法院通过判例确立无数该规则的例外。[③]

多年来，美国判例法建立了以下类型的“有限义务规则”：其一，被告和原告之间存在某种特殊关系。例如，如果受害人是家庭成员、同伴与商业经营者，则因为存在特殊关系就会作为例外产生救助义务，De Vera 诉 Long Beach Public Transportation Co. 案就是如此。[④]土地所有人在其开放的土地内就对进入土地的其他人负有保护义务和

---

① ［美］文森特·R. 约翰逊：《美国侵权法》，赵秀文等译，中国人民大学出版社 2017 年版，第 111 页。

② 257 N.E. 2d 152（Ill.APP. 1970）（SATL 5th ed.，p.493）. 转引自［美］文森特·R. 约翰逊：《美国侵权法》，赵秀文等译，中国人民大学出版社 2017 年版，第 112 页。

③ 参见［美］文森特·R. 约翰逊：《美国侵权法》，赵秀文等译，中国人民大学出版社 2017 年版，第 122 页。

④ 225 Cal. Rptr. 789（Ct. App. 1986）（SATL 5th ed.，p.475）. 转引自［美］文森特·R. 约翰逊：《美国侵权法》，赵秀文等译，中国人民大学出版社 2017 年版，第 113 页。

救助义务，应避免不合理的身体损害危险；房东甚至应当在其控制范围内避免房客遭到不可预见的第三人的攻击，有时也可能考虑到房屋之外的某些危险，如房屋附近的公路或溪流。此外，监护人和学校也应当作为特定主体承担合理的注意义务或者说保护义务。[①]其二，被告与实际侵权行为人之间存在某种特殊联系。比如，父母对于儿童对他人的加害通常需要负责，理由是父母基于与儿童的监护关系而负有管束子女的义务，由此推导出对第三人（受害人）的特殊保护义务。[②]信息提供者对接收信息者因为第三人的加害需要负责，原因在于其披露信息时就承担了一种特殊注意义务，其实就是一种保护他人的义务，即应当避免因为披露信息而使得他人陷入危险。[③]心理治疗人员对病人可能产生对他人的加害的知情是否导致对第三人负有保护义务则比较复杂，存在保护他人和保护病人隐私之间的微妙平衡。[④]在危险物品的委托保管关系下，委托保管人对受托人利用物品的加害负责，其基础是特殊的合理注意义务或保护他人义务。[⑤]其三，还有我们最为熟知的，即某人卷入到事故当中，或者造成危险状况。前者，是指某人导致他人陷于无助或易受伤害的境地，那么其

---

① ［美］文森特・R. 约翰逊：《美国侵权法》，赵秀文等译，中国人民大学出版社 2017 年版，第 114 页。

② Linder v. Bider, 270 N. Y. S. 2d427 (Sup. Ct 1966) (SATL 5th ed. , p.482). 转引自［美］文森特・R. 约翰逊：《美国侵权法》，赵秀文等译，中国人民大学出版社 2017 年版，第 115 页。

③ Remsburg V. Docusearch，Inc.，816 A. 2d 1001 （N. H. 2003) (SATL 5th ed.，p.483)。转引自［美］文森特・R. 约翰逊：《美国侵权法》，赵秀文等译，中国人民大学出版社 2017 年版，第 115 页。

④ 参见［美］文森特・R. 约翰逊：《美国侵权法》，赵秀文等译，中国人民大学出版社 2017 年版，第 116 页。

⑤ Mckenna V. Straughan，222 Cal. Rptr. 462 （Ct. App. 1986) (SATL 5th ed.，p.510). 转引自［美］文森特・R. 约翰逊：《美国侵权法》，赵秀文等译，中国人民大学出版社 2017 年版，第 117 页。

就有积极救助义务或者说特殊保护义务。例如，在一起交通事故中，撞伤他人后置之不理导致他人救治不及时，在这种情况下，行为人就要因救治不及时承担责任。后者，是指某人造成了他人的某种危险状况，在这种情况下其就有积极采取措施避免或消除危险的义务，这也是一种特殊保护义务。[①] 有时这种义务会扩大到“自担义务的人”——援助受害人的同时承担了积极保护义务，也就是说一旦选择援助别人就应当谨慎准确从事。[②] 其四，还有其他情况，如对救助行为做出妨碍等。违反公共救助义务，一般不产生政府或救助人员对受害人的特殊责任，但是如果政府与特定公民之间存在特殊关系的则除外。[③] 英美法有限义务或特殊注意义务的发展，对我国侵权责任制度扩张具有重要的借鉴与启示作用。[④] 我国也有学者提出，侵权法应当借鉴参考英美法系国家的主流客观过失理论，构建以注意义务作为核心的这种过失侵权责任机制，[⑤] 其大意是除了考虑一般注意义务之外，也应当在特殊情形下注意建立特殊注意义务或有限义务。

无论是大陆法系还是英美法系，学者们对于积极保护义务或有限义务的体系定位都有过深入的探讨，对于揭示其价值基础和合理根源

---

① 参见［美］文森特·R. 约翰逊：《美国侵权法》，赵秀文等译，中国人民大学出版社 2017 年版，第 117~118 页。

② 参见［美］文森特·R. 约翰逊：《美国侵权法》，赵秀文等译，中国人民大学出版社 2017 年版，第 119 页。对此，我国为了鼓励见义勇为，观点相反，没有要求特殊保护义务。参见《民法典》第 184 条：“因自愿实施紧急救助行为造成受助人损害的，救助人不承担民事责任。”

③ 参见［美］文森特·R. 约翰逊：《美国侵权法》，赵秀文等译，中国人民大学出版社 2017 年版，第 122~123 页。

④ 金凌：《略论注意义务对我国侵权行为法的启示》，载《法学评论》2009 年第 2 期。

⑤ 参见张民安：《现代法国侵权责任制度研究》，法律出版社 2007 版，第 5 页。

产生了很多有益思考。主流的观点认为，对这一保护义务的合理性问题的争论，与对其法律性质的不同认识相关，具体来说主要为合同性质说和侵权性质说的争论。合同性质说认为，这种积极保护义务是合同义务中的一种类型，应当依据合同法的相关原则来加以调整。比如在德国，一般认为合同法对受害人在这方面的救济力度要比侵权法更加有力，所以除了在侵权法上发展出来的保护义务理论，在侵权法领域之外也附加通过合同法来对固有利益进行保护。早在1961年，联邦德国最高法院在“香蕉皮案”中就认为，侵权法与合同法存在证明责任方面的差异，是选择适用合同法上保护义务的制度而不适用侵权法制度的重要原因，如果是使用侵权作为原告的请求权基础……那么原告就无法享受到诸如证明责任倒置带来的多方面的好处了。[①]侵权性质说与之相对，是将这种积极保护义务看作侵权法上注意义务的特定表现形式，从而认为应将其纳入侵权法规范。[②]这一观点认为，这与合同中明确约定的那种作为主给付的义务类型的行为义务有所不同，行为人是否应该负有某种积极保护义务和如何界定保护义务具体的内容，都还是需要依据具体情况来进行判断，需要综合考虑的因素可能包括债务人具有的控制该危险的可能性、受到威胁的法益本身的重要性和可能造成受害人损害严重的程度、采取合理危险控制的措施需要付出

---

① BGHNJW1962，31，32. 转引自王文胜：《论合同法和侵权法在固有利益保护上的分工与协作》，载《中国法学》2015年第4期。

② 张家勇：《合同保护义务的体系定位》，载《环球法律评论》2012年第6期。

的成本以及受害人所应当自行采取的合理防范措施等。[①]不过，自20世纪下半叶以来，合同法和侵权法进行两分的法学基本架构，不管是在大陆法系国家还是在英美法系国家，又引起了学者的反思，甚至有的学者还提出了一些颠覆性的观点。其中，最著名的是20世纪60年代后德国学者卡纳里斯教授提出的“统一的保护性关系理论”，[②]以及1970年美国学者吉尔莫教授所主张的“契约的死亡”。[③]卡纳里斯教授进一步扩展了这种法定债之关系，进而提出了一种统一保护关系说。他认为，该保护义务开始于交易中的接触，并经由契约的磋商、契约的履行等各个阶段而逐渐变得浓厚，是一种以契约为基础产生的特殊的保护义务。这些义务成立的基础是当事人基于交易上的接触而发生的“被要求信赖之赋予”，也就是当事人相互之间的特定信赖关系，与当事人的意思是无关的。[④]卡纳里斯教授以保护义务作为原点，进一步主张这些契约前后产生的保护义务应该进行统一，构建一种所谓的“信赖责任”——介于传统侵权责任与契约责任之间的第三种责任。[⑤]同时，

① Vgl. Dieter Medicus/ Stephan Lorenz，Schuldrecht II，BesondereTeil，15. Aufl.，München：C. H. Beck，2010，Rn. 1249. 转引自王文胜：《论合同法和侵权法在固有利益保护上的分工与协作》，载《中国法学》2015年第4期。

② 卡纳里斯教授主张以“统一的保护性关系”作为合同法与侵权法之外的“第三条道路”。参见Claus-Wilhelm Canaris，Schutzgesetze-Verkehrspflichten-Schutzpflichten，in：Festschrift für Larenzzum 80. Geburtstag，München：C. H. Beck，1983，S. 85.

③ [美]格兰特·吉尔莫：《契约的死亡》，曹士兵、姚建宗、吴巍译，中国法制出版社2005年版。《契约的死亡》的核心思想是契约法向侵权法的回归，契约责任逐渐被侵权责任所吞噬。

④ 邱雪梅：《试论民法中的保护义务——“两分法”民事责任体系之反思》，载《环球法律评论》2007年第5期。

⑤ 参见许德风：“对第三人具有保护效力的合同和信赖责任——以咨询责任为中心”，载易继明主编：《私法》第4辑第2卷，北京大学出版社2004年版，第280~289页。

也有观点尝试将保护义务界定为：当事人基于特定的社会目的而进行交易上的接触，并且产生相互之间的某种信赖关系而负有的需要保护对方当事人的人身与财产权益的一种法定义务。[①]

（三）电商平台经营者的特殊注意义务的性质：积极保护义务或治理义务

我国《电子商务法》第 41 条至第 45 条关于电商平台知识产权保护规定，在电商平台经营者和其他主体之间设定了一套复杂的“通知—删除”（通知—转达—再通知—转达）的特殊行为规则，其中对电商平台经营者明显附加了特殊义务，因为如果其不履行这些行为要求，便须承担相应的责任。电商平台经营者这种特殊注意义务的确立，是以电商平台经营者的法律地位演化为前提的。分析起来，这些义务显然不同于一般注意义务，因为从侵权一般规则来说，任何人基于一般注意义务只需要使自己行为满足理性人应有的行为标准即可，通常无须为他人的侵权行为负责，电商平台按理说也不应例外，原则上不应当对平台上发生的用户对他人知识产权的侵权负责。所以一般认为，网络交易平台提供商自身由于不参与交易，所以一般仅需在违反特定注意义务的情形下承担间接侵权责任，因此，是否违反特定注意义务就成为认定网络交易平台经营者是否承担相应责任非常关键的因素。但是，根据第 41 条至第 45 条的设定却不

---

① 邱雪梅：《试论民法中的保护义务——“两分法”民事责任体系之反思》，载《环球法律评论》2007 年第 5 期。

是这样，电商平台经营者需要承担更加特殊的注意义务，体现为要履行相应行为规则，在违反上述特殊注意义务和其要求的行为规则的情况下，需要对用户的侵权行为负责。这种积极保护义务的产生和应当如何设定，显然与电商平台内在基础关系的变化存在一种直接反映关系。不难发现，电商平台这种特殊注意义务的设定，存在两个特殊关联因素：一是为了加强对平台上知识产权的保护，也就是说具有特殊保护的目的，因此是一种积极的特殊的保护义务。二是从认识上来说，设定这种理由的根据在于认为平台经营者和用户之间存在某种特殊联系，这种联系超出了过去简单的中介关系。我们此前的分析已指出，这种特殊联系是在平台经营者对平台结构形成某种控制地位的事实基础上产生的。这种情况非常类似于英美判例法中的“有限义务规则”，特别是其中的被告与实际侵权人之间存在某种特殊联系的规则；或者说类似于大陆法系的“保护他人免受损害的义务”的规则。因此，电商平台经营者的这种特别注意义务可以称为积极保护义务。违反这种积极保护义务的同时也实际上确立了具有间接侵害的一种不法内涵，行为人在这种情形下的作为义务违反，实际已经引发了一个“危险”，因此负有相应的危险防免义务。[①]

我国从《民法通则》（已失效）到《侵权责任法》的立法架构，确立了对任何人一般而言仅须就一般注意义务负责的基本规则，但同时也越来越在若干特殊领域关注特殊注意义务的存在。比如，确立了监护人特殊主体责任、法人单位或使用人特殊主体责任、幼儿园、学校和

① 廖焕国：《论德国侵权法上的一般注意义务——以司法判例为主线的考察》，载《武汉大学学报（哲学社会科学版）》2006 年第 3 期。

其他教育机构的特殊主体责任等，这些责任的基础显然不同于一般注意义务，而是基于特殊主体联系的某种积极保护义务。[①] 原《侵权责任法》在第 36 条确立了网络服务经营者的特殊侵权责任，其中包含了特殊注意义务或积极保护义务，但相关规定较为模糊，导致实践适用困难。此外，第 37 条还规定了公共场所的管理人及群众性活动的组织者需要承担的安全保障义务，都属于我国新发展而来的积极保护义务的类型。[②] 我国学者对于第 36 条保护义务的性质也展开了一些研究，提出了双重属性的问题，认为在我国的现行法上，此类保护义务实际上也兼具合同义务和侵权法义务两种属性，但提出要具体定性则只能取决于每个个案中的具体情况。因此，鉴于电商平台经营者的双重身份属性，在具体案件中认定平台是否构成侵权时，不仅应当适用第 36 条规定的“通知—删除”规则及“知道规则”，同时，仍应当继续考察平台除“通知—删除”规则外，是否还需要履行其他的注意义务。另外，不同类型的网络平台注意义务的内容也不尽相同，需要承担的相应侵权责任也理应有所区别，唯有如此，才能促进电子商务的良性发展。[③] 当然，这种特殊的注意义务的标准的确存在抽象性和不确定性，法官需要结合案件事实，在

① 参见《侵权责任法》第 32 条、第 34~35 条、第 38~40 条。

② 《侵权责任法》第 36 条规定：“网络用户、网络服务提供者利用网络侵害他人民事权益的，应当承担侵权责任。网络用户利用网络服务实施侵权行为的，被侵权人有权通知网络服务提供者采取删除、屏蔽、断开链接等必要措施。网络服务提供者接到通知后未及时采取必要措施的，对损害的扩大部分与该网络用户承担连带责任。网络服务提供者知道网络用户利用其网络服务侵害他人民事权益，未采取必要措施的，与该网络用户承担连带责任。”第 37 条规定：“宾馆、商场、银行、车站、娱乐场所等公共场所的管理人或者群众性活动的组织者，未尽到安全保障义务，造成他人损害的，应当承担侵权责任。因第三人的行为造成他人损害的，由第三人承担侵权责任；管理人或者组织者未尽到安全保障义务的，承担相应的补充责任。”

③ 刘立甲：《网络服务提供者侵权责任的重新审视》，载《重庆社会科学》2018 年第 7 期。

个案中以立法政策、权利人与使用人相互之间利益的平衡等各种因素来综合考量。[①] 实际上，法院针对合同法上的保护义务与侵权法上的安全保障义务的区分认定问题也进行了一些实践，不过尚未形成比较清晰肯定的认定标准，因此二者的关系可以说仍隐晦不明。[②] 特别是很长一段时间内，我国司法对于该条的通常思考路径是，平台承担什么样的注意义务，是否违反了注意义务，从而认定存在过错，进而构成帮助侵权（少数引诱侵权），承担共同侵权或连带责任。

我国《电子商务法》关于电商平台经营者积极保护义务或治理义务的确立，显然是我国侵权法和知识产权法关于知识产权侵权积极保护的又一次重大发展。《电子商务法》的积极保护义务规定及其相关规则与《侵权责任法》的相关规则相比，明显清晰许多，不过究其根源是合同法义务还是侵权法义务在这一点上继续预留探讨空间。该法第 41 条至第 45 条设定的平台知识产权积极保护义务类型与体系，体现了新时期的平台内在结构和保护模式变化的合理要求，应该在此基础上进行揭示和分析。从这个意义上说，第 41 条至第 45 条关于“通知—转达—再通知—转达”的规则，极不同于早期美国相关法律所创制的“通知—删除”规则，前者建立在积极保护义务基础上，对电商平台经营者来说是一种归责规则，后者则仍然建立在一般注意义务基础上，而且体现技术中立的要求，因此是一种免责规则。《民法典》对于网络服务提供者作为责任主体的特殊规

---

① 亓蕾：《著作权侵权中审查注意义务的司法认定——以民法上的注意义务为基石》，载《山东科技大学学报（社会科学版）》2009 年第 4 期。

② 张家勇：《合同保护义务的体系定位》，载《环球法律评论》2012 年第 6 期。

定，维持了《电子商务法》的规则体系，只有微调，如关于等待期的规定，从15天调整为弹性的“合理期限”。我国学理和实务目前也越来越趋向主张应当克服因长期以来对网络运营者社会角色定位变化的忽视而仅仅将其作为服务提供主体加以考量的误判，将侵权责任法理论上的安全保障义务向网络运营者拓展适用范围。[①] 需要注意的是，《电子商务法》除了这种特殊情形的积极保护义务或特殊注意义务之外，仍然明确规定了对于自己行为承担直接侵权责任的基础是一般注意义务，首先是在第5条，规定了所有类别的电子商务经营者都有保护他人知识产权的一般注意义务，其次是在第41条，也隐含规定了“电子商务平台经营者”负有保护他人知识产权的一般注意义务。[②]

赋予电商平台知识产权积极保护义务，即从避免加害的不作为义务转向应予保护的有限作为义务，也是电商平台知识产权保护制度国际发展的新趋势，这在美国立法和司法实践中表现得十分明显。本书在下一章将显示，美国在互联网发展初期，通过1996年《通讯正派法》和2000年《千禧年数字版权法》，基于支持平台技术创新的考虑，对网络服务提供者赋予中介中立立场，确立了对于网络服

① 霍永库、冯潇洒：《社会角色理论的网络运营者安全保障义务分析》，载《西安交通大学学报（社会科学版）》2016年第1期。

② 《电子商务法》第5条规定：“电子商务经营者从事经营活动，应当遵循自愿、平等、公平、诚信的原则，遵守法律和商业道德，公平参与市场竞争，履行消费者权益保护、环境保护、知识产权保护、网络安全与个人信息保护等方面的义务，承担产品和服务质量责任，接受政府和社会的监督。”第41条规定：“电子商务平台经营者应当建立知识产权保护规则，与知识产权权利人加强合作，依法保护知识产权。”

务提供者（网络平台经营者）有利的义务规则。这种立法模式可以说是对早期互联网行业的巨大优待。例如，《千禧年数字版权法》确立了避风港规则，网络服务提供者在履行“通知—删除”规则义务的情况下，原则上不承担用户对他人著作权的侵权责任，“通知—删除”规则因此成为免责规则。避风港的优待最终可以匹配一定的公共义务——不是移除什么的外部标准，而是有关如何进行审核的限定性因素。① 纵观美国监管媒体和电信行业的历史，如此巨大的优待始终伴随着与之相匹配的为公众服务的义务。按照上述法律框架，网络平台经营者初期在承担侵权责任问题上，基本上是按照一般注意义务来承担责任的，因此原则上对于平台上发生的用户侵权无须承担间接责任，虽然承认帮助侵权、替代侵权的例外，但是要论证这种间接侵权责任情形是极其不容易的。由此，基于相关规定原理，平台经营者初期其实是获得了包括善意审查的权利和可以完全不审查的许可。但是，随着互联网的不断发展，美国立法和司法实践也在不断调整。美国学者提出，可以对《通讯正派法》第 230 条中立规则 ② 进行调整，匹配一些轻度的、共有的公共义务，以平衡它对平台提供的慷慨豁免权。③ 同时美国在电商平台知识产权保护领域，今天也已经通过判例法针对网络服务提供者建立了较为成熟和清晰明确的间接侵权责任的机制，包含侵权责任的类型及各类责任对应的

---

① Tarleton Gillespie，Platforms Are Not Intermediaries，2 Geo. L. Tech. Rev. 198，213（2018）.

② 《通讯正派法案》（Communications Decency Act）第 230 条（c）（1）规定：“互动式计算机服务的提供者或使用者，不应当被看作其他信息内容提供者所提供的信息的出版社或发布者。”

③ Tarleton Gillespie，Platforms Are Not Intermediaries，2 Geo. L. Tech. Rev. 198，216（2018）.

构成要件，在此基础上认定电商平台应当承担的知识产权责任时，只需要根据各要件分别对应判断。其中，举证责任在原告，其实践规则隐含了越来越强化积极保护义务的发展趋势。美国法院在认定电商平台知识产权责任时，通常并不考虑平台经营者的一般注意义务问题，而是直接根据原告举证，判断平台经营者知否，便可能认定构成原告主张的直接侵权，或者间接侵权（替代侵权、帮助侵权、引诱侵权）。欧洲亦近似。基于《德国民法典》第 823 条、第 1004 条的规定，德国联邦最高法院进一步明晰了网络服务提供者需要承担何种主动审查义务，认为网络服务提供者负有义务采取合理措施制止站内正在发生的用户侵权行为；同时，网络服务提供者如果发现站内正在发生侵权行为，抑或从其他的途径知道某一侵权事实，在此后针对同一侵权主体，或者同一侵权客体，或者同一侵权内容则负有进行主动审查的义务，旨在防控潜在可能发生的站内侵权行为。[①]

（四）电商平台经营者的积极保护义务的治理功能

电商平台经营者积极保护义务的要求体现为积极作为或者说有限作为，明显指向了一种积极治理的要求，因此具有非常明显的治理义务色彩，可以归为一类“治理义务”。基于这种义务，平台经营者必须采取“通知—删除”的行动。在这种意义上，电商平台知识产权积极保护义务出现了“特殊注意义务”和“治理义务”的重叠。

电商平台经营者的积极保护义务兼具治理义务属性，为电商平台

---

① 参见刘文杰:《网络服务提供者的安全保障义务》，载《中外法学》2012 年第 2 期。

治理提供直接依据，使其产生了特殊治理功能。这种特殊治理的内涵体现在三个方面：其一，电商平台经营者的治理首先是一种义务，基于这种义务，平台经营者应当采取相应行动。其二，电商平台经营者履行义务的同时，实际也是获得了一种治理授权。其可以根据这种义务要求作出对于平台各方主体来说有效的治理决定，或者说提出治理的要求，平台各方都应当服从其治理。从这个角度来说，平台经营者获得了一种基于治理义务的私权力。其三，电商平台的治理义务和权力是有限的，首先是目的限制，旨在通过这些积极作为有效抑制或者避免知识产权侵权加剧，其次存在义务范围或者治理措施授权的限制，即限于所谓“通知—转达—再通知—转达”的规则范畴，因此是一种“有限治理”。按照这种治理功能理解，我们可以发现《电子商务法》作出的相关规定，在解释上也可以定性为一种治理规则，由此可以发现这些规范指向一种积极行动的要求，电商平台经营者必须积极采取治理行为，否则便可能产生相应的不利后果。当然，这些治理规则不是泛泛的，而是有限的。从适用上来看，要注意结合电商平台业态所体现的实际结构功能，分析相关主体类型、治理义务强弱和具体化要求、被控侵权行为或功能类型的意义、侵犯的知识产权类型及其他个案情况，提出适用标准，既要避免对电商平台施加不合理的过重义务负担，又要避免其陷入无义务无责任的过度放任。

第二节 2

电商平台知识产权治理体系发展：从消极治理到积极治理

一、早期电商平台经营者消极治理模式：无主动监管义务的惯例

在网络技术发展的初期阶段，国际社会普遍认为，互联网发展的基本价值目标趋向是方便信息的交流和传播。此时，法律一般并不主张针对包括电商平台等在内的各类网络平台经营者，施加这种主动监控的义务。因此，当时形成的一种通常的认识和做法是，在网络服务提供者提供单纯技术服务的前提下，其对网络上的海量信息是否侵害权利人信息网络传播权没有主动监控的义务。[①]

美国早期互联网立法和司法实践持这种态度，并由此确立网络

① 参见王艳芳：《〈最高人民法院关于审理侵害信息网络传播权民事纠纷案件适用法律若干问题的规定〉的理解与适用》，载《人民司法（应用）》2013 年第 9 期。

平台经营者完全不审查的许可和善意审查的权利。1996年，美国《通讯正派法案》第230条规定确立了著名的规则，明确免除网络服务提供者针对第三方用户发布的内容违法时的法律责任。在此之后，1997年，在Zeran v. America Online，Inc.案中，法院认可了网络服务提供者的主张，即其不可能针对数百万个帖子中的每一个进行筛选来发现其中可能存在的问题。[①]另外，法院在Lockheed Martin Corp. v. Network Solutions，Inc.案中，再次进行明确，不会仅仅因为网络服务提供者没有能够监控用户发布帖子的内容，而认定其承担替代侵权的责任。[②]在互联网发展的早期，欧洲的观点也基本相同。2000年，欧盟《电子商务指令》（Directive 2000/31/EC）第15条作出了相关规定，明确成员国不得要求网络服务提供者承担监视他传输或者存储的信息的义务，同时不得要求其负担积极地发现侵权相关事实的义务。此后，包括Scarlet Extended和Netlog案裁判都适用了该指令，认为要求网络中介商承担采取积极措施的主动义务，是与《电子商务指令》第15条的规定相冲突的。[③]2013年《最高人民法院关于审理侵害信息网络传播权民事纠纷案件适用法律若干问题的规定》也明确规定，网络服务提供者没有对网络用户的侵权行为进行主动审查的，人民法院不能据此就认定其具有主观过错。可以看出，我国也曾经在实际上采取了一种近似立场。

---

① See Zeran v. Am. Online，Inc.，129 F.3d 327，331（4th Cir. 1997）.

② See Lockheed Martin Corp. v. Network Sols.，Inc.，194 F.3d 980，985（9th Cir. 1999）.

③ See Thomas Riis & Sebastian Felix Schwemer，Leaving the European Safe Harbor，Sailing Toward Algorithmic Content Regulation，22 J. Internet L. 1，18（2019）.

根据国际上的惯例，网络平台如果在提供单纯的网络技术服务这样的条件下，没有一般性主动监控的义务，对此在逻辑上可以从以下三点进行理解：第一，平台在这种情况下没有采取主动监控的强制义务，故可以不去主动实施监控；第二，如果平台要自愿采取主动的监控措施，并不意味着没有障碍，实际上从用户安全性、便利性和利益考量等角度出发，需要具有一定程度上的控制；第三，如果平台自愿采取了主动的监控措施，在涉及替代侵权责任的“控制能力”要件认定问题上，也不能仅仅因为平台自愿采取了某种主动监控措施就推定构成“控制能力”要件。也就是说，平台自愿采取了主动监控措施的情况不应推定为成立“控制能力”要件而要求其担责。实际上，在理解上，将“实际控制”而不是“法律控制”作为认定成立替代侵权导致丧失责任限制的要件标准，就不会因此而导致阻碍平台主动的监控。[①]

在这方面，欧盟委员会的立场也非常清晰，明确采取这种自愿的主动监控措施，并不会当然自动导致网络服务提供者所担心的，失去《电子商务指令》第14条赋予的责任豁免的利益。[②] 美国持相同观点，1998年众议院大会委员会的报告（The Report of the House Conference Committee）也明确表示，法院不应当仅仅因网络服务提供者采用监测程序而认定其失去了根据《千禧年数字版权法》第512

① See Charles S. Wright，Actual Versus Legal Control：Reading Vicarious Liability for Copyright Infringement into the Digital Millennium Copyright Act of 1998，75 Wash. L. Rev. 1005，1033（2000）.

② See Recommendation（EU）2018/334，Recital 26.

条规定给予的责任限制的优待资格。[①] 换句话说，采取一定程度的某种积极控制并不会危及网络服务提供者享受避风港优待，虽然说主动监控往往需要一定程度的控制，但是监控措施本身不应当被视为与侵权活动的一种持续关联。[②] 这份报告的观点表明，网络服务提供者采取一定程度的控制不应当排除对责任的限制，进而可以推断网络服务提供者不会仅仅因为其在线监控系统内容而导致被认为有对侵权行为的“控制能力”。

二、当前电商平台经营者积极治理模式：积极审查义务的要求和强化

（一）电商平台崛起下的知识产权保护管理权力的形成和发展

随着电商平台等网络平台的崛起发展，网络平台经营者逐渐受到自身利益的极大驱动并获得极大的控制能力。在这种情况下，前已述及各国立法和司法开始根据网络平台的发展现状作出调整，在将网络平台经营者法律地位进行必要转型的前提下，逐渐引入和强化经营者的积极保护义务，由此实际上对电商平台提出了一种积极的治理要求。总体而言，电商平台基于履行这种积极保护义务的需要，主动转化为一系列积极的治理要求，导致了一种网络平台知识产权保护的自律和合作共治的管理模式的形成。[③] 这种模式既是平

---

① See H.R. Conf. Rep. No. 105-796，at 73（1998），reprinted in 1998 U.S.C.C.A.N. 649.

② See Banff，Ltd. v. Limited，Inc.，869 F. Supp. 1103，1110（S.D.N.Y. 1994）.

③ 参见欧盟在 1999 年题为《电子欧洲——为所有人建造的信息社会》的行动方案。

台为保持自身发展而重新平衡各种利益关系的需要，也是今天平台知识产权有效保护的一种灵活、有效、低成本的方式。电商平台等网络平台经营者基于这种积极治理模式，事实上获得了平台知识产权保护管理权力，通过行使这种权力，将过去消极的事后保护提升为积极的治理保护，即通过积极网络平台管理活动来尽可能避免平台上的知识产权侵权。理论上，对于这种事实管理权力，究其根源还存在研究的必要。虽然从法律形式上看来自相关规定，但是一般认为，从本质上说实际来自平台环境变化导致的积极保护义务要求。但在实践中，也存在网络交易平台商基于一定的协议而取得一定的管理权的情况。①

欧盟基于对这种新的积极治理模式的认识，希望通过一种具有灵活性的方法，实现既能促进产业发展，又能对产业活动合理规范的双重目的。目前的趋势是越来越倾向鼓励企业界与行业团体，包括消费者组织来协商制定其行业的自律规则，这种合作管理不仅意味着立法与自律的兼容共存，同时还意味着能够在政府与企业之间建立某种合作伙伴的关系，让二者共同承担保障行业能够良性健康发展的职责，这种合作实际上是在自律基础上的进一步发展。②美国判例法从间接责任源起的 Inwood Test，到建立现代网络平台责任规则的 Tiffany 案，再到几年前的 Gucci 案等，实际上从一开始的网络服务提供商“通知—删除”规则下纯粹免责，逐步转向了探求保护

---

① 刘斌、陶丽琴、洪积庆：《电子商务领域知识产权保障机制研究》，载《知识产权》2015 年第 2 期。

② 《欧盟电子商务发展情况》，载中国驻罗马尼亚大使馆经济商务参赞处官网，http://ro.mofcom.gov.cn/article/jmdy/201711/20171102663777.shtml，最后访问日期：2019 年 7 月 21 日。

知识产权权利人和网络服务提供商之间的平衡，即基于“合理的最低成本策略”（modified “best-cost-avoider” strategy），将侵权检测和消除的责任放在最有能力完成每项任务的一方。这可能会使网络中间商有更大的义务采取积极措施来防止未来的侵权（取决于对成本和收益的评估）。①

我国《电子商务法》第41条至第45条的规定，也明确提倡平台知识产权保护的自律和合作共治的管理模式。中国电子商务经过20多年的蓬勃发展，形成了多方共治的实践环境和立法选择，电商平台作为重要的治理主体实际被赋予了更多的义务和责任。②这种积极治理模式的选择，更加重视平台在网络交易环境中的主导作用，有利于充分发挥平台在网络环境治理中的高效优势和掌控能力，也体现出我国加强知识产权保护和治理电子商务知识产权侵权乱象的决心和立场。这一积极治理模式的核心有二：一是平台经营者制定知识产权保护规则和与知识产权人积极开展保护

---

① Graeme B. Dinwoodie，Secondary Liability for Online Trademark Infringement：The International Landscape，37 Colum. J.L. & Arts 463. 当然，也有不同看法，如 Stacey Dogan 教授认为，迄今为止在美国判例法中可以看出的隐含的合理性分析并没有走那么远：案件正在围绕“接收和回应特定侵权通知的合理性”这一原则进行汇总。See Stacey L. Dogan，Principled Standards vs. Boundless Discretion：A Tale of Two Approaches to Intermediary Trademark Liability Online，37 Colum. J.L. & Arts 503（2014）。

② 例如，2018年4月，阿里巴巴知识产权研究院宣布成立，并发布了一篇题为《中国电子商务知识产权保护回顾与展望》的文章。文章归纳总结了我国电商知识产权保护领域的三条“中国经验”：尊重知识产权发展规律，增强市场竞争力；尊重各方利益关切，推动形成共治共赢的市场环境；尊重并确立平台自治的主体地位，催生从技术治理到治理技术的“阿里模式”。阿里巴巴知识产权研究院：《中国电子商务知识产权保护回顾与展望》（2018年4月20日），载 http://www.iprdaily.cn/article_18758.html，最后访问日期：2018年11月10日。

合作的管理活动，重点是平台自律。平台可以自身制定知识产权保护规则进行管理，虽不是立法却能起到行业规范效果，而且避免了冗长的立法程序对管理的延误。这里，既然赋予了平台自治权限，就需要正确处理法律规制与平台自治的关系。首先，在法律的原则性规定的范围之内，允许平台基于协议享有一定的自治空间。其次，平台生效知识产权保护规则应当对知识产权投诉活动参与方具有一般强制性，除非该规则存在违法或者明显不合理的因素。其依照平台规则对平台内经营者行为进行自治性认定和处理，构成对有权机关认定的有益补充，属于其履行维护网络交易秩序、保障网络交易安全和保护消费者权益等社会责任的平台治理措施。二是按照积极保护义务履行“通知—转达—再通知—转达”的要求。前已述及，《电子商务法》中的“通知—删除”规则已不限于一种侵权责任的抗辩事由，而是定位为平台治理措施的重要举措。实际上突破美国“通知—删除”规则作为平台“避风港”的免责机制，而是作为归责机制，平台未及时采取删除等必要措施，就需要承担侵权责任，还可能面临行政处罚（《电子商务法》第 84 条）。同时，要求平台承担更多的知识产权主动治理责任和义务。平台经营者无论是否收到知识产权人的“通知”，均应尽一般性注意义务，否则就有过错。[①] 但是，在实施中需要注意保护知识产权权利人和平台经营者之间的平衡，在之后的实施细则或司法解释中不仅要明确在什么情况下平台需要承担责任，更

① 尹中卿主编:《中华人民共和国电子商务法解读》，中国法制出版社 2018 年版，第 222 页。

要明确平台责任的边界与免责机制，避免过重的义务承担影响电子商务平台的发展和创新。

（二）电商平台经营者的积极审查义务要求及其对于实施主动监控义务的影响

电商平台知识产权积极保护的相关规则，显然突破了过去根据所谓纯粹的网络中间商中介中立地位所推论的没有监管义务的定位，将电子商务平台知识产权保护治理纳入互联网治理的宏观体系之中，走向一种承担某种程度的积极审查的义务要求。电商平台经营者作为这种治理意义的管理者，对平台内经营者的经营行为负有一定程度的主动审查和管理控制义务。引入电商平台经营者积极审查义务，有利于提升电商平台经营者治理保护的主动性和有效性。①

应当注意的是，目前各国立法关于平台承担事先过滤义务的规定，属于这种审查义务的一种措施情形。这种过滤义务采取的措施类型，主要体现在技术措施上，而不是要求人工进行实质上的审查义务。欧盟通过的《欧盟版权指令》中第13条规定要求互联网公司

① 但我国也有观点认为，电子商务法制度设计存在的主要问题是电商平台必要的自治空间被压缩，从而导致两个失衡，一是必要措施的严重性与救济措施的有效性之间失衡；二是平台的知识产权责任与治理措施之间失衡。参见《法律硕士学院专家讲坛——“电商法下平台知识产权责任与治理措施的平衡”》，载中国政法大学法律硕士学院网站，http://flssxy.cupl.edu.cn/info/1077/9205.htm?from=timeline&isappinstalled=0，最后访问日期：2020年4月2日。还有一种观点提出对平台“管道化”的担忧，认为《电子商务法》中的相关平台义务和责任条款，使得法律对电商平台管控力度日渐强化，在某种程度上已严重影响了电商平台对平台生态的管控权限，也可能使得平台沦为“管道”。例如，“通知—删除”规则削弱了平台对商家知识产权侵权的判断权，“禁止删评”使得平台丧失对第三方刷单刷好评和恶意差评及不良信息的自我管理手段。参见丁道勤：《〈电子商务法〉平台责任“管道化”问题及其反思》，载《北京航空航天大学学报（社会科学版）》2018年第6期。

要在上传环节进行技术过滤设置，旨在避免相关侵犯知识产权的内容上传到网络上。[①] 其针对的平台主体类型，主要是某些以内容服务为主的网络技术服务提供商，而不是所有的网络平台，认为为网络用户提供这种内容发布与存储等技术服务的网络服务提供商是最适合采取版权内容技术过滤相关措施的机构。[②] 对于不同类型的网络服务提供商等而言，技术过滤措施的实施成本及阻止侵权达到的效果具有很大的差异性。可以说，比对设立守门人机制合理性的相关四项权衡要素来看，不同类型的网络服务提供商在能否以合理的成本来阻止直接侵权行为的方面有很大差别。[③] 此处考量的成本既包括网络服务商自身付出的成本，又包括用户及公众因为网络传输的效率和个人的自由等因素而受到限制而产生的社会成本。[④] 其针对的知识产权的类型主要为著作权，因此应在著作权法体系中进行明确。商标权、专利权等其他知识产权类型由于侵权判定的复杂性，技术过滤判断的准确性存在较大的难度。此外，由于短视频领域的版权侵权问题基于产业创新而生，所以单纯依靠“通知—删除”规则的实施往往还不足以治理行业的各种侵权乱象，而是应该运用技术的创新思维去解决，可以考虑在网络版权的法律体系当中设定平台承担

① 参见《欧盟版权指令》(Copyright Directive) 第 13 条，欧盟初步通过版权改革拟对科技巨头征收“链接税”。

② 崔国斌：《论网络服务商版权内容过滤义务》，载《中国法学》2017 年第 2 期。

③ See Reinier H. Kraakman，Gatekeepers：The Anatomy of a Third-Party Enforcement Strategy，53，6，2 J. L. Econ. & Org.(1986) .

④ 崔国斌：《论网络服务商版权内容过滤义务》，载《中国法学》2017 年第 2 期。

过滤义务，以此针对短视频类行业强化平台的治理与行业的自律。[①]

电商平台经营者这种积极审查义务的要求，对于如何评价其主动采取监控义务的法律后果带来影响。在国际上，早期一般不要求网络平台必须承担主动的监控义务，但是往往会鼓励平台采取主动的监控措施，旨在鼓励网络平台的经营者进行积极治理，更好地保护平台内的知识产权。立法和实践一般认为，网络平台经营者如果自愿采取了主动的监控措施，不能够基于此就简单地推定平台具有“控制能力”而导致其承担替代责任。但是，当下由于积极审查义务的出现，网络平台经营者保留监控权和治理措施的要求和后果都有所变化。一方面，当今国际上更加鼓励网络平台的经营者采取主动监控措施。例如，2018 年，《全面与进步跨太平洋伙伴关系协定》（CPTPP）由 11 个国家签署，其中第 18.82 条规定的“法律救济与避风港”（Legal Remedies and Safe Harbours）[②] 就专门引入了一项法律激励的原则，鼓励网络服务提供者积极对平台内侵权行为开展监督与防范。另一方面，网络平台一旦采取主动监控的措施，就会相应产生新的注意义务的问题，而且实际上这种注意义务已然成为扩展的一种积极保护义务。

① 参见田小军、郭雨笛：《设定平台版权过滤义务视角下的短视频平台版权治理研究》，载《出版发行研究》2019 年第 3 期。

② 参见 CPTPP 第 18.82 条“法律救济与避风港”（Legal Remedies and Safe Harbours）：1（a）提供法律激励措施，促进互联网服务提供商与版权所有者合作，以阻止未经授权存储和传播受版权保护的材料，或者采取其他行动以阻止未经授权存储和传播受版权保护的材料；和 1（b）在法律中进行责任限制，免除互联网服务提供商控制或运营的系统或网络上发生的，不由其控制（control）、发起（initiate）或主导（direct）的版权侵权行为的金钱赔偿。

目前国际上的一种明显趋势是，如果网络平台自愿主动采取监控措施抑或保留监控权，那么其就应当得到最大程度的有效行使，否则仍然可能产生责任。2019 年，在 Keck v. Alibaba.com Hong Kong Ltd. 案中，美国加州北区法院认为，本案中有足够的证据证明，被告有实际能力阻止或者限制侵权行为，但是未能对平台市场进行最大程度的监管。法院经审理认为，阻止或者限制侵权的这种“实际能力”，只是要求被告实际具有监控网站上第三方的侵权活动的能力，并不要求进行先行预防。[①] 既然在本案中被告采取了这些主动监控措施，那么为了避免承担替代责任，被告保留的这些监控权利必须要得到最大程度的有效行使，否则，如果为了追求高额利润而对可以监测到的第三方侵权行为故意视而不见，其仍将承担责任。[②]

不过，在美国，基于《千禧年数字版权法》等相关避风港的规定，实践中，对于采取监控的同时也获得了直接经济利益的情况下，是否排除避风港规则的适用导致承担责任，还是存在不同观点的。[③] 这实际上存在理论原则与现实风险之间冲突和平衡的把握问题。网络平台如果采用自愿积极监控措施，从法律理论上来说，本身不会排除避风港规则的适用，不过，在实践中，这些监控措施的实施有可能导致某些平台被剥夺享受避风港规则的保护，甚至承担替代侵权的责任，而这在很大程度上取决于采取措施的有效性。[④] 首先，网络

---

① See Keck v. Alibaba.com Hong Kong Ltd.，369 F. Supp. 3d 932，936（N.D. Cal. 2019）.

② See A&M Records，Inc. v. Napster，Inc.，239 F.3d 1004，1023（9th Cir. 2001）.

③ See Ian C. Ballon，E-Commerce and Internet Law §8.12 [6] [C]（manuscript at 8-141）.

④ See Thomas Riis & Sebastian Felix Schwemer，Leaving the European Safe Harbor，Sailing Toward Algorithmic Content Regulation，22 J. Internet L. 1，19（2019）.

平台主动采取了积极监控措施，明显超出了单纯中立中介的“消极”角色范畴，有可能因此被认定为“主动”角色从而排除避风港的保护。其次，平台将获得更多的有关其网络中发生的侵权活动的各类信息，在这种情况下也容易被认定是构成对侵权行为的“知道”，导致其承担责任。[①]但是，平台如果主动采取监控措施，那么实际上什么情况会被认定为行使不力而导致产生替代侵权责任，要做出准确判断并不容易。目前美国法院在实践中也并没能形成太多明确的指导规则。甚至有些时候观点是不一致的，至少有一个判例认为，必要的“控制权利和能力”，是指“预先假定了一些限制或过滤受版权保护材料的先行能力”。[②]另外，还有一些法院直接将“控制能力”要件等同为防范或者监督涉嫌侵权的活动的权利。[③]比如，在 Perfect 10，Inc. v. Cybernet Ventures，Inc. 案中，法院经审理认为本案中“控制能力”这一要件之所以得到满足，其中部分应当归因于被告采取的对各种网站进行的监管。[④]

我国从 2017 年至今一直有学者主张建立合理技术过滤机制，建议在著作权法中正式确认部分网络服务提供者的版权过滤义务，提出著作权法在修订的过程中可以适当修正现行的避风港规则，以便提高网络服务提供商的注意义务水平，进而引导网络服务提供商和

---

① See A. Kuczerawy，“The EU Commission on voluntary monitoring：Good Samaritan 2.0 or Good Samaritan 0.5?”（KU Leuven，CITIP Blog，April 24，2018），available at https://www.law.kuleu-ven.be/citip/blog/the-eu-commission-on-voluntary-monitoring-good-samaritan-2-0-or-good-samaritan-0-5/.

② See Tur v. YouTube，Inc.，No. CV064436 FMC AJWX，2007 WL 1893635，at *3（C.D. Cal. June 20，2007）.

③ See Broad. Music，Inc. v. Hartmarx Corp.，No. 88 C 2856，1988 WL 128691，at *3（N.D. Ill. Nov. 17，1988）.

④ See Perfect 10，Inc. v. Cybernet Ventures，Inc.，213 F. Supp. 2d 1146，1174（C.D. Cal. 2002）.

著作权人开展合作建立起合理有效的过滤机制。[①]目前，鉴于《电子商务法》和《民法典》的相关规定，从立法规范基础上来说，显然可以推论法律对电商平台经营者提出了相当程度的积极审查义务要求。目前，司法在认定帮助侵权的相关实践中，在将“控制能力”纳入网络平台帮助侵权中“应知”要件的考量因素的框架下，并没有明确网络平台自愿采取主动的监控措施不应当被推定为具有“控制能力”，甚至相反有强化主动监控与认定控制能力二者之间相互关联的趋势。我国最近的司法解释出现了进一步明确和强化的趋势。2020 年 9 月 10 日，最高人民法院发布《关于审理涉电子商务平台知识产权民事案件的指导意见》，第 11 条规定，电商平台经营者存在下列情形之一的，人民法院可以认定其“应当知道”侵权行为的存在：……（三）未采取有效技术手段，过滤和拦截包含“高仿”“假货”等字样的侵权商品链接、被投诉成立后再次上架的侵权商品链接……

① 崔国斌：《论网络服务商版权内容过滤义务》，载《中国法学》2017 年第 2 期。

第三节 3

我国电商平台基于知识产权保护规则的自治空间秩序构建

一、《电子商务法》第41条作为自主管理规范基础及其意义

中国电子商务20多年的发展实践证明，平台化是电子商务时代发展的必然趋势，电商平台在给消费者带来便利和多元化选择的同时，也给互联网环境下的知识产权保护带来了巨大的挑战，而平台自治在保护知识产权方面可以发挥非常重要的作用。[①]《电子商务法》第41条留出了网络自治的空间，明确要求电商平台应当制定平台自身的知识产权保护规则，并且加强与知识产权权利人的合作，做到依法保护平台内知识产权。这一规定直接促使电商平台自治空间秩序的构建。

---

① 孙军工：《推动形成互联网知识产权保护共治格局》（2018年5月15日），载新华网，http://www.js.xinhuanet.com/2018-05/16/c_1122840006.htm，最后访问日期：2018年11月9日。

具体有两个含义：一是在法律规制的同时，允许平台自治。《电子商务法》的知识产权法律规范和平台知识产权保护规则相互配合，构成保护平台上知识产权保护和合法经营秩序的有效完整体系。二是平台自治应当通过制定和实施知识产权保护规则的方式进行。在这个意义上来说，电商平台的知识产权保护规则是实施平台知识产权治理措施的前提与依据。[①] 我国电商平台经营者根据《电子商务法》第41条的规定建立的知识产权保护规则，既可以自建，也不妨碍与其他主体建立合作。

二、知识产权保护规则的法律属性和法律效力

（一）知识产权保护规则的法律属性

首先，知识产权保护规则作为电商平台经营者履行义务或行使事实管理权力的结果，属于依法制定的自治规则，具有直接公共性和强制适用效力。电商平台制定和执行自身知识产权保护规则是平台自治的重要体现。平台经营者实现平台型经营活动和对平台内经营者进行管理的主要依据是平台服务协议与交易规则。

其次，知识产权保护规则从发挥效果的途径来看，并不是一种独立机制，而是需要服务于平台上的交易活动，是对交易活动的规范，因此应该视为属于交易规则的一部分。电商平台知识产权保护规则，作为电商平台服务协议的重要组成部分，其法律属性是一种

① 薛虹：《国际电子商务法通论》，中国法制出版社2019年版，第100页。

附保护第三人作用的契约。[①]在这个意义上来说，知识产权保护规则，作为依法授权制定的交易规则的组成部分，具有交易规则的合法性、公开性、公共性与强制性的特征。我国《电子商务法》实质上还肯定了平台交易规则的开放性，允许平台之外的社会公众在一定程度上参与平台的治理。[②]根据相关法律规定，电子商务平台知识产权保护规则的开放性尤其明显，并且被上升到了法定义务的高度。例如，根据该法第 41 条要求，平台经营者与知识产权人加强合作；根据第 25 条要求，平台经营者也要与其他相关各方合作，包括与平台内经营者、消费者等其他利益相关方合作，以及与相关执法机构加强合作。[③]

（二）知识产权保护规则的法律效力

本书认为，在我国，电商平台知识产权保护规则实际上具有电子商务生态环境中“软法”的性质。从《侵权责任法》到《电子商务法》，在立法层面上，法律条文并未对知识产权保护规则的效力进行明确规定，特别是知识产权保护规则对权利人是否具有强制力的问题，仍存在进一步研究解释的空间。但是，从法律体系解释来看，

---

① 德国新债法汲取了百年来判例和学说之成果，以保护义务为中心，通过缔约上过失、积极侵害债权、附保护第三人作用契约和契约终了后之过失等制度，主要在合同法领域解决契约发展过程中各种人身和财产损害赔偿问题。法国法院利用《法国民法典》中规定的为第三人利益订立的契约，使通过合同法灵活保护合同外第三人的利益成为可能。参见邱雪梅：《试论民法中的保护义务——“两分法”民事责任体系之反思》，载《环球法律评论》2007 年第 5 期。

② 薛虹：《国际电子商务法通论》，中国法制出版社 2019 年版，第 97 页。

③ 薛虹：《国际电子商务法通论》，中国法制出版社 2019 年版，第 99~100 页。

《电子商务法》实际上肯定了平台交易规则“软法”的性质。《电子商务法》将平台自治作为网络共治的重要组成部分，为交易规则的制定引入民主决议机制，随着机制不断体系化、复杂化，其在电子商务生态环境中发挥的作用日益重要，已经具有了所谓“软法”的特征。知识产权保护规则的强制性效力重点涉及三方，包括平台的经营者、平台内的经营者和知识产权权利人。

首先，平台经营者作为规则制定方，理应严格执行生效规则，否则将承担不利后果。法院和行政机关应当尊重平台知识产权保护规则的软法效力，也最终体现为应当尊重平台基于知识产权保护规则所作出的合理判断和处理。

其次，平台内经营者作为平台服务协议的合同方，也应当尊重相关知识产权保护规则的效力，受其约束。平台知识产权保护规则因服务协议的约束力，对平台内经营者具有强制性。所以，平台内经营者违反知识产权保护规则，等于违反了相关法律、行政法规的规定。如果平台内经营者销售假冒伪劣产品，则违反知识产权保护规则的相关规定，电商平台经营者可以与权利人联合起诉侵权商户。例如，2018 年 3 月 8 日，亚马逊公司和手袋制造商 Vera Bradley Designs Inc. 在西雅图联邦法院提起三起诉讼，以阻止假冒手袋和配件通过电子商务公司的网站销售。被告——亚马逊账户持有人——被指控侵犯商标和版权以及违反与亚马逊的合同。①

再次，电商平台知识产权保护规则对知识产权权利人是否有法

---

① Amazon，Vera Bradley sue alleged handbag counterfeiters，2018 WL 1310438.

律效力，存在不同观点，值得探讨。[①]我国在《电子商务法》通过之前，司法实践一般认为，网络平台制定的投诉规则对知识产权权利人没有法律约束力。2017年3月，最高人民法院发布的第83号指导案例裁判规则明确，某网络有限公司所制定的投诉规则，对权利人的维权并不能产生法律约束力，知识产权权利人只需要在法律明确规定的要求框架内开展维权行为即可，关于是否接受本案某网络有限公司所制定的投诉规则，权利人投诉方可以完全根据自身的利益考量来自愿决定。2017年，广州知识产权法院一审和广东省高级人民法院二审关于某静公司与某宝公司等侵害计算机软件著作权纠纷案也认为，“网络服务提供者自行设定的投诉规则不得影响权利人依法维护其自身合法权利，而提供订单号即为某宝公司自行设定的规则，不对某静公司维权产生法律约束力”。[②]

《电子商务法》出台之后，应当承认知识产权保护规则对于知识产权人的约束力。这是因为，一方面，严格执行生效的知识产权保护规则，其在效力认定上把权利人归入调整范围，实际上有利于知识产权权利人与平台内经营者的利益平衡。基于《电子商务法》明确平台只对通知的有效性进行形式审查，如果权利人随意发出通知

① 相关观点也对知识产权保护规则（电商平台服务协议）对于消费者的效力存在争议。一般认为，只有法律明确规定或存在各方约定的情况下，不作为的默示行为才能视为意思表示，而签订电商平台服务协议应不属于此种情形。因此，服务协议生效、对消费者产生法律约束力的前提应是消费者以积极行为对其内容表示同意。消费者尚未知晓协议内容且未表示同意之前，协议并未生效，对消费者无约束力，电商平台不得基于协议内容限制消费者权利。

② 参见“某静公司与某宝公司等侵害计算机软件著作权纠纷案”判决书［(2017)粤民终2207号］，载广东省高级人民法院网，http://www.gdcourts.gov.cn/index.php?v=show&cid=236&id=54186，最后访问日期：2020年7月11日。

就能让竞争对手的产品“下架”，实际上在不需要任何成本或担保的情况下达到了法院诉前禁令的效果，这样将有损被投诉经营者的合法利益保护，也会在一定程度上使法院诉前禁令制度形同虚设。国家平等保护线上线下商务活动，然而在线下商业活动中，只凭借权利人的通知就让产品下架是不可想象的。我们应该正确看待，平台采取的措施都是暂时性的，最终还是要根据行政机关或司法机关的裁判意见进行调整。只有充分发挥平台知识产权保护规则在规范网络投诉中的效力，才能真正实现平台中立裁判的治理角色定位，将海量的投诉纠纷合理化解在网络自治环节，同时把真正的法律问题交给法律程序解决。另一方面，《电子商务法》也为权利人参与知识产权规则制定的权利提供了明确保障。《电子商务法》第 41 条特别规定，平台制定知识产权保护规则，要与知识产权权利人加强合作，以便保障平台内外的知识产权权利人都能平等地参与知识产权保护规则的制定和修改，否则的话，平台就涉嫌违反《电子商务法》的法定义务。而且，现实情况是，许多知识产权权利人同时也是平台内的经营者，抑或与平台经营者主动签订了知识产权保护的协议。我国有学者观点认为，知识产权人一旦使用平台的信息系统提交知识产权通知，就等于与平台经营者之间建立了合同关系。[①] 本书赞成这种观点，知识产权权利人通过电子商务平台的系统提交侵权通知，就应认为默认接受相应生效投诉规则，遵守平台生效知识产权保护规则的程序要求和举证责任。如果权利人认为平台知识产权保护规

① 薛虹：《国际电子商务法通论》，中国法制出版社 2019 年版，第 101 页。

则违反法律规定侵害其权利的，可以另行向法院提起诉讼。如果平台提供了明确的投诉机制和渠道，权利人却可以随心所欲任意行之，平台或者将因不能及时处理甚至发现投诉而过度承担责任，或将在大量的不规范投诉下不堪重负。

美国对于平台知识产权保护规则的效力认定，存在不同的裁判观点，目前的趋势也是转向承认其广泛的约束力。在2017年美国判例Blazer诉eBay案中，原告拥有一项名为卡朋特蜜蜂夹的专利，原告认为在被告易贝网站上销售的某项产品侵犯了其专利权。原告根据易贝网站的知识产权保护政策提供了侵权通知表格和专利证明书复印件，但未提供易贝网站相关规则要求的据以认定涉案产品侵犯其专利权的有效法院禁令。故易贝公司并未开展专利侵权调查或采取任何措施。原告起诉被告易贝对其专利构成直接侵权、引诱侵权。[①] 法院认为，在专利侵权案件中，仅凭侵权通知，不足以证明被告实际知道侵权事实。被告易贝公司的知识产权保护规则要求，投诉者如果只是提出侵权的指控，但是没有提供有效的法院禁令以及自身专利信息，易贝公司不会移除被投诉的相关产品链接，这是有合法理由的，即被告自身不具备专业的知识与资源来对每一项相关的专利投诉自行展开调查。本案中，原告未能够证明被告存在对侵权行为的故意视而不见。[②] 法院尊重平台自治权限，平台遵照自身有效的平台知识产权保护规则处理通知的行为，应当免于承担侵权责任；除非该规则存在违法或者明显不合理的因素。特别是针对平台对专利

---

① Blazer v. eBay，Inc.，No. 1：15-CV-01059-KOB，2017 WL 1047572，at *2（N.D. Ala. Mar. 20，2017）.

② Blazer v. eBay，Inc.，No. 1：15-CV-01059-KOB，2017 WL 1047572，at *6（N.D. Ala. Mar. 20，2017）.

侵权的判断，由于判断专利侵权的复杂性，导致即使存在具体侵权通知，也很难判定网络平台实际知道具体专利侵权。而对于“故意视而不见”之部分来说，网络平台如果已经提供了可靠的知识产权保护服务，如易贝的 NOCI 通知，则一般不能认定网络平台对专利侵权故意视而不见。①

三、电商平台知识产权保护规则的合法性问题

法律没有明确规定知识产权规则的合法界限，但合法性属于法律体系对它的必然要求。这里的合法性，不仅是指其依据《电子商务法》第 41 条法律授权制定，还包括实质合法。知识产权保护规则是在法律的原则性规定的范围之内的平台基于协议自治的空间，因此是将法律规定适用于网络环境，使之具体化、细致化。② 实践中，要注意正确处理电商平台知识产权保护规则与法律强制性规范的关系，一方面充分发挥平台知识产权自主治理功能，另一方面又要注意把握好知识产权保护规则的合法界限，尤其应当注意与法律明确的强制性规则保持一致。

（一）知识产权保护规则的保护水平应与法律保持一致

准确把握法定知识产权保护标准，成为平台制定知识产权保护规则的关键因素。按照《电子商务法》第 41 条的规定，电商平台建

① 周学峰、李平主编:《网络平台治理与法律责任》，中国法制出版社 2018 年版，第 83 页。

② 尹中卿主编:《中华人民共和国电子商务法解读》，中国法制出版社 2018 年版，第 201 页。

立平台内自身的知识产权保护规则，在实践中就可能会产生不同的标准和做法。关于这一点，知识产权保护规则的保护水平的正确解读应该是：一方面，平台的知识产权保护规则必须符合相关知识产权法律、行政法规的规定，同时，在保护程度上，不得降低法定的知识产权的保护水平，抑或为开展知识产权保护设置不合理的条件、障碍。另一方面，对平台知识产权保护水平要求过高，亦不可取。[①]例如，涉及"通知—转达—再通知—转达"规则，《电子商务法》已经对各自的要件作出了明确的规定。关于通知，知识产权权利人发出的通知应当至少包括身份证明、要求平台采取的措施、知识产权权属证明、构成侵权的初步证明、内容真实性声明等内容，才能成立"有效的通知"，才能对应产生删除投诉链接等处罚结果。同时，有效的声明也应当至少包括身份证明、不存在侵权的初步证据、要求平台终止的措施和内容真实性声明等。

（二）实践中知识产权保护规则合法性判断的困惑和复杂性

中国大型电商大都建立了平台知识产权保护规则，实践中，比较复杂的问题之一是相关规则与现行法律规定之间的关系问题。2019年著名的"韩某龙、某宝公司网络服务合同纠纷案"，便涉及平台知识产权保护规则合法性的复杂认定。在本案中，某宝网采用八载系统保护知识产权，在执行知识产权保护规则中根据其他商户投诉认定原告部分图片构成盗图而作出限制发布、下架、暂停服务等处理。

---

① 尹中卿主编：《中华人民共和国电子商务法解读》，中国法制出版社2018年版，第203页。

原告认为某宝规则存在不合法的情形，因此应当对平台内经营者作出的处罚行为承担违约责任。二审判决认为，原告既然在某宝网开设店铺就应当遵守规则，某宝有权根据某宝规则和八载产品对原告可能侵犯其他卖家图片权益的经营行为进行处理。八载系统的规则是合理合法的并且在处理过程中给予了被投诉人申诉机会等，对于申诉图片的判断没有明显不合理之处，原告要求某宝公司承担违约责任依据不足。[①] 但是，笔者认为，法院判决似乎没有关注知识产权保护规则与现行法律一致的问题，在这方面并没有作出论证，应该说是一个遗憾。实践中类似某宝等大型电商平台这样的关于知识产权保护规则的探索，在合法性问题上其实存在不少灰色地带，值得进一步研究和完善。[②] 在这个案件中，某宝公司制定的八载系统知识产权保护规则，确实存在与《电子商务法》规定和精神不一致的问题，至少在以下方面还值得进一步判断是否属于不合法。

首先，关于通知有效性和证明责任的问题。现行某宝八载系统的知识产权保护规则低于《电子商务法》的要件规定。八载系统保护图片的基本方式是，推定在某宝网首次上传某图片的人享有该图片的著作权或合法使用权，经过系统首发认证登记后，受到系统保护，如果此后有其他商家上传相同图片，系统能自动识别，并将有关情况推送给首次上传的权利人，由权利人选择是否投诉。如果权

① 韩某龙、某宝公司网络服务合同纠纷案二审判决书［（2019）浙01民终579号民事判决书］。该案上诉人试图申诉再审，但被驳回，参见“韩某龙、某宝公司网络服务合同纠纷再审审查与审判监督民事裁定书”［（2019）浙民申3874号］。

② 何炼红、邓欣欣:《“互联网+”时代我国电子商务平台法律定位之反思》，载《重庆邮电大学学报（社会科学版）》2016年第1期。

利人选择投诉，则给予被投诉商家申诉的权利，被投诉商家可以举证证明自己是该图片的权利人或者享有合法使用权等。实际产生的效果是，权利人申请图片首发保护，无须提供任何证明材料，只需要“经某宝公司系统大数据认定后，无相同图片的保护记录，即给予申请人图片的首发保护”。享有图片首发保护的占有人在发现其他店铺使用相同图片时，可以向某宝提出投诉，此时也无须提供《电子商务法》明确的任何证明材料，实际上对通知有效性的要求，其自创了一套低于法律明确要求的标准。

其次，关于声明的有效性和证明责任问题。某宝在判定韩某龙是否侵害著作权时，仅要求被投诉人提供相应的证据材料证明其享有图片的使用权或著作权，并未要求投诉人提供其占有使用图片的权利来源。

最后，关于电商平台审查角色和尺度的问题。虽然某宝网主动采用八载系统保护知识产权，该主动监管行为值得鼓励，而且某宝系统内的知识产权“认证”系统，按照其现有的“首发认证”规则进行操作似乎也没有太大的问题。本案实际上是某宝基于八载系统直接判定是否侵害了著作权。某宝系通过保护图片首发，即图片占有人向某宝申请图片首发保护，经某宝系统大数据认定后，无相同图片的保护记录，即给予申请人图片的首发保护，享有图片首发保护的占有人在发现其他店铺使用相同图片时，可以向某宝提出投诉，由其判定是否侵害了著作权。[①] 但是，按照《电子商务法》的规定，电商平台仅应进

① 韩某龙、某宝公司网络服务合同纠纷案二审判决书［（2019）浙 01 民终 579 号民事判决书］。

行形式审查而不进行实质审查，更多充当信使而不是裁判员的角色。因此，平台经营者在对平台内经营者涉嫌侵害第三方知识产权权利行为进行认定时，应当持审慎的态度。平台内经营者是否不当使用第三方权利，属于事实和法律判断，需要结合权利人的权利状况、平台内经营者提供相关产品或服务的情况、二者之间的关联、相关法律法规的适用等因素综合进行，在未获得第三方知识产权权利证明的情况下，似乎不应认定平台内经营者构成侵权。

四、电商平台经营者“通知—删除”规则下保护措施的细化和合理适用

（一）电商平台经营者采取知识产权保护措施的类型

《电子商务法》《信息网络传播权保护条例》《民法典》侵权责任编等法律规定了电商平台可以采取的合理的必要措施。其中，原《侵权责任法》第 36 条被称为“互联网专条”，《电子商务法》第 42 条第 1 款也规定了必要措施的类型。北京知识产权法院某云公司与某越公司二审民事判决书指出，《侵权责任法》第 36 条第 2 款规定的必要措施应当不限于删除、屏蔽或者断开链接，应当也包括其他合理形式的必要措施。此条实际上对网络服务提供者在接到知识产权权利人发出的有效通知以后，应当采取何种必要措施进行了开放性的规定，旨在为行业的治理及司法实践预留出探索空间。[①]《民法典》侵权责任编第 1195 条规定，网络用户利用网络服务实施

① 某云公司与某越公司二审民事判决书，（2017）京 73 民终 1194 号民事判决书。

侵权行为的，权利人有权通知网络服务提供者采取删除、屏蔽、断开链接等必要措施。梳理起来，基于上述法律规定，并结合司法与行业实践，可以将电商平台能够采取的合理必要措施归纳为以下几种类型。

（1）删除、屏蔽、断开链接（takedown）。原《侵权责任法》36条明确列举“删除、屏蔽、断开链接”作为平台的必要措施类型，《电子商务法》第42条针对电商平台的知识产权保护措施类型的规定，以及《民法典》侵权责任编第1195条，同样沿袭了以上措施类型。此前，《信息网络传播权保护条例》第15条也作出了规定，网络服务提供者在接到权利人的通知书后，应当立即删除涉嫌侵权的作品、表演、录音录像制品，或者断开与涉嫌侵权的作品、表演、录音录像制品的链接。除了《信息网络传播权保护条例》规定的提供自动接入、自动传输服务和自动缓存服务的网络服务提供者以外，其他的网络服务提供者，无论是信息存储空间服务（包括电商平台）还是搜索、链接服务的提供者，都需要按照《信息网络传播权保护条例》的规定，在接收到权利人合格通知之后，要采取删除、屏蔽等足以阻断侵权行为的必要措施，否则应该就扩大损失部分承担连带责任。因此该条例第22条、第23条规定的免责条件中，分别将“删除”“断开链接”作为免责条件之一，但并不包含其他措施，也即其他措施不能构成免责。[①]

（2）终止交易和服务（delist）。“终止交易和服务”是《电子商

① 某云公司与某越公司二审民事判决书，（2017）京73民终1194号民事判决书。

务法》结合电商平台提供交易平台服务的这一特色，新增明确列举的必要措施类型。

（3）惩罚措施（punishment measures）。这类措施一般包括限制发布商品信息、监管账户、扣分，甚至冻结账户等，是电商平台知识产权保护规则的重要内容，也是平台治理的重要方面。

同时值得注意的是，平台既然规定了各类措施适用的规则，就应当依规执行处理，否则可能导致平台承担连带责任。例如，在“某时装贸易有限公司诉浙江淘某网络有限公司、杜某发侵害商标权纠纷上诉案”中，法院经审理认为，淘某在接到原告衣某公司发出的投诉并核实后，根据现行管理规则，还应当对被告杜某发采取诸如限制发布商品信息、扣分和冻结账户等要求的处罚措施，但是淘某在进行商品信息删除之后，并没有采取其他规定的处罚措施。实际上，杜某发仍然可以不受限制地在平台上传侵权商品的信息。[①] 故判定，被告淘某在知道的情况下，未采取合理必要的措施防止涉案侵权行为的发生，放任和纵容了侵权行为的多次发生，平台主观上有过错，客观上实施了帮助杜某发的侵权行为，应当构成共同侵权，并与被告杜某发承担连带赔偿责任。[②]

① 淘某针对出售假冒商品实行“三振出局”制，即卖家每次出售假冒商品的行为记为一振，若同一卖家出售假冒商品累计达三振，将被查封账户。淘某视情节严重程度可采取下架商品、删除商品、限制发布商品、限制解冻保证金、支付违约金、查封账户等措施。参见《淘某用户行为管理规则》：“淘某网针对会员的违规行为先进行纠正，消除不利影响；同时，根据判定结果的情节严重程度，淘某网可采取如下市场管理或违规处理措施……不当使用他人权利……【违规行为纠正】删除商品或信息：下架商品、删除商品、删除店铺相关信息、限制发布商品、监管账户、查封账户等措施。”

② （2011）沪一中民五（知）终字第40号民事判决书。

（二）电商平台经营者采取的知识产权保护措施的合理性

1. 知识产权保护措施的启动与终止

首先，关于电商平台经营者知识产权保护措施的启动问题。平台知识产权保护措施可以由平台自发启动，或者由知识产权权利人触发。平台经营者基于平台管理者的身份，有义务对涉嫌侵害知识产权的经营行为在一定限度内进行监督并采取措施，降低其知识产权侵权风险。包括主动审查、过滤等环节发现侵权嫌疑启动相应措施。最大量存在的场景是由知识产权权利人启动或触发的，也就是权利人向平台发出通知或者进行投诉。在收到知识产权权利人的有效通知后，平台经营者对于平台内经营者实施的涉嫌侵权行为是一种明知的主观状态，其只有采取必要措施，才能在平台内经营者的行为被最终判定为侵权的情况下，免除相应的法律责任。

其次，关于电商平台经营者知识产权保护措施的终止问题。电子商务平台经营者收到平台内经营者提交的保证不侵权的声明后，应依法定期限与条件及时终止有关的治理措施，否则给平台内经营者造成损失的，平台经营者应按照平台规则及服务协议承担相应的责任。《电子商务法》第 43 条规定了 15 天等待期，《民法典》第 1196 条修改为“合理期限”，导致适用的细节问题。[①] 在等待期内，平台

---

① 比如，学者陶乾认为，接到通知后多久采取措施、采取何种必要措施、接到反通知后多久恢复，不应当给予过于刚硬的规定，应为司法裁量留有必要余地，至于接到通知后是否删除、接到反通知后是否恢复，应由平台经营者自主决定，并在决定错误时承担法律风险。参见《电商法下平台知识产权责任与治理措施的平衡》，载中国政法大学法律硕士学院网站，http://flssxy.cupl.edu.cn/info/1077/9205.htm?from=timeline&isappinstalled=0，最后访问日期：2020 年 7 月 11 日。

内经营者也可以通过提起“确认知识产权不侵权之诉”达到终止保护措施的法律效果。《最高人民法院关于印发民事案件案由规定》明确规定，确认不侵权纠纷为民事案件案由之一。确认知识产权不侵权之诉，是指其利益受到某一知识产权的不利影响的行为人，以涉案知识产权的权利人作为被告而提起的，请求法院确认其行为没有侵犯该特定知识产权的一类诉讼。与确认不侵权诉讼相比，我国《电子商务法》第42条第3款和《民法典》第1195条第3款实质上给予利害关系人更加便利、充分与有效的法律救济，恶意通知的知识产权人必须承担更为严厉的法律后果。

为了缓和反通知等待期过长带来的可能的交易损失问题，2021年8月31日发布的《电子商务法（征求意见稿）》第43条增加了两款规定了可以通过提供担保暂时中止所采取的措施以及提交虚假声明的惩罚性赔偿责任。第3款规定：平台内经营者提出担保，用于赔偿潜在的知识产权侵权所造成的损失的，则电子商务平台经营者可以暂时中止所采取的措施。新增第4款规定：平台内经营者提交虚假的不存在侵权行为的声明、导致权利人损失扩大的，加倍承担赔偿责任。[①]

2. 措施选择合理性考虑因素

首先，网络平台在收到合格侵权通知的情况下，应当根据通知内容提供的详细信息和基于该信息能够作出的合理性判断，选

① 《市场监管总局关于公开征求〈关于修改《中华人民共和国电子商务法》的决定（征求意见稿）〉意见的公告》，载国家市场监督管理总局官网，https://www.samr.gov.cn/hd/zjdc/202108/t20210831_334252.html，最后访问日期2022年2月8日。

择采取与平台技术管理的能力及平台职能都相适应的必要措施。其次，由于所主张权利的性质不同，网络服务提供者的技术能力、监管责任、对侵权行为的知晓程度、对侵权行为所能采取的措施等也应不同。[①] 再次，平台经营者选择保护知识产权的措施需要综合考量多种因素，包括平台提供服务的类型、技术上的可行性、付出的成本及侵权的情节等。最后，关注效率要件和比例要件。一是效率要件。基于知识产权保护的效率和经济上的考量，电商平台经营者根据知识产权权利人的通知及初步证据，可针对平台内经营者采取屏蔽涉嫌侵权商品的措施，而不能科以更高的审核义务和更严的判断依据。二是比例要件。对于存在侵权风险的平台内经营者提供商品或服务的经营行为，平台经营者可以降低甚至是消除侵权风险，而不应当将处理措施扩大化，影响平台内经营者的正常经营。

2020 年 9 月 10 日《最高人民法院关于审理涉电子商务平台知识产权民事案件的指导意见》第 10 条的规定试图提供更进一步明确细化指引，人民法院判断电子商务平台经营者是否采取了合理的措施，可以考量下列因素：构成侵权的初步证据；侵权成立的可能性；侵权行为的影响范围；侵权行为的具体情节，包括是否存在恶意侵权、重复侵权情形；防止损害扩大的有效性；对平台内经营者利益可能的影响；电子商务平台的服务类型和技术条件等。平台内经营者有证据证明通知所涉专利权已经被国家知识产权局宣告无效，电子商务平台经营者据此暂缓采取必要措施，知识产权权利人请求认定电子商务

① 某云公司与某越公司二审民事判决书，（2017）京 73 民终 1194 号民事判决书。

平台经营者未及时采取必要措施的，人民法院不予支持。

（三）电商平台经营者采取措施针对的主体

《电子商务法》第43条第1款规定了声明发出的主体为接到平台转送的通知的“平台内经营者”。《民法典》第1196条第1款规定了享有反通知权利的人为“网络用户”，具体是指被权利人的通知指控为涉嫌侵权人的相关网络用户。关于平台采取措施针对的主体，本书认为应是“被控”侵权平台内经营者。

有学者存在不同的观点，认为《电子商务法》的相关规定还存在一点漏洞，也就是第43条规定了反通知权，但是对反通知权的主体还缺乏明确，即没能明确说明在平台内经营者及知识产权权利人主体之外，是否包含其他因平台采取的必要措施而可能受到损害的主体。实际上，平台内经营者这类常规主体之外的其他相关民事主体，因为知识产权权利人发出通知后，电商平台经营者所采取的必要措施而受到损害的，将无法维护其合法权利，因此，也应当赋予其反通知权，以能够平等地保护自身合法民事权益。[①] 虽然这样的规定本身没有错误，但是在范围上似乎遗漏了实际受到损害但是没有被权利人指控为涉嫌侵权人的那些其他网络用户。[②] 例如，知识产权

① 杨立新:《电子商务交易领域的知识产权侵权责任规则》，载《现代法学》2019年第2期。

② 《民法典》第1196条：“网络用户接到转送的通知后，可以向网络服务提供者提交不存在侵权行为的声明。声明应当包括不存在侵权行为的初步证据及网络用户的真实身份信息。网络服务提供者接到声明后，应当将该声明转送发出通知的权利人，并告知其可以向有关部门投诉或者向人民法院提起诉讼。网络服务提供者在转送声明到达权利人后的合理期限内，未收到权利人已经投诉或者提起诉讼通知的，应当及时终止所采取的措施。”

权利人根据上述规定发出通知，要求屏蔽某一指定网络用户的姓名（或者名称）来保护自己的合法权益。但是，在操作上，如果针对一个特定的姓名或者名称采取了技术屏蔽措施，那么与其同名或者类似的其他网络用户也将有可能一同被屏蔽。可以看出，这些主体也存在受到必要措施带来的损害的潜在可能。如果此类受到损害的其他网络用户不享有反通知权的保护，那么其将无法保护自己的合法权益。①

本书认为，即使如此，仍然不存在被控侵权人其他网络用户的反通知权问题。因为，反通知权利和规则的设计有其特殊性和使用前提，平台经营者根据通知采取必要措施，只能针对权利人指控的侵权人网络用户。但是，被控侵权人以外的其他网络用户，因平台经营者不当措施利益遭受侵害的，可以直接提起侵权诉求。

（四）电商平台"通知—删除"规则的合理适用顺序

《电子商务法》《民法典》等法律规定为"通知—删除"规则建起了较为完整的规则体系，环环相扣、分配责任公平。《电子商务法》采用的实际是"通知—采取必要措施（转通知）—反通知—二次转通知—（15 天内未回复）恢复"程序。② 现在，《民法典》侵权责任编将其发展为"通知—转通知（采取必要措施）—反通知—二次转

① 杨立新：《民法典侵权责任编草案规定的网络侵权责任规则检视》，载《法学论坛》2019 年第 3 期。

② 一般认为，"通知—删除"规则的运行逻辑是：权利人通知—网络服务提供者删除、断开链接—转通知—服务对象反通知—恢复内容—转反通知—权利人不得再次通知—权利人承担错误通知责任。参见某云公司与某越公司二审民事判决书，（2017）京 73 民终 1194 号民事判决书。

通知—（合理期限内未回复）恢复”程序。

但是，因法律明确了平台只对通知的有效性进行形式审查，如果权利人只发出通知就能让竞争对手的产品“下架”，实际上在不需要任何成本或担保的情况下达到法院诉前禁令的效果，将有损被投诉经营者的合法利益保护。在电商平台上缔结合同并在线下实现产品的交付的形式，与在实体交易市场中所进行的缔约与产品交付活动没有实质性区别。[①]“通知—删除”规则在实践中对产品销售者造成的影响，要比对作品传播者造成的影响大很多。如果电商平台仅仅根据权利人发出的形式上合格但是实质上是错误的通知，就针对相关涉嫌产品采取诸如下架或删除链接等严重措施，平台内经营者将可能遭受较大甚至无法弥补的经济损失。[②]

《电子商务法》第 4 条特别规定国家平等对待线上线下商务活动，促进线上线下融合发展。通知和声明都是一方当事人出具的证据或意见，应当具有同等的效力，建议在适用通知规则和声明规则时，区分不同的情况进行处理：（1）针对在通知中提供了诉前禁令或维权中心法律意见书等法院或行政机关有效证明文件的，立即采取删除措施，同时转达被投诉经营者；（2）针对一般性的通知（没有法院或行政机关处理意见的），首先转达被投诉方，并给予合理期间（如 24 小时或 48 小时）提出声明：①未提交有效声明的，采取删除等措施；②提交有效声明的，不采取删除等措施，并通知权利人可以向行政机关投诉或者向法院起诉。平台采取的措施都是暂时性的，最终

---

① 刘斌、陶丽琴、洪积庆：《电子商务领域知识产权保障机制研究》，载《知识产权》2015 年第 2 期。

② 徐敏、刘友华：《电商平台专利间接侵权的注意义务研究》，载《电子知识产权》2016 年第 5 期。

再根据行政机关或司法机关的裁判意见进行调整以真正发挥平台中立治理形式裁判的角色定位，把法律问题交给法律程序解决，平衡保护知识产权权利人和平台内经营者的合法利益。国家知识产权局《电子商务领域专利执法维权专项行动工作方案》中的做法值得借鉴。《国家知识产权局办公室关于印发〈电子商务领域专利执法维权专项行动工作方案〉的通知》（2014 年）在“三、工作方式”中要求，针对“明显的”侵权行为，由电子商务平台根据合同约定，快速采取措施删除或者屏蔽侵权产品的链接；而针对那些“较为复杂的”诸如专利侵权的行为，电子商务交易平台可以获得知识产权援助维权中心咨询意见书后，参照意见书尽快删除或屏蔽侵权产品链接。①

（五）制止恶意投诉的诉前禁令“反向行为保全”措施

浙江省首例针对“反向行为保全申请”作出了诉前行为保全裁定。② 承办法官认为，对于这种恶意投诉，一般接到投诉的电商平台往往很难立刻查验投诉材料的合法性，只能先下架涉案商品或删除店铺热卖链接；而被投诉人如果选择起诉对方，法院办案又需要一段时间，这么耽搁下来，被恶意投诉一方的利益必然受到损害。因此这个诉前禁令的优势就在于及时地保全了被恶意投诉的商家的利益。“禁令它的最主要的特征之一就是及时性，能够及时帮助申请人制止

---

① 《国家知识产权局办公室关于印发〈电子商务领域专利执法维权专项行动工作方案〉的通知》，载国家知识产权局官网，http://www.sipo.gov.cn/zfwq/wqyzgzyq/1075030.htm，最后访问日期：2019 年 11 月 9 日。

② 参见《浙江余杭法院发出诉前禁令对疑似恶意投诉行为喊停》，载新华网，http://www.xinhuanet.com/2019-09/24/c_1125033993.htm，最后访问日期：2020 年 7 月 11 日。

侵权行为，避免造成一些难以弥补的损害发生。具体到这个案子当中，他要举证证明他注册登记的权利是伪造的，就要提供这方面的证据，然后还要说明为什么你不申请这个禁令，就可能会给你造成难以弥补的损害。”[①]2020年9月10日《最高人民法院关于审理涉电子商务平台知识产权民事案件的指导意见》第9条规定，因情况紧急，电子商务平台经营者不立即采取商品下架等措施将会使其合法利益受到难以弥补的损害的，知识产权权利人可以依据《民事诉讼法》第100条、第101条的规定，向人民法院申请采取保全措施。因情况紧急，电子商务平台经营者不立即恢复商品链接、通知人不立即撤回通知或者停止发送通知等行为将会使其合法利益受到难以弥补的损害的，平台内经营者可以依据前款所述法律规定，向人民法院申请采取保全措施。知识产权权利人、平台内经营者的申请符合法律规定的，人民法院应当依法予以支持。该司法解释实际上肯定了浙江省首例针对“反向行为保全申请”出具诉前行为保全裁定建立的规则，更有利于为平台内经营者提供同等保护，治理恶意投诉，平衡权利人和平台内经营者双方的利益。

---

① 参见《杭州余杭法院发布全国首例禁止恶意权利人投诉的诉前禁令，专家点赞！》，载https://k.sina.com.cn/article_1718259005_666a8d3d02700kdu4.html，最后访问日期：2020年7月13日。

第五章

电商平台经营者知识产权
间接侵权责任的确立和扩展

第一节

电商平台经营者知识产权治理责任与间接侵权责任适用

一、电商平台经营者知识产权责任基础及其发展趋势

包括电商平台在内的网络平台的发展成为当下经济、社会和政治生活的重大特征。网络平台依托新一代信息技术，特别是大数据和算法的应用和不断升级，给人类生产生活带来了翻天覆地的变化。首先体现为“平台经济”（Platform Economics）的兴起，继而跨界席卷到更加广泛的领域，引发各种“平台效应”，成为正在发生的第四次工业革命的重要基础。[①]一方面，这种基于数据驱动、算法支撑和网络协同形成的发展，给我们带来的新体验、便利和好处，自不必说。[②]但是另一方面，则是新的风险和危害的伴生，除了新信息技术自身的风险，如网络平台系统安全风险等问题外，其各种应

① 参见［德］克劳斯·施瓦布、［德］尼古拉斯·戴维斯：《第四次工业革命：转型的力量》，李菁译，中信出版社 2016 年版，第 4 页。

② 参见徐晋：《平台经济学》，上海交通大学出版社 2014 年版，第 5~6 页。

用本身也引发了大量新的社会风险，如个人信息保护风险等，许多指向了各类合法权利。其中，特别值得关注的风险是平台化导致的平台内知识产权侵权现象。可以说，电商平台化给人们生活带来方便，给经济带来发展，也给包括知识产权人在内的各方主体带来新的机会的同时，给知识产权人和各类权利人也带来了新的侵权风险。随着电商平台的发展和繁荣，平台上的知识产权侵权现象也在加剧和更加规模化。

以电商平台为重点的网络平台化以来，特别是以信息存储和搜索等内容服务为支持的网络平台发展之后，平台上用户知识产权侵权问题开始出现暴发的情势，平台承担知识产权侵权责任的问题也日趋复杂化。网络平台卷入知识产权侵权的可能性和频繁度比以往更高，这是因为网络平台具有聚集用户的结构特点，产生聚集效应，不仅容易导致平台谋利冲动下的自身侵权，更重要的是为用户进行未经授权传播提供了难以抗拒的诱惑和便利。历史经验证明，确定有效的法律责任规则，是侵权冲动的可靠威慑。我们既有的侵权法规则，确立了行为人须对自己行为负责的基本规则，这成为平台克制自己侵权的制度保障。但是对于那些基于平台效应而大量增加的用户知识产权侵权，仅仅靠行为人责任自负规则对用户追责能够带来同样克制的效果吗？显然不太乐观。从理论上说，如果没有平台经营者打造和运营平台，那么也就不会有这些知识产权侵权。但是，是否就可以推论应当由平台经营者来完全承担或者说连带或主要承担这种平台知识产权侵权责任呢？问题也不会这么简单。从正统侵权责任基本理论来说，是否承担侵权责任涉及矫正正义论等各种政治哲学问题。[1]从法经济学的侵权责任理论来看，还存在社会经济成本分析等问题。[2]电商平台上的知识产权侵权责任的承担或分配则更加复杂，其显然又属于先进技术应用的特殊领域，自科技时代以来，就间杂技术创新、技术中立等特殊功利要求，而且明显存在不同时间阶段的价值鸿沟和差异。那么这些对于电子化平台上的知识产权侵权责任分配又会产生什么影响呢？这些形成了电商平台知识产权侵权责任制度设计的思考前提。

电商平台上的知识产权侵权，可以分为两种类型：一种是电商平台经营者自己所为的直接侵权，另一种是用户对他人的侵权。这两种情况明显具有差异性，导致责任承担设计的极大不同。对于前者即直接侵权来说，按照一般侵权法和知识产权法，电商平台经营者自应负责，无须赘言。所以，我国无论是《侵权责任法》还是《民法典》等都明确了电商平台经营者或网络服务提供者对这种直接侵权的责任自担规则。原《侵权责任法》第36条第1款规定："网络用户、网络服务提供者利用网络侵害他人民事权益的，应当承担侵权责任。"《民法典》第1194条规定："网络用户、网络服务提供者利用网络侵害他人民事权益的，应当承担侵权责任。法律另有规定的，依照其规定。"《电子商务法》虽然没有明确规定，但从与其他法律体系的衔接可以推论其为应有之义。对于后者即用户侵权，则比较复杂，用户自己固然要负责，但问题是对于受害的知识产权

---

① [美]格瑞尔德·J.波斯特玛:《哲学与侵权行为法》，易继明译，北京大学出版社2005年版，第24页。

② See Guido Calabresi, Some Thoughts on Risk Distributions and the Law of Torts, 70 Yale L.J. 553 1960-1961;[美]理查德·波斯纳:《法律的经济分析》，蒋兆康译，法律出版社2012年版。

人来说，这种侵权也被看成来自平台化的驱动，那么能否通过共同侵权或间接侵权等特殊责任机制把平台经营者连接起来使其负责呢？互联网早期明显采取了偏向平台技术创新的态度，基于电商平台经营者（网络服务提供者）属于信息技术中介服务者的认识，严格限制对平台经营者的归责。为了确保平台中立价值和中介服务模式，对平台经营者提出的保护要求较弱，主要体现为一些消极的要求。在这种情况下，侵权法上的共同侵权和间接侵权责任规则通常在适用上受到更加严格的限制。美国2000年《千禧年数字版权法》便是一个典型的例子，一方面承认帮助侵权、替代侵权的可适用性，另一方面建立避风港免责规则，尽量避免让平台经营者（网络服务提供者）对用户侵权承担责任。我国2009年《侵权责任法》和后来的《电子商务法》《民法典》等对于网络服务提供者承担间接侵权责任表述模糊，势必导致适用范围的争议。较长一段时间以来，我国关于平台知识产权间接侵权责任，在学理理解和司法实践中通常限于帮助侵权责任、教唆侵权责任的范围，并且采取谨慎适用的立场。

但是，近十年以来，随着巨型电商平台崛起和电商生态环境的重大变化，平台知识产权侵权责任的观念也发生了变化，网络平台知识产权责任的内在基础和规则体系也在发生重要演进。今天网络平台在移动互联网、大数据、人工智能等信息技术迭代下本身结构不断发生调整，不仅自身数据利益逐渐成为重心，也越来越具有事实上的超级控制力，越来越具有利用控制力谋取不当利益的倾向，进而向“超级平台”“网络生态主导者”的方向发展。前已述及，在这种背景下，电商平台自身结构利益关系失去内在平衡，对电商平台经营者再维持早期简单的中介中立地位设计显然是不合理的，因此出现了主体地位向治理责任主体的发展，在平台知识产权保护上也提出了建立相应的积极保护义务或治理义务的要求。基于义务和责任的一体性，在这种情况下，原来的平台责任基础和模式也需要做出调整，加强和扩展电商平台经营者对用户侵权的责任承担具有合理性和必要性。

今天，从整体来看，电商平台知识产权对用户侵权的责任承担的发展趋势，呈现为两个责任领域的发展与拓展。首先，是广义治理责任的出现和强化。当代网络知识产权责任法在“积极治理保护模式”框架下，格外重视对违反治理义务的多方位规制，通过不断强化规定平台违反治理的各种责任机制，完善治理保障体系，将知识产权治理责任从单纯的事后责任发展到事前、事中治理责任与事后责任并重，包括强调电商平台经营者对知识产权保护的事先监管和预防责任。平台作为治理主体，平台违反治理义务，便可能导致相应的侵权责任、违约责任抑或行政责任。例如，《电子商务法》第42条第2款、《民法典》第1195条第2款规定了未及时采取必要措施的，对损害的扩大部分承担连带责任。其次，体现为加强和合理拓展间接侵权责任。当代网络知识产权责任法针对新技术应用条件下平台经营者地位日益强大和易于滥用控制地位的发展实际，修正了早期的网络中立中介责任理论所形成的间接侵权责任限制论，不断扩展和构建与新的网络结构相匹配的平台知识产权间接侵权责任机制规则。目前，对于电商平台知识产权保护应当强化平台经营者承担相应的间接侵权责任已经成为共识，即使坚持网络技术中立和中介责任的学者也承认平台经营者具有特殊性而应承担相应的间接责任。但是分歧仍然存在，随着电商平台实践的发展而不断产生新的议题。其中值得关注的一个争议就是，电商平台对用户知识产权侵权承担间接责任的范围和形态问题，从比较法上来看，也可以发现不同法例之间关于电商平台知识产权间接侵权责任类型和范畴并不一致。其中，在一些网络先发国家，最主要的当然是类型拓展，特别是对于替代侵权责任类型的引入和发展。《电子商务法》第45条、《民法典》第1197条就笼统规定了间接侵权责任，以知道或应当知道同时未采取合理必要措施作为前提，但是所有上述法律都没有明确区分责任类型。因此对其是否包含网络平台知识产权替代侵权责任类型，学者见解不一致，相关司法实践也存有疑惑，因此，值得研究。

二、近现代以来侵权法上间接侵权责任的发展与重塑

（一）间接侵权责任的概念及其早期萌芽

间接侵权责任，一般认为是英美普通法特别是美国法首先使用起来的概念，也称间接责任或“第三人责任”（third-party liability）。[①] 这个概念严格说在近代以后才真正出现，并且重点是为

① See Eric J. Schwartz, David Nimmer, US International Copyright Law and Practice Scope, §11[1][a][ii], Matthew Bender& Company，Inc.,（2002）.

了回应逐渐兴起的对他人侵权承担责任的问题。但是，无论是英美法系还是大陆法系，间接侵权责任很早就出现了端倪。最早，可以回溯到罗马法。罗马法存在私犯之法和准私犯之法的划分，前者规定所谓“私犯”即“真正侵权责任”，后者规定所谓“准私犯”即“准侵权责任”。准侵权责任中的“对他人造成损害的责任”，就是最早的间接侵权责任。包括监护人对被监护人、雇主对雇员、使用人对执行事务人承担责任等。罗马法的间接侵权责任，广义上还包括“对物造成损害的责任”等。[①]

（二）近现代侵权法上间接侵权责任的发展

近现代侵权法基于理念融合和社会变化，在个人自由理性思想基础上，逐渐形成了新的侵权责任体系发展和划分需要。总体上，侵权法基于维护个人自由和理性价值的需要，在侵权责任上确立了尊重自由优先和过错责任的前提，因而确立了两大原则：自己行为责任原则、过错责任原则。

首先，是确立“自己行为责任”原则。特定主体原则上只对自己的行为负责，即只有当他实施了某种不正当行为时，才有可能由他人来代替遭受了损失的人承担相应责任。[②] 根据这个原则反推论出，特定主体通常不需要为他人的行为负责。学理上将这

① 参见［意］彼得罗·彭梵得：《罗马法教科书》，黄风译，中国政法大学出版社 2005 年版，第 310 页；［德］克里斯蒂安·冯·巴尔：《欧洲比较侵权行为法》（上卷），张新宝译，法律出版社 2001 年版，第 140 页。

② 参见［德］马克西米利安·福克斯：《侵权行为法》，齐晓琨译，法律出版社 2006 年版，第 2 页。

种对自己不法行为承担的责任，称为“直接侵权责任”（direct liability）。在这种背景下，法律体系和学理逐渐发展出来两个新的概念，即“直接侵权责任”和“间接侵权责任”。“间接侵权责任”（indirect liability）的概念与直接侵权责任相对应，是指对他人不法行为或非属于自己行为的事实造成的损害所承担的责任，学理上也称次要侵权责任或二次侵权责任（secondary liability）。基于自己行为责任原则，间接侵权责任是严格受到限制的，因为任何人原则上仅对自己的行为负责，例外时才需要对他人的行为负责。任何人就他人遭受损害的不幸事实，是否承担责任，首先必须以此为前提进行权衡。

其次，是确立“过错归责”原则。近现代侵权法基于个人理性主义，认为行为人即使对自己行为导致他人的损失也并不当然承担侵权责任，而是仅以存在过错（故意或过失）为前提才负责。针对行为人是否为特定主体及是否就他人损失承担侵权责任，在此又提出了两个基本原理：其一，原则上受损失的人自担损失。此即著名谚语所表达的“责任原则上停在发生之处”，或“每个遭受损失的人都要自己来应对这些损失”。[①] 其二，行为人仅在有过错时才承担对他人造成损害的侵权责任。也就是说，特定主体仅限于以有过错为前提对造成他人的损害承担侵权责任。作为过错的例外，在

---

① 这一侵权法或侵权责任根本原理或基本价值取向为各国或地区近代以来侵权法所采纳。参见［德］马克西米利安·福克斯：《侵权行为法》，齐晓琨译，法律出版社 2006 年版，第 1~2 页。相似论述，另可参见，O.W. Holmes，The Common Law，1891，p.2，“Sound policy lets losses lie where they fall except where a special reason can be shown for interference”；以及王泽鉴：《侵权行为法（第一册）：基本原理一般侵权行为》，台湾地区三民书局 1998 年版（自行发行），第 12 页。

特殊情形下，基于特殊原因特定主体也可能不以通常的过错原则为基础负责。但是这种情况就像前面的间接侵权责任意义，也是受到严格限制的。学理一般将过错归责侵权责任称为“一般侵权责任”，而将后者例外情形称为“特殊侵权责任”，包括过错推定、无过错（不问过错）和公平（衡平）归责等不同情形，存在于特定具体化情景。①

可见，近现代侵权法在新原则指导下，既重塑了自身制度和体系，也重塑了间接侵权责任，使其“老树发新芽”。近现代侵权法侵权责任体系实际呈现出一种“直接侵权责任—间接侵权责任”和“一般侵权责任—特殊侵权责任”的双线结构。间接侵权责任是在“直接侵权责任—间接侵权责任”的结构中得到发展的。这不是一种简单的发展，而是经过了个人自由和理性的观念处理，间接侵权责任是作为一种直接侵权责任的严格例外被对待的。所以，近现代侵权法的间接侵权责任的确立和体系演化，是在一种格外谨慎的态度下发展的，主要体现为一种从具体到具体，或者说从类型到类型的限制确立模式。

首先，顺理成章归入这一范围的，便是罗马法以来的“对他人造成损害的责任”。在大陆法系，在“对他人造成损害的责任”的范畴扩用下，间接侵权责任的发展，除了包括早期民法“准私犯法”已经形成的那些雏形，如家父或监护人责任、雇主责任（船

① 参见［德］马克西米利安·福克斯:《侵权行为法》，齐晓琨译，法律出版社2006年版，第2~10页；王泽鉴:《侵权行为法（第一册）：基本原理一般侵权行为》，台湾地区三民书局1998年版（自行发行），第12~37页。

主、旅馆或客栈主人对自己属员的责任）等，也对新的社会条件出现的一些新的情形做出接纳。[①] 普通法上也大体相同，在更加广泛纳入“有限义务—不作为”的特殊侵权责任类型之下进行发展。[②] 以美国为例，到了19世纪晚期，随着社会经济发展以及人际关系和加害形态的更加复杂，其替代侵权责任范围，除了改造继受早期形态，包括父母对未成年子女、看管人对被看管人、雇主等使用人对被使用人替代责任等之外，又有了不少新的突破，表现为经常援引所谓“相关被告”（related defendants）原则，对于某些没有实施直接加害行为的相关主体，根据案情使其承担相应的间接责任，使特定主体在越来越多的情形下，对非属于自己行为的加害负责，甚至一定条件下发展到房东对租户也承担替代责任。[③] 今天，无论大陆法系还是英美法系的侵权法，替代侵权责任范围虽然仍然是具体的，但是相当广泛，具体揽括了特殊主体因具有某种程度控制的法律地位或者法律关系而导致间接侵权责任的各种情形，不仅扩展了看管人责任（不限于父母和监护人）、雇主责任（今天的雇主许多发展为企业形态甚至是大企业并且遍布各行各业），而且也将替代侵权责任，以相适应的方式引入有关新

① 参见［德］马克西米利安·福克斯：《侵权行为法》，齐晓琨译，法律出版社2006年版，第171~196页；王泽鉴：《侵权行为法（第一册）：基本原理一般侵权行为》，台湾地区三民书局1998年版（自行发行），第21页以下；欧洲侵权法立法小组编著：《欧洲侵权法原则：文本与评注》，于敏、谢鸿飞译，法律出版社2009年版，第9页。

② 参见［美］文森特·R.约翰逊：《美国侵权法》，赵秀文等译，中国人民大学出版社2017年版，第9章“有限义务：不作为”，第111页以下。

③ See Fishel v. Lueckel，53 F. 499（1892）；Kalem Co. v. Harper Brothers，222 U. S. 55（1911）.

型控制关系的情形，如委托人对代理人的替代责任等，形成替代侵权责任新的适用。其本质是对基于控制关系的责任的治理，旨在对特定控制关系影响下引发的消极损害进行责任风险的公平分配；与危险责任有相似性，都是在扩展特定主体的责任，但后者仅限于自己引入特殊危险而导致的责任，隐含在自己的积极行为范畴。[①]

其次，间接侵权责任将借助共同侵权形态发展起来一些承担责任情形（英美国家称为引诱侵权）也纳入其中，合理拓展自己的适用范围。这些情形，由于主体之间不具有某种特殊联系，故无法放在替代侵权责任名下，所以只好通过扩用共同侵权等而纳入侵权责任规范之中，此即帮助侵权和引诱侵权（大陆法系也称教唆侵权）责任。它们也属于基本上都可视为对他人造成损害而负责的情形。其中，帮助侵权，是指特定主体由于提供帮助而与加害行为之间形成一定行为关联而导致的间接责任，引诱侵权责任是基于特定主体对他人加害做出了教唆或引诱行为而导致间接责任，引诱侵权责任的本质功能与帮助侵权接近，但更隐蔽。某种程度上，这两种情形的特定主体都有自己行为的因素，但本质上只是参与或者教唆，而不是真正的侵权行为本身，所以被归入间接侵权责任，而且责任效果也不完全等同于严格的共同侵权，对外承担连带责任，但对内仍然按照参与程度或与引诱作用分配

---

① 参见［美］文森特・R. 约翰逊：《美国侵权法》，赵秀文等译，中国人民大学出版社 2017 年版，第 9 章“有限义务：不作为”，第 111 页以下。

责任。[①] 它们过去混同于直接侵权或者根本未被关注，在严格共同侵权责任范畴下被混同或忽略，现在间接侵权责任观念下凸显出特殊规范价值，具有很强适用性的治理效果。它们实际区别于严格共同侵权，仅仅因为主体之间存在行为关联而联系起来，所以理论上也被纳入更加宽泛的“多个侵权行为人”规则之下。现代法使用“广义共同侵权责任”或“多数人侵权”概念来揽括它们，但在观念上将之重点纳入“间接侵权责任”范畴，以体现与替代侵权责任在责任法理方面的近似性。

可见，“间接侵权责任”是近现代侵权法上“自己行为责任”原则的副产品，与“直接侵权责任”是一般与例外的关系。任何人均以承担直接侵权责任为原则，而无须对非由自己行为导致的对他人的加害负责，从历史上立法和实践来看，特定主体之所以产生“对他人造

① 英美普通法在 19 世纪晚期出现对共同侵权概念的扩大化，区分严格共同侵权、帮助侵权、引诱侵权。严格共同侵权为意思共同关联或结果共同关联，属于自己侵权责任，对外承担连带责任；帮助侵权和引诱侵权为行为参与关联或者特殊关联情形，被视为属于间接侵权责任，对外也承担连带责任。内部，则都引入相应份额责任。大陆法系理论和制度上的情况也差不多，也在这一时期形成广义共同侵权或多数主体侵权观念，纳入狭义共同侵权、帮助侵权（有时也称参与侵权）和教唆侵权（即英美法的引诱侵权）。从责任上看，对外也都是承担连带责任；内部也按照责任大小划分份额和进行相应的内部求偿，实践中帮助侵权一般按照参与程度，教唆侵权则根据教唆对象加以区别（但如果对象是未成年人或精神智障者则往往回归，纳入视为自己单独行为来加重处理），不能区分时视为同等责任。英美普通法的情况，参见［美］文森特・R. 约翰逊：《美国侵权法》，赵秀文等译，中国人民大学出版社 2017 年版，第 17 章“共同侵权人”，第 185 页以下。大陆法系关于共同侵权或多数主体侵权规定的最新发展，参见欧洲侵权法立法小组编著：《欧洲侵权法原则：文本与评注》，于敏、谢鸿飞译，法律出版社 2009 年版，第 12 页，第五编“多个侵权行为人”之下的第 9 章“多个侵权行为人”，第 9：101 条（1）主要规定了狭义共同侵权，以及 a）参与，或教唆、怂恿他人实施不法行为，b）不同单独行为，导致同一损害的，c）使用人对辅助人造成的损害，其中特别强调 a）的情形，即帮助侵权、教唆侵权为连带责任。同时，在第 9：102 条规定了连带责任人的内部关系包括份额划分和内部求偿。

成损害的责任”，通常体现为与实际加害人之间存在特殊关系的某些情形，而且正是这种关系导致或加大了相关侵权风险，在这些特定情形中，出于公平的考虑，为了合理控制损害风险，才对特定主体例外引入间接侵权责任。此外，间接侵权责任不是一种概括责任，而是在限制适用的观念下具体发展的，体现为由具体类型一块一块组合起来的类型化责任，不能混同，也不能任意超越类型区划而进行实践。

我国1986年《民法通则》出台以来逐渐接受间接侵权责任范畴，确立了帮助侵权责任、教唆侵权责任、监护人和使用单位替代责任等间接侵权责任类型，经历了不断发展和成熟的过程。1986年《民法通则》在观念上引入了替代侵权责任，并以分散方式分别规定了监护人对被监护人造成损害的责任、法人单位对工作人员造成损害的责任、委托人特定情形对代理人导致损害的责任等。[①]同时，概括规定了共同侵权责任[②]，此后《最高人民法院关于贯彻执行〈中华人民共和国民法通则〉若干问题的意见（试行）》（以下简称《民通意见》）通过司法解释发展出帮助侵权和教唆侵权责任。[③]2009年《侵权责任法》第四章“关于责任主体特殊规定”对替代侵权责任做出系统化提升，从第32条至

---

① 相比较《民法通则》当时对多数主体侵权意识不足，虽然第130条规定了共同侵权，但表述范围仅限于狭义共同侵权。1988年《民通意见》通过解释，引入了帮助侵权和教唆侵权，这两种情况观念上即被纳入间接侵权责任体系。参见《民法通则》第130条规定：“二人以上共同侵权造成他人损害的，应当承担连带责任。”以及《民通意见》第148条第1款、第2款规定：“教唆、帮助他人实施侵权行为的人，为共同侵权人，应当承担连带民事责任。教唆、帮助无民事行为能力人实施侵权行为的人，为侵权人，应当承担民事责任。”

② 《民法通则》第130条规定：“二人以上共同侵权造成他人损害的，应当承担连带责任。”

③ 《民通意见》第148条规定：“教唆、帮助他人实施侵权行为的人，为共同侵权人，应当承担连带民事责任。教唆、帮助无民事行为能力人实施侵权行为的人，为侵权人，应当承担民事责任。教唆、帮助限制民事行为能力人实施侵权行为的人，为共同侵权人，应当承担主要民事责任。”

第 40 条规定了多种替代责任形态，但也间杂别的规定，包括第 32 条、第 33 条监护人对被监护人的替代侵权责任，第 34 条工作单位对其工作人员的替代侵权责任（相当于国外的雇主责任、委托人责任），第 35 条基于个人劳务关系的接受劳务者对提供劳务者的替代侵权责任，第 36 条第 3 款在前款规定网络服务者适用避风港保护架构下对用户侵权在知情而不作为时的连带责任（解释上一般认为是帮助侵权责任，而非替代侵权责任，但也有认为包括两种情况的），第 37 条第 2 款的公共场所的管理人或者群众性活动的组织者第三人侵权的补充替代责任，第 37 条至第 40 条监护受托人对被监护人的相应替代责任。① 与此同时，第二章“责任构成和责任方式”第 9 条在实际确立的广义多数人侵权框架下以区别于严格共同侵权的方式规定了帮助侵权和教唆侵权。② 现在，这些又通过进一步系统化方式由《民法典》予以改进和编纂，重点体现在第三章“责任主体的特殊规定”③ 及其他一些地方④。

---

① 参见《侵权责任法》第 32 条、第 34 条至第 40 条。

② 《侵权责任法》第 8 条规定：“二人以上共同实施侵权行为，造成他人损害的，应当承担连带责任。”第 9 条规定：“教唆、帮助他人实施侵权行为的，应当与行为人承担连带责任。教唆、帮助无民事行为能力人、限制民事行为能力人实施侵权行为的，应当承担侵权责任；该无民事行为能力人、限制民事行为能力人的监护人未尽到监护责任的，应当承担相应的责任。”

③ 参见《民法典》第 1188 条至第 1201 条。此外，第 1194 条至 1197 条规定了网络侵权责任，主要涉及间接侵权责任。

④ 比如，高空抛物侵权责任、机动车侵权责任等。《民法典》第 1254 条规定：“禁止从建筑物中抛掷物品。从建筑物中抛掷物品或者从建筑物上坠落的物品造成他人损害的，由侵权人依法承担侵权责任；经调查难以确定具体侵权人的，除能够证明自己不是侵权人的外，由可能加害的建筑物使用人给予补偿。可能加害的建筑物使用人补偿后，有权向侵权人追偿。物业服务企业等建筑物管理人应当采取必要的安全保障措施防止前款规定情形的发生；未采取必要的安全保障措施的，应当依法承担未履行安全保障义务的侵权责任。发生本条第一款规定的情形的，公安等机关应当依法及时调查，查清责任人。”

三、电商平台语境下间接侵权责任转化的特殊性

电商平台等网络平台发展起来，前已述及引发了网络平台知识产权大量侵权和保护问题。网络经济兴起，意味着网络服务、技术服务不断增进应用的同时，在网络服务持续发展特别是平台化的趋势背景下，也导致在用户聚集和快速传播效应下容易大量滋生侵害他人知识产权的风险。在这种情形下，也就出现了侵权法上的间接侵权责任是否以及如何向网络平台领域转化的思考。在网络发展初期，这种转化存在较大的困难。早期互联网法理论和实践，几乎都明确认为网络服务提供者属于提供信息技术服务的中介主体，网络服务提供者被视为“机构守门人”或“技术守门人”，其承担的责任限于居间人责任范畴。[①]同时，基于对网络技术创新和开发应用的鼓励，引入技术中立思想，要求其遵循中立立场，也因此给予相应责任豁免。[②]如此，对网络服务提供者引入间接侵权责任首先需要处理好与这种中介中立地位的关系，因此需要节制。否则，容易使平台

---

① 参见魏露露：《网络平台责任的理论与实践——兼议与我国电子商务平台责任制度的对接》，载《北京航空航天大学学报（人文社科版）》2019 年第 6 期。

② 美国 1996 年《通讯正派法》第 230 条正式确立了包含网络中立在内的电信中立原则。See Communications Decency Act，1996，47 U.S.C. 5 230，https://cyberlaw.stanford. edu/page/wilmap-united-states；see also David S. Ardia，Free Speech Savior or Shield for Scoundrels：An Empirical Study of Intermediary Immunity under Section 230 of the Communications Decency Act，43 LOYOLA L. REv. 373（2010）. Tim Wu，Network Neutrality，Broadband Discrimination，2 J. Telecomm. & High Tech. L. 141（2003）；Barbara van Schewick，Network Neutrality and Quality of Service：What A Nondiscrimination Rule Should Look Like，67 Stan. L. Rev. 1，17（2015）.

经营者因间接责任风险而丧失发展动力，势必不利于网络平台发展，最终损害的是互联网发展和网络用户利益，当然也包括知识产权人的利益，因为他们通过网络实现自己权利价值的期望会落空。但是，随着网络平台的进一步演化，特别是巨型电商平台的出现，网络平台经营者实际地位不能简单地被掩盖。网络平台间接侵权责任的语境需要调整，网络平台发展到以大数据和算法等新信息技术作为基础架构的阶段之后，其所开展服务的模式已经远远超出了既有的模式，实际基于特殊组织结构或商业模式的发展，已然演化为“大数据守门人”或“算法守门人”。在这种巨大变化下，如果再简单用“中介服务”“技术中立”加以对待，对于平台用户和权利人来说都是十分不公平的，应使平台经营者从承担中介中立责任走向承担与其实际地位相应的责任，特别是通过强化和扩展平台经营者对用户侵权承担间接责任，迫使其在经营中积极采取必要治理措施，减少或避免因平台发展给权利人带来的不合理风险。[①] 因此，在新的平台地位和责任的新思潮影响下，网络平台对用户知识产权侵权的间接责任制度逐渐确立和发展起来，并出现了加速转化的发展趋势。

---

① 参见魏露露：《网络平台责任的理论与实践——兼议与我国电子商务平台责任制度的对接》，载《北京航空航天大学学报（人文社科版）》2019 年第 6 期。

第二节 2

电商平台经营者间接侵权责任确立与扩展

一、电商平台与知识产权间接侵权责任实践的同质性

美国电商平台知识产权间接侵权责任的确立和实践，具有示范性和引领性。主要原因在于美国网络平台经济具有发展领先性，从而为间接侵权责任在这些领域转化示范实践提供了条件。美国网络平台经济的领先发展动力，当然来自美国法对科技创新和转化应用的格外重视，网络平台经济发展的前提是网络信息科技的开发和推广。美国重视技术创新和应用，也体现为其格外重视知识产权保护和侵权追责，体现为不仅其《宪法》第1条第8款清楚地宣示了关于著作权保护、专利保护的要求，而且在发展中选择了由汉密尔顿提出的依靠工业生产来推动经济发展的道路。① 其知识产权实践呈现

① 《美国宪法》第1条第8款中规定："议会有权……保障著作家和发明家对各自著作和发明在限定期限内的专有权利，以促进科学和工艺的进步……" 格林斯潘对此评价说，因此美国使那些在欧洲完全不可能享有知识产权的人第一次享受到了对知识产权的保护，并且美国宪法规定美国的专利注册费仅相当于英国的5%。参见［美］艾伦·格林斯潘、阿德里安·伍尔德里奇：《繁荣与衰退：一部美国经济发展史》，中信出版社2019年版，引言第IX、X页。

出一个逐渐发力的过程，在第二次世界大战之后率先跃升到向知识经济转型的阶段。知识产权由此全面兴起并成为经济主导力量，而美国是这股浪潮的领军人。①20世纪的最后25年，美国又率先迎来彻底颠覆旧工业时代的信息技术革命，特别是自进入20世纪90年代以来，网络信息技术及其应用不断升级，网络经济因此迅速崛起。在这一波新的潮流中美国都是一马当先，引领前沿。②

美国是法律实用主义的国家，其司法实践具有较强的现实回应能力，从而有利于为促进网络经济和保障知识产权做出及时反应和创制发展。首先是20世纪50年代开始，迅速对知识经济转型进行必要立法，或者通过司法将相关普通法制度进行合理转化或者创制。知识经济兴起，意味着专利产品的大规模生产、销售或服务，版权复制品的大规模制作、销售或传播，商标的驰名化和大范围应用等，这些也意味着可能使得第三人（用户）因受到利益刺激而产生对真正权利人的侵权。在这种情况下，基于促进知识经济发展和保护知识产权的需要，立法和司法实践应做出必要调整。其次是20世纪90年代之后，美国又对网络经济转型进行必要立法，或者通过司法将此前相关规则加以合理转化或创制。

但是不难发现，知识产权间接侵权责任和网络平台间接侵权责

---

① 参见［美］艾伦·格林斯潘、阿德里安·伍尔德里奇:《繁荣与衰退：一部美国经济发展史》，束宇译，中信出版社2019年版，第262~264页。

② 参见［美］艾伦·格林斯潘、阿德里安·伍尔德里奇:《繁荣与衰退：一部美国经济发展史》，束宇译，中信出版社2019年版，第324~325页。格林斯潘认为，美国这一时期做了三件事情使得自己扮演信息技术革命的领导角色，一是创造不同方面，二是将它们以创造性的共生方式结合在一起，将它们产生的新的理念商业化。

任的确立或转化存在悖论，这是因为那些表面看来可能是间接侵权责任主体的技术媒介市场的经营者、网络平台经营者，实际上也是重要的技术创新主体或应用转化主体。对此，相关立法和司法意识到，对这些主体不能像普通侵权法领域那样简单地引入间接侵权责任，而是涉及更加复杂和微妙的技术创新和转化应用的整体平衡问题。在这个意义上，技术媒介市场经营者等特殊主体的知识产权间接侵权责任转化和网络平台间接侵权责任转化出现了一种非常微妙的同质现象。美国立法和司法实践形成的许多有关知识产权间接侵权责任的制度和实践规则，对于后来网络平台知识产权间接侵权责任制度和实践往往具有直接适用的价值，因此经常被纳入网络平台知识产权间接侵权责任制度的一部分。不过，两者之间仍然存在重要的区别，网络平台作为当下科技的新领域，不仅在产业化初期存在特殊扶持的必要，而且随着后来的发展也逐渐显示出技术和功能上的独特性，从而产生自身的特殊规范需要，具有特殊规范需求。

二、知识产权间接侵权责任转化确立的立法与实践：价值平衡及其应用

（一）知识产权间接侵权责任转化对于技术中立和科技创新的价值平衡

随着知识产权保护实践的开展，美国很快就开始考虑如何将从普通法发展出来的间接侵权责任规则转化应用于知识产权间接侵权责任实践。但其结果，并不是简单的具体转化。美国普通法上的替

代侵权责任早在19世纪晚期就开始向知识产权保护领域转化，到20世纪50年代之后随着知识经济的兴起出现加速趋势。美国知识产权侵权与普通法侵权的司法实践，从法律渊源的角度来说，虽存在重要的区别，但也存在密切的联系。区别在于，美国知识产权法特别是版权法，[①]多在联邦层面出台了专门的制定法，所以制定法也成为重要的法律渊源；而普通法侵权法领域则属于各州司法事项范畴，主要是以历史上累计的判例法为法律渊源。联系在于，美国知识产权侵权司法属于广义侵权司法的一部分，普通法侵权规则在适用相关知识产权制定法时也发生作用，或被直接援引，或面向知识产权专门化领域发生具体转化；同时，联邦最高法院在适用知识产权制定法时还可以形成判例法，特别是在制定法出现并不明确的地方或需要具体化的地方。

美国普通法间接侵权责任在向知识产权领域转化时遇到了与后来网络平台领域转化时相似的两个特殊问题，那就是如何维护技术中立及如何平衡科技创新关系。近代以来，人们出自对科学及其自由研究的尊重，以及对科技之于社会经济具有绝对积极意义的崇信，一方面确立科技中立，赋予科技事务和活动中立性，秉持原则并因此也免受追责，另一方面为科技创新始终保持通道、提供便利和保护。知识产权法从建立开始，虽然从鼓励创造的必要角度要求确立

① 美国在1776年独立之后，开始靠各州法律保护版权，联邦1790年颁布了第一部《版权法》，基本内容均出自英国的《安娜法令》，仅仅对书籍、地图、插图等书面作品给予版权保护，后来才延及戏剧表演、音乐、照片及其他艺术品。美国现行版权法是1976年颁布的（成为《美国法典》第17篇），1998年就版权期间延长做了一些修改（Sonny Bono Copyright Term Extension Act）。此后，制定更具体化的1998年《千禧年数字版权法》、2005年《家庭娱乐和版权法》。

和保障知识产权，但保留了为促进社会进步必要的巨大合理使用空间，同时也被认为在其目的中包含了维护技术中立和科技创新的价值要求。可见，知识产权的内容和保护，从来就没有像物权、人格权那样强势，而是需要做出多种克制，包括必须兼顾技术中立和科技创新的价值。换言之，知识产权产品的生产者或销售者，作为一种技术活动主体（网络技术服务提供者），对于第三人（网络用户）利用该产品进行的侵权，是否应当承担间接侵权责任，还应当同时兼顾平衡维护技术中立和科技创新的更高利益。由此出发，普通法的各种间接侵权责任类型在转化到知识产权领域时都面临与技术中立、科技创新的多重平衡需求。

（二）知识产权间接侵权责任转化及其形成的重要规则

1. 帮助侵权责任的积极转化及其重要规则

美国知识产权间接侵权的司法实践，首先体现了对帮助侵权责任的积极转化，即在知识产权领域不仅全面转化了帮助侵权，同时基于与相关价值平衡的需要，重点确立了尊重“技术中立”等特殊原则或规则。

其一是在专利法。美国专利法传统在19世纪末和20世纪初就确立了著名的“主要商业条款原则”（staple article of commerce doctrine）。按照该原则，一件专利设备的分销本身不会因为它适合于其他用途就构成专利侵权，除非经销商本身就有将该物品用于侵犯他人专利的意图。判例形成了以下见解，即“一个人制造和销售只适用于专利设备的物品，将被推定其目的在于追求自己行为的自然后果；他将被假定打算在专利设备中使用它们”[①]。20 世纪 50 年代知识经济兴起之后，这一原则即被纳入专利法律规定并在新的判例中得到巩固。[②]

其二是在版权法。20 世纪初期开始，美国通过一系列判例做了积累，形成以下规则：当一件物品除了侵权之外“别无他用”时，构成帮助侵权；[③] 未经许可利用之下缺乏合法的公共利益，并且如此假定或指责具有侵权意图也没有不公正之处，构成帮助侵权；[④] 销售具有实质性合法和非法用途的物品的模棱两可的行为时，应将责任限制在比仅仅知晓某些产品将被滥用更严重的错误情形。[⑤]20 世纪 50 年代之后，新的版权判例加速了帮助侵权的转化。例如，1966 年的 Screen Gems 案中，纽约南区法院将明知而身体力行地参与侵权，认定为版权帮助侵权。[⑥]1976 年美国鉴于新的形势要求，重新出台新的

---

① See New York Scaffolding Co. v. Whitney，224 F. 452，459（C.A.8 1915）；see also James Heekin Co. v. Baker，138 F. 63，66（C.A.8 1905）；Canda v. Michigan Malleable Iron Co.，124 F. 486，489（C.A.6 1903）；Thomson–Houston Electric Co. v. Ohio Brass Co.，80 F. 712，720–721（C.A.6 1897）；Red Jacket Mfg. Co. v. Davis，82 F. 432，439（C.A.7 1897）；Holly v. Vergennes Machine Co.，4 F. 74，82（C.C.D.Vt.1880）；Renwick v. Pond，20 F.Cas. 536，541（No. 11，702）（C.C.S.D.N.Y.1872）.

② 35 U.S.C. § 271（c）；See also Aro Mfg. Co. v. Convertible Top Replacement Co.，377 U.S. 476，485-486，84 S.Ct. 1526，12 L.Ed.2d 457（1964）.

③ See Canda v. Michigan Malleable Iron Co.，124 F. 486，489（C.A.6 1903）.

④ See Henry v. A.B. Dick Co.，224 U.S. 1，48，32 S.Ct. 364，56 L.Ed. 645（1912），overruled on other grounds；Motion Picture Patents Co. v. Universal Film Mfg. Co.，243 U.S. 502，37 S.Ct. 416，61 L.Ed. 871（1917）.

⑤ See Henry v. A.B. Dick Co.，224 U.S.48（1912），32 S.Ct. 364。注意，后来的 Dawson Chemical Co. v. Rohm & Haas Co.，448 U.S. 176，221，100 S.Ct. 2601，65 L.Ed.2d 696（1980），该案件也采纳了这一观点。

⑥ See Screen Gems-Columbia Music，Inc. v. Mark-FiRecords，Inc.，256 F.Supp.399（S.D. N.Y.1966）。在该案中，版权人起诉一家广告商、一家广告公司和一家包装公司构成帮助侵权，理由是它们在明知第三人公司出版一批盗版唱片的情况下，分别为其提供了广告制作、广告播出和唱片包装服务。

《版权法》，即现行版权法。联邦最高法院1984年审理了著名的索尼案，最终认定索尼公司不成立帮助侵权，本案成为在版权领域认定是否构成帮助侵权责任的一个经典判例，[①] 该案明确提出版权领域适用帮助侵权，应当尊重“技术中立原则”这一创制，被誉为给当时刚刚兴起的创新和蓬勃发展的商业留下了喘息的空间。[②] 本案指出，尽管美国当时的版权法并没有明确规定帮助侵权责任，但这种责任产生于普通法原则，在法律中实际确立起来。本案也明确帮助侵权在版权法领域可以具有两种类型：个人行为构成侵权的一部分或者促进了侵权，以及分发了提供侵权手段的机器或产品。[③] 但是，该案又提出，出于保护技术创新的立场，应当引入“技术中立原则”，认为只要行为人所制造、销售的产品能够被广泛用于合法的、不受争议的用途，即“实质性非侵权用途”，原则上便不能只是因为某一产品或技术可能成为他人进行侵权的工具，就要求其提供者为他人直接

---

① See Sony Corp. v. Universal City Studios，464 U.S. 417（1984），104S. Ct. 774；原告是版权者，被告是当时新颖的商业产品即录像机的分销商。原告主张被告的分销帮助了侵权，应当对录像机所有者录制受版权保护的节目时发生的侵权行为承担间接侵权责任。因为其提供了用于侵权的手段，且有理由知道侵权行为会发生。证据表明，被告分销的录像机的主要用途是“时移”，或者录制一个节目以便以后在更方便的时间观看。

② See Sony Corp. v. Universal City Studios，464 U.S.，at 442，104 S.Ct. 774；Dawson Chemical Co. v. Rohm & Haas Co.，448 U.S. 176，221，100 S.Ct. 2601，65 L.Ed.2d 696（1980）；Henry v. A.B. Dick Co.，supra，at 48，32 S.Ct. 364.

③ See Sony Corp. v. Universal City Studios，464 U.S. 417，434，486（1984），104S. Ct. 774；Kalem Co. v. Harper Brothers，222 U.S. 55，62–63，32 S.Ct. 20，56 L.Ed. 92（1911）；Gershwin Pub. Corp. v. Columbia Artists Management，443 F.2d 1159，1162（2d Cir. 1971）；3 M. Nimmer & D. Nimmer，Copyright § 12.04[A]（2005）.

的侵权行为担责。[①] 法院认为，本案没有证据表明索尼表达了违反版权法进行录音的目的，或者采取了积极措施来增加非法录音的利润，可见索尼公司提供产品本身是一种公平的使用，而不是侵权的使用，尽管索尼公司的广告敦促消费者购买录像机来“录制喜爱的节目”或“建立一个记录节目的图书馆”，但这些使用都不是帮助侵权。[②]

其三是在商标法。美国司法实践对商标在商业中的价值一直以来都非常重视，而且逐渐向兼顾保护消费者不误认商品的利益发展，对相关主体施加帮助侵权责任。1982 年，美国联邦最高法院在 Inwood Labs.，Inc. v. Ives Labs.，Inc. 案中，进行了商标保护领域的知识产权帮助侵权责任转化实践。[③] 本案涉及仿制药生产商是否应对药房以侵权包装标签包装和销售药品的行为承担责任的问题。本案就商标保护领域帮助侵权的认定形成了一条测试规则，即被告是否存在“故意诱使他人侵犯商标权，或者被告是否继续向其知道或有

---

① 它为创新和蓬勃发展的商业留下了较大空间，即技术服务提供者提供的产品或服务“具有商业上重要的非侵权用途”，便不成立帮助侵权。当一件物品“除了侵权之外别无他用”时，其未许可提供就没有合法的公共利益，假定或指责侵权的意图也没有不公正之处；相反，在销售物品兼具实质性合法和非法用途时，则应当将责任限制在某些产品被更严重滥用的过错情形。这一创制也被认为借鉴了专利法中的相关原则，即认可了“技术公司无法控制用户行为”的立场，是考虑到某项产品抑或技术是被他人用于合法的用途还是非法的用途，这并不是产品或技术的提供者在一开始所能合理预料和控制的。See Sony Corp. v. Universal City Studios，464 U.S. 417，434–435，104 S.Ct. 774（confining Sony to contributory infringement analysis：“Contributory infringement itself is of two types—personal conduct that forms part of or furthers the infringement and contribution of machinery or goods that provide the means to infringe”）; see generally 3 Melville B. Nimmer & David Nimmer，Nimmer On Copyright §§ 12.04 [A] [2] & [A] [2] [b]（2000）; andalso See A&M Records v. Napster，239 F. 3d 1004，1023（9th Cir. 2001）.

② See Sony Corp. v. Universal City Studios，464 U.S. 417，424，454–455，104 S.Ct. 774.

③ See Inwood Labs.，Inc. v. Ives Labs.，Inc.，456 U.S. 844，854，102 S. Ct. 2182，72 L. Ed. 2d 606（1982）.

理由知道从事商标侵权的人提供其产品或服务”，以及“使用该商标是否可能导致消费者对商品来源或赞助的混淆”。[①] 联邦最高法院认为，原告未能向法院举证，Inwood 实验室存在故意诱使（intentionally inducing）药剂师对仿制药进行错误标记，或者如果它在知道药剂师对仿制药进行错误标记后继续向药剂师提供（continuing to supply）仿制药的事实存在，所以否定了构成帮助侵权。[②]2013 年，德州北区法院在 Coach v. Int’l Bazaar 案件中，认为有权利和能力驱逐侵权商贩的市场运营者，才能构成商标帮助侵权中的“控制与监督”要件，但本案却不能够认定经营大型室内商场的被告知道特定的侵权行为，因为被告提供的所谓整体性通知，并没有具体说明哪一个商贩贩卖了何种侵权物品。所以，被告必须对特定侵权行为符合具体的且特定的知悉，才能满足 Inwood 测试规则中明确的知道要件。[③]

2. 替代侵权责任的积极转化及其重要规则

美国知识产权间接侵权司法实践，也体现为对替代侵权责任的积

---

① See Inwood Labs., Inc. v. Ives Labs., Inc., 456 U.S. 844, 854, 102 S. Ct. 2182, 72 L. Ed. 2d 606（1982）; 以 及 Justin N. Redman, Post Tiffany（NJ）Inc. v. EBay, Inc.: Establishing A Clear, Legal Standard For Online Auctions, 49 JURIMETRICS J. 467, 484（2009）. 不妨对比一下直接商标侵权，后者一般同时进行以下两项测试，首先询问原告的商标是否有效并有权获得保护，其次是被告使用该商标是否可能导致消费者对被告商品来源或赞助的混淆。See Savin Corp. v. Savin Group, 391 F.3d 439, 449（2d Cir. 2004）（.3d at 456 describing a two-prong test for trademark infringement）.

② Inwood 测试所确立的规则，至今已有三十几年，近年来因其在现代电子商务环境中的应用不足而受到批评。特别是该案将“知道”的标准界定为“故意诱使”或“知道后继续提供服务”，如果适用于电子商务平台的话，由于互联网的特质，权利人将很难举证证明。See Justin N. Redman, Post Tiffany（NJ）Inc. v. EBay, Inc.: Establishing A Clear, Legal Standard For Online Auctions, 49 JURIMETRICS J. 467, 484（2009）.

③ See Coach, Inc. v. Int’l Bazaar, No. 3: 11-CV-1733-N（N. D. Tex. June 7, 2013）. 相关评论，亦可参见徐实：《美国网络平台知识产权间接侵权责任的经验及其启示》，载《北方法学》2018 年第 5 期。

极转化。相对帮助侵权而言，主要是在版权保护领域重点转化了替代侵权，在许多不同类型案件中承认替代侵权的可适用性。当然，除了在版权领域，替代侵权责任在商标权领域偶尔也有转化实践，但在专利权领域则难以见到，特别是对技术市场转化中介者鲜有适用，应该是体现了在这些领域对于技术创新的容让。同时基于与相关价值平衡的需要，确立了著名的“控制权利和能力 + 直接经济利益”要件测试标准等规则。此外，美国法院对知识产权替代侵权责任转化所做的重要发展，包括在版权领域改造了普通法当中间接侵权责任的承担规则，实际使原先只是对雇员才承担“替代责任”的雇主扩展到也能对“独立缔约方”（independent contractor）承担这一责任。[①] 根据其实践立场，版权法中的“间接责任”被界定为未直接侵犯版权专有权利者基于某种特定行为，或与直接侵权者之间的特定关系而承担的责任。[②]

1963年，美国第二巡回上诉法院裁判的Shapiro，Bernstein & Co. v. H. L. Green Co. 案，是在版权领域进行转化和适用以及确立替代责任类型的重要案例。[③] 该案针对是否承担替代侵权责任的问题，开创性地提出了著名的“控制权利和能力 + 直接经济利益”的包含了两个

① 参见王迁:《论版权法中的间接责任》，载《科技与法律》2005 年第 2 期。

② 参见王迁:《论版权法中的间接责任》，载《科技与法律》2005 年第 2 期。

③ See Shapiro，Bernstein & Co. v. H. L. Green Co.，316 F.2d 304（2d Cir. 1963）. 原告是音乐作品版权人，起诉第一被告生产销售唱片的 Jalen 娱乐公司直接侵权，起诉第二被告连锁店 Green 公司间接侵权。纽约南区法院做了初审，认为原告起诉第一被告未经许可复制和销售构成直接侵权，得到判决支持，但驳回对 Green 公司的间接侵权之诉。于是，原告向第二巡回上诉法院提起上诉。See Shapiro，Bernstein & Co. v. H.L. Green Co.，316 F.2d 304，308（2d Cir.1963）. 该案也同时审理了帮助侵权，认为从直接侵权中获利同时却拒绝行使阻止或限制它的权利，构成替代侵权，See Shapiro，Bernstein & Co. v. H.L. Green Co.，316 F.2d 304，307（C.A.2 1963）.

要件的测试标准。上诉法院推翻了初审的部分裁决，认为 Green 连锁店公司应对租客 Jalen 娱乐公司的侵权行为承担替代责任。① 该案援引普通法上的雇主或委托人替代侵权责任规则，在版权领域转化形成以下具体规则：根据版权法的目的，可以对进行特定开发的受益人施加替代侵权责任，即在公司“能够监管主要侵权人的行为”的情况下，通常强加给出版商和印刷商以及受版权保护材料的供应商这种替代责任应是适当的。对于本案，法院发现，首先，被告 Green 公司有权利和能力对租客行为进行监督。Green 公司虽然将部分的业务授权给 Jalen 娱乐公司进行经营，但双方在协议中有约定 Jalen 及其雇员要遵守 Green 公司所有的规章制度，Green 保留最终的决定权，基于此，Green 公司有权监管 Jalen 公司的行为。② 其次，被告 Green 公司的控制与利用受版权保护的材料存在明显和直接的经济利益关系，因为被告作为按租客销售额一定的百分率收取租金的业主，从直接侵权人销售侵权物品中获得了 10%~12% 的收益。③ 所以，法院认为，即使认为 Green 对在商店内经营的唱片特许

① 该案也同时审理了帮助侵权，认为从直接侵权中获利同时却拒绝行使阻止或限制它的权利，构成替代侵权，See Shapiro，Bernstein & Co. v. H.L. Green Co.，316 F.2d 304，307（C.A.2 1963）.

② See Shapiro，Bernstein & Co. v. H.L. Green Co.，316 F.2d 304，308（2d Cir.1963）.

③ 参见徐飞：《美国版权侵权替代责任的认定》，载《中国版权》2011 年第 5 期。See Gershwin Pub. Corp. v. Columbia Artists Mgmt.，Inc.，443 F.2d 1159，1162（2d Cir. 1971）. 此后很多案件都引用了这一认定逻辑。See Charles S. Wright，Actual Versus Legal Control：Reading Vicarious Liability for Copyright Infringement into the Digital Millennium Copyright Act of 1998，1017；Julie E. Cohen，Lydia Pallas Loren，Ruth L. Okediji，Maureen A. O'Rourke，Copyright in A Global Information Economy，Wolters Kluwer Law and Business；4 edition（April 13，2015），p.580. 该案还同时审理了帮助侵权，认为故意引诱或鼓励他人直接侵权，构成帮助侵权，See Gershwin Pub. Corp. v. Columbia Artists Management，Inc.，443 F.2d 1159，1162（C.A.2 1971）.

经营商的侵权行为并不知情，但由于其控制权利和能力与利用受版权保护的材料存在明显和直接的经济利益结合关系，并且同时实际对受保护的版权利益造成损害，对其可以要求承担替代侵权责任。

1971 年，第二巡回法院在 Gershwin Pub. Corp. v. Columbia Artists Mgmt.，Inc. 案中，继续对被告作为侵权场所所有者通过类比雇主对雇员的替代责任而适用了替代侵权责任。在该案中，在被告举办的音乐会上，表演者未经过授权上演受版权保护的音乐。法院认为，被告有权监督侵权活动且在该活动中具有直接经济利益，因此应就表演者侵犯版权的活动而承担替代侵权责任。判决认为，尽管被告公司与直接侵权者的关系不同于雇主与雇员的关系模式，对于版权垄断被削弱并没有切实的认知，但是它的确是促进及诱导了表演者来从事侵权行为的人，故应承担替代侵权的连带责任。①

1994 年，在 Artists Music，Inc. v. Reed Publishing，Inc. 案中，纽约南区法院认为出租贸易展位的被告无须承担替代侵权责任。案件中，在展会进行期间，有一些参展商播放的音乐未获得版权人许可。本案被告里德公司将贸易展位出租给 134 个各类参展商，收取固定的费用，同时收取了参观展览的入场费。法院经审理认为，如果让被告

① See Gershwin Pub. Corp. v. Columbia Artists Mgmt.，Inc.，443 F.2d 1159，1162（2d Cir. 1971）. 此后很多案件都引用了这一认定逻辑。See Charles S. Wright，Actual Versus Legal Control：Reading Vicarious Liability for Copyright Infringement into the Digital Millennium Copyright Act of 1998，1017；Julie E. Cohen，Lydia Pallas Loren，Ruth L. Okediji，Maureen A. O'Rourke，Copyright in A Global Information Economy，Wolters Kluwer Law and Business；4 edition（April 13，2015），p.580. 该案还同时审理了帮助侵权，认为故意引诱或鼓励他人直接侵权，构成帮助侵权，See Gershwin Pub. Corp. v. Columbia Artists Management，Inc.，443 F.2d 1159，1162（C.A.2 1971）.

里德公司来承担替代侵权责任，势必将使其不得不高价雇用专门的调查人员来判定音乐是否受版权保护，以及使用行为是否获得了批准，才能确定参展商是否合理使用。该案还认为，就是否获得了直接经济利益问题，本案不能简单地以音乐增强展览效果来加以认定。①

同年，马萨诸塞州地区法院在 Polygram v. Nevada/TIG 一案中，基于契约前提来认定具有控制的权利和能力。在该案中，Interface 给 2000 多名参展商出租展位并收取租金费用；其提供电脑业者博览会（COMDEX）规则和条例规定，为播放的音乐获得版权许可是参展商的责任。法院认为，这些规则与条例在法律上具有契约意义上控制侵权行为的权利，并且为确保遵守通过安排雇员的方式来对贸易参展商施行实际控制，使其处于制止未授权音乐的使用的有利位置。同时，对于是否具有直接经济利益的问题，法院的观点与 Artists Music 案相反，认为本案中音乐被用来促进展览参与者之间的交流，在展览交流中起到了辅助的作用，可认定为给展览带来了经济利益，所以满足了替代责任的直接获取经济利益的要件。②

1996 年，在 Fonovisa，Inc.v. Cherry Auction，Inc. 案中，第九巡回上诉法院判决，被告作为跳蚤市场的管理者，对市场内摊贩销售侵犯版权的录音制品的侵权行为，应承担替代侵权责任。③ 理由是：首先，被告有权利和能力监管直接侵权者的活动。因为，被告对市

---

① See Artists Music，Inc.v. Reed Publishing，Inc.，31U.S.P.Q.2d 1623，1626（S.D.N.Y.1994）.

② See Polygram Intl Publg，Inc. v. Nevada/TIG，Inc.，855 F. Supp. 1314，1329（D. Mass. 1994）. 有观点认为，该案法院实际将替代责任描述为风险分配的一种形式（describing vicarious liability as a form of risk allocation）。See A&M Records v. Napster，239 F. 3d 1004，1022（9th Cir. 2001）.

③ See Fonovisa，Inc. v. Cherry Auction，Inc.，76 F. 3d 259（9th Cir. 1996）.

场内承租摊位的商贩，实际行使着巡视与监控的职责，其有权利终止商贩的经营活动，同时，被告也控制着顾客们的入场，并积极为跳蚤市场做广告。此外，摊贩在跳蚤市场中销售了巨量（三万八千份）的盗版录音制品，被告要发现也是很容易的。[①] 其次，被告获得直接经济利益。本案被告认为，根据 Shapiro 案的先例，“直接获得了经济利益”应该以存在特定的来自侵权物品的佣金为限；但上诉法院认为，直接经济利益不应局限为 Shapiro 案的佣金，在侵权活动中，被告是否获得了直接经济利益，应根据案件事实进行考量，特别是，侵权内容能否成为被告增加其收入的“吸引力”。[②] 换言之，本案的特征在于被告直接经济利益来自侵权产品的吸引力。被告虽然只向商贩收取了很少数额的摊位费，但是，通过收取进场费及停车费等，实际上从想要用低价来购买盗版的录音制品的那些顾客那里，获得了巨大的直接经济收益。[③]

3. 引诱侵权责任转化的情况

美国普通法上显示出很早就确立了引诱侵权责任，一系列判例认为，通过广告诱使另一个人实施侵权，或诱使或说服其他人侵权

---

① See Fonovisa，Inc. v. Cherry Auction，Inc.，76 F. 3d 259（9th Cir. 1996）.

② 此前，1995 年，在 Religious Technology v. Netcom 案中，对于 Netcom 公司作为网络接入服务提供者，是否需要对用户在其 BBS 上上传侵权作品的行为，承担相应替代侵权责任的问题，加州北区法院认为，对侵权用户具有吸引力本身并不足以成立直接经济利益要件。See Religious Technology Ctr. v. Netcom On-Line Comm. Servs.，Inc.，907 F. Supp. 1361，1367（N.D. Cal. 1995）. 亦可参见徐飞：《美国版权侵权替代责任的认定》，载《环球瞭望》2011 年第 5 期。

③ 此外，上诉法院还认为直接侵权人在跳蚤市场上销售盗版录音制品，本身就是对一些顾客的吸引，就像在舞厅演奏侵权音乐而吸引观众一样，既然舞厅的主人应当为乐队的侵权演奏承担替代责任，那么本案中的跳蚤市场的主人也应当为其摊位的销售盗版的行为承担替代责任。参见徐飞：《美国版权侵权替代责任的认定》，载《环球瞭望》2011 年第 5 期。

等，应当“根据法律各部分认可的原则”对侵权行为负有责任。① 苏特大法官认为，这种实践一直持续到今天，并且形成了一种明确的趋势：如果被告的行为旨在造成伤害，或者在道德上是错误的，那么他就要承担更大的责任。② 但是在美国知识产权间接侵权责任转化实践中，引诱侵权责任转化的案例较为罕见。究其原因，大概是在网络发展初期人们容易认为引诱侵权较为主观，标准也较低，引入可能不太符合维护技术中立和技术创新原则。帮助侵权责任则不同，更加客观，构成帮助行为的标准也较高。此外，替代侵权责任在很大程度上与引诱侵权责任具有一定交错性，虽然责任基础和构成更加客观和清晰，或多或少发挥了扩用吸收功能。后来直到 Grokster 案，联邦最高法院才确立了引诱侵权责任（inducement liability）转化的新类型。③

---

① See Metro-Goldwyn-Mayer Studios Inc. v. Grokster，Ltd.，545 U.S. 913，125 S. Ct. 2764，162 L. Ed. 2d 781，935（2005）. 较早建立引诱侵权责任的先例，有 Kalem Co. v. Harper Brothers，222 U.S.，at 62–63，32 S.Ct. 20（1911）；Henry v. A.B. Dick Co.，224 U.S.，at 48– 49，32 S.Ct. 3649（1912）；Thomson– Houston Electric Co. v. Kelsey Electric R. Specialty Co.，75 F. 1005，1007–1008（C.A.2 1896）等。

② See Metro-Goldwyn-Mayer Studios Inc. v. Grokster，Ltd.，545 U.S. 913，125 S. Ct. 2764，162 L. Ed. 2d 781，935（2005）. 今天关于引诱侵权责任的典型案例，有 Oak Industries，Inc. v. Zenith Electronics Corp.，697 F.Supp. 988，992（N.D.Ill.1988）；Water Technologies Corp. v. Calco，Ltd.，850 F.2d 660，668（C.A.Fed.1988）；Fromberg，Inc. v. Thornhill，315 F.2d 407，412–413（C.A.5 1963）；Haworth Inc. v. Herman Miller Inc.，37 U.S.P.Q.2d 1080，1090，1994 WL 875931（W.D.Mich.1994）；Sims v. Mack Trucks，Inc.，459 F.Supp. 1198，1215（E.D.Pa.1978）。

③ See Metro-Goldwyn-Mayer Studios Inc. v. Grokster，Ltd.，545 U.S. 913，125 S. Ct. 2764，162 L. Ed. 2d 781（2005）. 法院认为，著作权侵权中的引诱，其中“有目的、有侵权意图的表达和行为”，也可能达到 512（C）（1）（B）的控制水平。

三、电商平台知识产权间接侵权责任转化适用的总体情势

美国司法实践和立法在电商平台等网络平台发展过程中，同样展现了将普通法上的间接侵权责任机制逐渐转化适用，构建起网络平台这类特殊主体的知识产权的间接侵权责任制度的过程。这一制度首先与如前所述的知识产权间接侵权责任机制本身具有同质性，因此在很多方面可以直接与知识产权的间接侵权责任相关实践直接衔接。但是与此同时，也因为网络平台自身的特点不断形成更加细化或者特殊的规则。到后来，则因为网络平台自身结构巨变，导致对于平台控制地位和不当利用的规制的重要性逐渐压倒技术中立、科技创新的既有价值设定模式，因此出现了对于间接侵权责任的强化趋势。

可以说，不同阶段的转化截然不同，大体可以区分为三个阶段：第一个阶段，为网络平台知识产权间接侵权责任转化初期，这一阶段自互联网发展开始直至美国1998年《千禧年数字版权法》出台。这一时期呈现网络平台知识产权间接侵权责任与一般知识产权间接侵权责任规则相互融合的特点，互相借鉴、互相吸收。[①] 第二个阶段，

① 本书从广义上使用侵权和侵权责任概念，因为“liability”既可以翻译为责任，也可以翻译为侵权责任。但我国知识产权界对这些相关用语的翻译和使用并不一致。例如，王迁教授认为，“间接侵权”与“间接责任”并不是同义语，“间接侵权”实际上只是“间接责任”产生的一种原因，认为我国有些学者引述时将美国版权判例当中的“替代责任”翻译为“替代侵权”，并且将之作为“间接侵权”下的一种类型，并不合适。参见王迁：《论版权“间接侵权”及其规则的法定化》，载《法学》2005年第12期。此外，对于替代侵权（vicarious liability），国内学者也存在不同的译法，例如刘家瑞教授称“转承责任”，而王迁教授在其论文中有时称“代位责任”。参见刘家瑞：《版权法上的转承责任研究》，载《知识产权》2011年第3期；王迁：《论版权“间接侵权”及其规则的法定化》，载《法学》2005年第12期。

从美国1998年《千禧年数字版权法》出台并实施开始直至主导型平台崛起。本身并无十分清晰的时间界限，大约有十余年。这一时期美国主要基于相关法律明确确立对于平台中介中立和避风港保护，呈现了如何解释相关法律和如何适应现实发展之间的复杂互动关系。越到后来，这种张力和矛盾就越发明显。2005年的Grokster案，还产生了对引诱侵权责任的转化确立。第三个阶段为主导型平台崛起之后，迫于应对和合理规制主导型平台对平台生态关系的威胁、破坏或者不当利用，出现了一种平台经营者积极强化适用间接侵权责任的趋势。

四、电商平台知识产权间接侵权责任转化适用初期的谨慎探索

这一阶段主要是指自互联网发展开始到美国1998年《千禧年数字版权法》出台。互联网在20世纪90年代开始应用之际，美国相关司法实践就开启了将间接侵权责任向互联网领域知识产权保护领域转化的探索。随着互联网实践的开展，很快就在知识产权侵权和保护问题上出现了网络服务提供者、用户与知识产权人的复杂关系。现实中，用户在接受网络服务的背景下产生了大量的侵害知识产权事件，知识产权受害人认为网络服务者提供网络服务本身往往难辞其咎，于是提起诉讼。在这一时期，知识产权间接侵权责任领域帮助侵权责任（contributory liability）和替代侵权责任（vicarious liability）相关规则陆续转化到相关所谓网络服务提供者知识产权侵权案件之中，同时出现了使得标准更加具

体化的实践。[①] 但是这一时期的相关适用还处于比较谨慎的状态，比较注意维护网络服务者所具有的中介中立定位和科技创新价值。

首先，是网络服务提供者知识产权帮助侵权类型的转化和发展。这种类型的实践转化覆盖版权、专利权、商标权三个领域。形成了一些新的判例或重要案例。例如，1999 年第九巡回上诉法院的 Lockheed Martin Corp. v. Network Solutions，Inc. 案，属于商标法领域的案件。该案涉及商标帮助侵权的认定，重点为被告是否存在“控制与监督”要件。判决认为，如果网络平台能够对利用其服务侵犯商标权的行为进行直接控制与监督，那么就应该承担帮助侵权责任。但是，本案被告仅仅是被动地提供经常性网站服务，所以不构成对侵权行为的直接控制与监督。[②]

其次，是网络服务提供者知识产权替代侵权责任的转化和发展。在互联网发展初期，知识产权权利人就认为，对网络服务提供者除了帮助侵权责任的适用之外，应该还有替代侵权责任的适用余地。因为，在网络服务提供者与用户的关系中，在某些服务模式下也可能存在特定的控制关系，而且这种情况与此前知识产权产品生产和销售者承担替代侵权责任的情形有极大的相似性，当然也有差异之处。这种主张得到了司法实践的认可。替代侵权责任早期在网络服务提供者知识产权保护领域的转化，主要体现为在版权领域转化，

① 参见徐实：《美国网络平台承担知识产权间接侵权责任的经验与启示》，载《北方法学》2018 年第 5 期。徐实研究发现，在美国司法实践中，帮助侵权责任覆盖三大知识产权领域，但其中引诱侵权责任在 2005 年才由 Groster 判例创制；引诱侵权责任覆盖版权和专利权领域，但专利权领域相比版权领域，引诱侵权早就形成先例；替代侵权责任覆盖于版权和商标权领域。

② See Lockheed Martin Corp. v. Network Solutions，Inc.，194 F. 3d 980（9th Cir. 1999）.

在商标保护领域也有表现，但专利权保护却几乎没有。其理由大概在于，版权侵权最具外观性，容易识别，所以对于网络服务者来说在具有实际控制下施加替代侵权责任没有问题，商标亦然，但是专利侵权却极为复杂和隐蔽，所以不宜引入替代侵权责任，否则势必给网络服务提供者带来过重的审查负担。

1997 年，在 Marobie-FL，Inc. v. National Assoc. of Fire Equipment Distributors（NAFED）案中，伊利诺伊州北区法院以被告不具备直接获取经济利益要件为由，对原告提出的替代责任索赔作出了否定性的简易判决。在这个案件中，对“控制”要件相关证据虽然未展开详细阐述，不过法院判决仍然强调，对于“控制”的认定，应当是指控制违规的网页内容，而不仅仅是控制服务访问。[①]

五、电商平台知识产权间接侵权责任法律解释适用的动态演化

这一阶段是指自 1998 年《千禧年数字版权法》出台到主导型平台崛起。1998 年，美国通过《千禧年数字版权法》，其中在第 512 条确立了体现网络技术中立的避风港规则，同时也明确确立了帮助侵权责任和替代侵权责任，固化了此前的转化实践。这就使得电商平台知识产权间接侵权责任制定法化，由此导致相应的法律解释实践。

① See Marobie-FL，Inc. v. Nat’l Ass’n of Fire Equip. Distributors，983 F. Supp. 1167（N.D. Ill. 1997）

（一）《千禧年数字版权法》对于帮助侵权和替代侵权责任的制定法化

《千禧年数字版权法》第512条的整体框架是确立避风港规则，明确网络服务提供者如果只是提供纯粹技术服务并在履行特定义务的条件下，对于用户侵权可以享有免责优待。这种规定模式显然也引入了治理因素，有利于鼓励网络服务提供者积极实施作为。鉴于网络服务者是否合理提供了技术服务确定起来十分复杂，所以第512条作了非常系统繁复的规定。首先，在区分网络服务商（平台）为接入（transitory digital network communications）、系统缓存（system caching）、信息存储（information residing on systems or networks at direction of users）、信息链接搜索（information location tools）四种服务的基础上针对不同情况提供免责优待。其次，立法认为存在排除情形，在特定条件下可排除避风港适用的条件。为此，规定了网络服务提供者（平台）的帮助侵权责任（contributory liability）和替代侵权责任（vicarious liability）作为排除情形，并正式吸纳以前的判例成果，使之制定法化。特别是将此前转化实践确立的双重条件引入替代侵权责任的规定中。[①] 帮助侵权责任可以从第512条（c）（1）（A）和第512条（d）（1）中推论；[②] 替代侵权责任，则可以从第512条（c）（1）（B）[③] 和第512条（d）（2）[④] 中推

① See Digital Millennium Copyright Act，Pub. L. No. 105–304，112 Stat. 2860（1998）.

② 参见§512（c）（1）（A）规定以及§512（d）（1）规定。

③ See DMCA§512（c）（1）（B）" does not receive a financial benefit directly attributable to the infringing activity，in a case in which the service provider has the right and ability to control such activity；and" .

④ See DMCA§512（d）（2）"does not receive a financial benefit directly attributable to the infringing activity，in a case in which the service provider has the right and ability to control such activity；and" .

论。2005年，美国联邦最高法院通过新判例，正式将普通法的引诱侵权责任（inducement liability）也转化到网络平台知识产权侵权案件中。[①]网络平台至少在版权领域而言，知识产权间接侵权责任的类型与范围，逐步发展为包括帮助侵权责任、引诱侵权责任和替代侵权责任这三种形态。表面上看，《千禧年数字版权法》明文规定的间接侵权责任类型只体现在版权法领域，但美国判例法将相关实践早已推及专利法、商标法领域，而且彼此之间相互交叉、相互启发形成既相互区分又密切关联的整体，所以相关分类和范畴扩及适用于所有的网络平台知识产权间接侵权责任领域。[②]

（二）《千禧年数字版权法》相关规定的复杂性和适用的挑战性

《千禧年数字版权法》关于网络服务者帮助侵权和替代侵权责任的规定，处在避风港规则的复杂体系架构中，加上相关规范表述的抽象，导致理解适用上出现困难。此后，司法需要对“控制”的成文法、普通法和技术定义作出整合解释。[③]但是，从体系架构上来说，这些规定是《千禧年数字版权法》第512条复杂框架下的一部分，存在与该条整体的平衡。1998年美国国会通过《千禧年数字版权法》的时候，互联网发展还在刚刚兴起阶段，立法希冀通过更多的鼓励

① See Metro-Goldwyn-Mayer Studios，Inc.v.Grokster，Ltd.，125 S. Ct. 2764，162 L. Ed. 2d 781（2005）.

② 我国学者徐实梳理了美国网络平台知识产权间接侵权的细分情况，其中版权领域有协助侵权（帮助侵权）、替代侵权、引诱侵权，商标领域有协助侵权、替代侵权，专利领域有协助侵权、引诱侵权。参见徐实：《美国网络平台知识产权间接侵权责任的经验及其启示》，载《北方法学》2018年第5期。

③ See Charles S. Wright，Actual Versus Legal Control：Reading Vicarious Liability for Copyright Infringement into the Digital Millennium Copyright Act of 1998，75 Wash. L. Rev. 1005，1025（2000）.

倾斜，支持互联网事业更好地利用其发展机遇期。[①] 其中一个重点就是接纳互联网技术中立理念，对互联网技术服务者提出恪守技术中立的要求，同时规定避风港规则，在其恪守技术中立的情形下给予相应的责任豁免待遇。[②] 因此从历史解释角度来看，《千禧年数字版权法》第 512 条立法重点在于引入网络中立及避风港规则，而帮助侵权责任和替代侵权责任规则是作为其例外条件处理，采取了隐蔽的规定方式，镶嵌在第 512 条复杂的整体规定之中，需要加以推论。这种规定模式也显示了一种谨慎适用的法意。《千禧年数字版权法》之后的司法实践，对于上述抽象的立法概念和规则展开了丰富的释疑努力，针对不同情形不断发现问题或疑问，不断提出具体化规则。不过，第 512 条确立避风港规则的同时，根据已经形成的实践经验，也设定了认为必要的一些例外，其中便包括帮助侵权和替代侵权责任。总体上，可以看出，为适应网络平台基于技术和架构的新发展，相关规范适用解释不断发生变化，从严格限制到逐渐开放，不断突破《千禧年数字版权法》严格架构而合理拓展平台间接侵权责任的趋势，整个过程呈现了动态演化的特点。实践中，还出现了不同类型间接侵权的实践交叉现象，司法实践也试图就不同类型的间接侵权责任做出适用区分，同时也发现了彼此之间的微妙

---

① See H.R. Rep. 105-551, pt. 1, at 11 (1998); S. Rep. 105-190, at 2 (1998).

② See Charles S. Wright, Actual Versus Legal Control: Liability for Copyright Infringement into the Digital Millennium Copyright Act of 1998, 1013-1018 (2000); Tim Wu, Network Neutrality, Broadband Discrimination, 2 J. Telecomm. & High Tech. L. 141 (2003); Barbara van Schewick, Network Neutrality and Quality of Service: What A Nondiscrimination Rule Should Look Like, 67 Stan. L. Rev. 1, 17 (2015).

关联。有的情形同时认定帮助侵权和替代侵权责任，有的不认定帮助侵权但认定为替代侵权责任。这里面既存在技术层面的区分，也存在功能层面的区分。

以替代侵权责任规定为例。第 512 条规定的复杂性导致替代侵权责任规定在理解适用上极为“烧脑”，加之第 512 条（c）（1）（B）、（d）（2）相关表述本身实际并不确定，适用起来更不容易。《千禧年数字版权法》通过第 512 条（c）（1）（B）、第 512 条（d）（2）的规定，对网络服务提供者确立知识产权替代侵权责任，固化规定了“有权利和能力控制此类侵权活动”及“获得直接归因于侵权活动的经济利益”双重条件。《千禧年数字版权法》立法认为，第 512 条（c）项部分涉及信息存储服务，体现了对现实中敏感的信息服务平台的规范要求，经常会涉及用户版权侵权风险如何处理的复杂性，存在引入替代侵权责任的必要。为此，第 512 条（c）（1）（B）规定，“在服务提供商有权利和能力控制此类活动的情况下，没有直接归因于侵权活动的经济利益”，信息存储才可以援用避风港规则。也就是说，在信息存储服务中，对于网络服务经营者而言，即使第 512 条（c）（1）（A）款（没有实际或应当知道，迅速移除）得到满足[①]，违反该条件的网络服务提供者根据（c）（1）（B）款失去保护，转而可能承担替代侵权责任。同时，第 512 条（d）项涉及链接搜索服务，

① See DMCA§512（c）（1）（A）“（i）does not have actual knowledge that the material or an activity using the material on the system or network is infringing；（ii）in the absence of such actual knowledge，is not aware of facts or circumstances from which infringing activity is apparent；or（iii）upon obtaining such knowledge or awareness，acts expeditiously to remove，or disable access to，the material”.

鉴于广义信息服务平台包括链接搜索服务，这一领域也存在激发用户知识产权侵权的风险和引入平台替代侵权责任的必要。所以，第512条（d）（2）规定，“在服务提供商有权利和能力控制侵权活动的情况下，不接受可直接归因于侵权活动的经济利益”，即链接搜索服务提供者在违反该条件的情况下，同样会失去避风港保护并可能承担版权替代侵权责任。这两个具体部分规定组合起来构成了网络服务者（平台）承担替代侵权责任的基本规则，总体上吸收了过去判例法已经形成的双重条件要求，即如果网络服务者具有控制权利能力而且在这种情况下直接获取经济利益，则需要对用户版权侵权行为承担替代责任。

美国国会立法解释中指出，《千禧年数字版权法》实际上是在此通过明确的立法语言把之前判例中所形成的“Shapiro 测试”替代责任规则转化应用于版权侵权，这体现了《千禧年数字版权法》试图在调解技术变革和既定司法原则相互之间的冲突的积极尝试。[①]但是，仍存在网络平台是否具有对侵权活动必要的“控制能力”以及是否直接获取经济利益，如何判断取决于如何理解相关法规中法律术语的含义等问题，遗憾的是，相关立法对这些问题并未能给出详细的定义。有关表述充满弹性，加上替代侵权责任在理论上本来就有不少争议，所以在司法实践中导致大量分歧。实际上，通过研究可以发现，美国司法实践在网络平台替代责任的双重条件框架下，对于相关条件的认定做出了丰富的实践探索，体现了一条结合互联网发

---

① See H.R. Rep. 105-551，pt. 1，at 11（1998）；S. Rep. 105-190，at 2（1998）.

展环境不断调整相关规则或标准以探求合理适用的路径。[①]

（三）《千禧年数字版权法》下电商平台知识产权帮助侵权责任实践及其演化

《千禧年数字版权法》关于帮助侵权责任的规定，导致推动了一种以法律解释为基础的适用实践的开展。第512条（c）（1）（A）规定："如果服务提供商（i）不实际知道该材料或使用该材料的活动在系统或网络上是侵权的；（ii）在没有该等实际知识的情况下，不知道侵权活动明显的事实或情况；或者（iii）在获得此类知识或意识后，迅速采取行动移除或禁止获取材料。"从该条反推论出来的就是帮助侵权，也有翻译为协助侵权的。该法第512条（d）（1）规定："（A）不实际知道该材料或活动是侵权的；（B）在没有这种实际知识的情况下，不知道侵权活动明显的事实或情况；或者（C）在获得此类知识或意识后，迅速采取行动移除或禁止获取材料。"上述规定，一开始被理解为应当作为避风港适用例外而谨慎适用，因此在实践中开始时导致了一种更加严格的解释风格。不过，主导型平台崛起后，便出现了由严格解释转向宽松解释的现象。根据相关规则，对网络服务者知识产权间接侵权责任的认定中，帮助侵权责任类型的两个构成要件是：（1）知道他人侵权行为的存在；（2）促成或实质上参与到他人的侵权行为中。替代侵权责任类型的两个构成要件是：（1）对用户直接

---

① See Charles S. Wright，Actual Versus Legal Control：Reading Vicarious Liability for Copyright Infringement into the Digital Millennium Copyright Act of 1998，75 Wash. L. Rev. 1005，1021（2000）.

侵权行为有控制的权利和能力；（2）直接从侵权行为中获得经济利益。而引诱侵权责任类型的两个构成要件是：（1）向公众分发了专门用之于侵犯版权的设备；（2）在分发过程中做出明示或者其他主动的行为，导致他人用设备者从事侵权行为。[①]

美国《千禧年数字版权法》之后时期的司法实践对于网络服务提供者版权领域的帮助侵权责任的成立，首先解释认为，平台承担帮助侵权责任时不能简单适用“索尼原则”，因为几乎所有平台都具有非侵权性用途。[②]其次认为，需要针对网络平台的行为具体分析其是否满足两个必需的构成要件，即知道要件与实质贡献要件（material contribution）。

首先，是知道要件。对“知道”的理解，应当由“明知”（actual-knowledge）和“有理由应当知道”（have reason to know）两部分构成。2001年的A&M Records v. Napster案中，法院根据被告无视原告侵权通知的事实，认定其明知特定的侵权行为，因此判定被告承担帮助侵权责任。2009年第九巡回上诉法院在Perfect 10 v. CC Bill案中认为，根据《千禧年数字版权法》第512条（c）（3）（B）（i）规定理解，网络服务提供商如果收到了符合规定的合格的侵权通知，法院就应认定其成立明知。[③]除了明知之外，第512条（c）款还明确规定了“红

---

① 参见万柯：《网络等领域垄断看门人的替代责任》，载《环球法律评论》2011年第1期；刘家瑞：《版权法上的转承责任研究》，载《知识产权》2011年第3期；徐实：《美国网络平台承担知识产权间接侵权责任的经验与启示》，载《北方法学》2018年第5期。

② 参见徐实：《美国网络平台知识产权间接侵权责任的经验及其启示》，载《北方法学》2018年第5期。

③ See Perfect 10 v. CC Bill，488 F. 3d 1102，1112-1113（9th Cir. 2007）；Viacom Int'l，Inc. v. Youtube，Inc. 940 F. Supp. 2d 110（S. D. N. Y. 2013）.

旗标准”（red flag awareness），对该规则的理解一般应当将主观标准与客观标准相结合，前者是指平台是否主观上意识到了具体侵权行为存在的相关事实，后者是指一个理性人如果在面对相同或者相似情况的时候他能否发现该侵权行为。[①]达到了“红旗标准”，实际上是平台对具体侵权行为故意视而不见，因此不能受到避风港规则的保护。基于此，在 Aimster 案中，法院认为，被告故意对用户之间所传输的内容采用了技术加密，辩护主张无法知悉用户之间传递的内容，但仍然应该认定为构成故意的视而不见。[②]

其次，实质贡献要件。2001 年在 A&M Records v. Napster 案中法院同时认为，关于“实际贡献”的具体理解，如果没有被告提供的网络服务，直接侵权用户就不能对侵犯版权的文件在网络上进行定位和下载，那么就应当认定为对直接侵权行为具有实质贡献。[③]

在美国《千禧年数字版权法》之后，在商标权领域，司法实践对于网络服务提供者帮助侵权责任的适用，一般是如果平台在已经知道或者有理由知道用户利用其提供的服务进行侵犯商标权的行为，或者积极地引诱用户商标侵权的情况下，还继续为该侵权用户提供服务，那么就会被认为成立帮助侵权责任。[④]美国《千禧年数字版权

---

① See S. REP. No. 105-190，p.44（1998）；H. R. REP. 105-551（II），p.53.

② See In re Aimster Copyright Litigation，334 F. 3d 643（7th Cir. 2003）. 但红旗标准的满足并不要求被告承担主动监视义务；而且如果仅仅是对存在的广泛的侵权行为具有一般的认识也不能适用红旗标准。See UMG Recordings v，Veoh Networks，620 F. Supp. 2d 1081，1109（C. D. Cal. 2008）. Viacom Int'l，Inc. v. Youtube，Inc. 940 F. Supp. 2d 110（S. D. N. Y. 2013）.

③ See A&M Records v. Napster，239 F. 3d 1004（9th Cir. 2001）.

④ 参见徐实：《美国网络平台知识产权间接侵权责任的经验及其启示》，载《北方法学》2018 年第 5 期。

法》之后时期的司法实践对网络服务提供者专利权领域的帮助侵权责任的认定，以《美国专利法》第 271 条 c 款规定和 1871 Wallace v. Holmes 案判决[1]为依据。美国联邦最高法院在 Aro Mfg. 案中，认为第 271 条 c 款要求被告须对被诉产品和行为的侵权性质具体知情，平台收到了原告发出的有效侵权通知，明确说明了其专利权信息和被告提供的涉案组件将会被用于侵权用途的事实，最终认定成立帮助侵权。[2]

（四）《千禧年数字版权法》下电商平台知识产权替代侵权责任实践及演化

1.《千禧年数字版权法》出台初期替代侵权责任谨慎适用立场（1998~2004 年）

《千禧年数字版权法》第 512 条（c）（1）（B）、第 512 条（d）（2）相关规定通过明确的立法语言，将早期 Shapiro 判例确立的替代责任规则扩展适用于网络版权领域，使之成为一种制定法规范，作为此后网络服务者替代侵权责任适用的依据。[3]美国司法在《千禧年数字版权法》实施初期适用替代侵权责任规则时倾向于采取谨慎解释的立场，对网络服务者尽量提供避风港保护，对是否适用替代侵权责任则尽量加以回避。相关实践，以《千禧年数字版权法》为新的适

---

① See Wallacev. Holmes，29 F. Cas. 74，80（C. C. D. Conn. 1871.

② See Aro Mfg. Co. v. Convertible Top Replacement Co.，337 U. S. 476（1964）.

③ See Shapiro，Bernstein & Co. v. H. L. Green Co.，316 F.2d 304（2d Cir. 1963）. 前已述及，该案对承担替代侵权责任，开创性地提出了“具有控制权利和能力 + 获得直接经济利益”的两个要件测试标准。

用依据，对普通法和《千禧年数字版权法》规定的“具有控制权利和能力”和“获得直接经济利益”双重条件，形成了较为严格的认定标准，前者通常必须是“实质且实效的”，后者则通常应该是“明显的直接的经济利益”，并沿袭 Fonovisa 确立的增加收入吸引力的判断标准。

2001 年，第九巡回上诉法院在 A&M Records，Inc. v. Napster 案[①]中，就原告提出的替代侵权责任之诉部分予以了支持（该案同时也提起了帮助侵权责任，相关比较分析参见前文），并根据当时的网络化环境，形成基于《千禧年数字版权法》相关表述的关于网络服务者适用替代侵权责任的实践化标准。美国第九巡回上诉法院认为，首先，基于“侵权材料能起到吸引客户的作用”，可将被告获得广告收入认定为获得直接经济利益。这种认定适应了当时广告收入成为网络服务者真实收益的网络商业模式特点。其次，Napster 的控制系统属于封闭系统，因此同时具备控制侵权行为的权利和能力，可以形成对用户侵权行为的控制。[②]Napster 的架构具有专有的封闭系统性，不是一种开放的基于网络的服务，其所作所为确实控制了其文件共享服务运行的“特定环境”，即如果 Napster 删除侵权内容的链接，则 Napster 的整个文件共享网络上的该内容将不再可用。由此，认定达到对侵权行为的控制，“无论出于何种原因阻止侵权者进入特定环境（to a particular environment）的能力都是监控权力和能力的证据”。这一判决在当

① See A&M Records，Inc. v. Napster，Inc.，239 F.3d 1004（9th Cir. 2001）.

② See A&M Records，Inc. v. Napster，Inc.，239 F.3d 1004（9th Cir. 2001）.

时也存在一些争议，有人认为本案的认定是对直接经济利益要件一种过于扩大的解读。

2002 年，在 Faulkner v. National Geographic Society 案中，纽约南区法院刘易斯·卡普兰法官（Judge Lewis Kaplan），针对网络服务提供者是否有权利和能力控制侵权活动这一要件的认定，创造性地提出了“实质性影响”标准，即要求必须达到“对用户的活动施加实质性影响（substantial influence）”的程度。尽管在涉及数字技术的新型案件中，机械地适用传统物理世界的标准可能并不合适，但是“控制必须具有实质性并具有实际效力的观念……仍然是合理的”[①]。同年，加州中区法院在 Ellison v. Robertson 案中认为，从侵权中获得的直接经济利益不需要是实质性的。认定直接经济利益要件的关键，不在于该经济利益在被告获得的总利润中占多大比例，而在于侵权行为与被告获得的经济利益二者之间是否存在某种因果关系。本案没有证据表明侵权行为与网络服务提供商的收入存在关联，所以可以认定美国在线没有从侵权行为中获得直接的经济利益。[②]

同年，加州中区法院在 Perfect 10，Inc. v. Cybernet Ventures，

---

① See Faulkner v. National Geographic Society，211 F. Supp. 2d 450，473（S.D.N.Y.2002）。美国关于实际控制能力的讨论，起源于 Banff，Ltd. v. Limited，Inc.，869 F.Supp.1103（S.D.N.Y.1994），较早分析，See Charles S. Wright，Actual Versus Legal Control：Reading Vicarious Liability for Copyright Infringement into the Digital Millennium Copyright Act of 1998，1013-1018（2000）. 国内相关评论，可参见万柯：《网络等领域垄断看门人的替代责任》，载《环球法律评论》2011 年第 1 期。

② See Ellison v. Robertson，189F.Supp.2d 1051（C.D.Cal.2002）. rev'd in part and remanded，357F.3d 1072（9thCir.2004），available at http://www.scrivenerserror.com/c-ellison.shtml.

Inc. 案中判决被告承担替代侵权责任。[①]针对原告提出的要求被告承担替代侵权责任的请求，法院首先对“控制权利和能力”进行认定，提出了用户活动的高度控制（high levels of control）的标准。法院认为，Cybernet 与 Fonovisa 的交易平台一样，不仅有权随意终止网站管理员账户，还控制消费者访问，并促进其服务。结合其对网站的详细监管，这些活动足以确定 Perfect 10 的论证成功的可能性，即 Cybernet 拥有控制参与网站的权利和能力。[②]同时，还重点对“没有直接归因于侵权活动的经济利益”进行认定，提出应根据案件事实考量侵权内容能否构成被告增加收入的“吸引力”作为依据。[③]

2003 年，在 Hendrickson v. Amazon.Com，Inc. 案中，[④]加州中区法院作出了有利于被告亚马逊的裁决，认为针对亚马逊对其平台上

---

① See Perfect 10，Inc. v. Cybernet Ventures，Inc.，213F. Supp. 2d 1146（C.D. Cal. 2002）. 原告是一个成人图片的出版商和杂志商，被告开发了一种名叫“成人验证”的系统并经营“成人验证”的年龄确认服务，它与一些网站合作，该合作网站会将首次访问自己网站的用户引导到“成人验证”的首页（AdultCheck family）；为了帮助用户找到能够链接到被告“成人验证”服务的网站，被告在其网站还提供一系列的成人网站的链接，并提供搜索引擎，它也对自己的网站做了一些广告。

② See Perfect 10，Inc. v. Cybernet Ventures，Inc.，213 F. Supp. 2d 1146（C.D. Cal. 2002）.

③ 法院指出，本案与 Religious Technology v. Netcom 案不同，被告并不仅仅收取固定费用，其从每个网站获得的收入直接基于该网站最初的受欢迎程度。喜欢这些网站网页内容的消费者越多，被告获得的收入就越多，无论这些网站是否尊重版权。此外，被告及“成人验证”都是基于内容来吸引消费者。被告没有给出理由让人相信这些网页不会吸引消费者从而为其带来经济利益。

④ See Hendrickson v. Amazon.Com，Inc.，298 F. Supp. 2d 914（C.D. Cal. 2003）. 在该案中，侵权行为体现为销售未获得授权作品的行为，而不是发布销售列表的行为。亚马逊的证据证明：它从未实际占有DVD，也从未有机会检查该物品；它仅为独立的第三方卖家提供场所，以列出和出售卖家的商品，而没有积极参与 DVD 的上市、竞价、销售或交付；亚马逊在 DVD 上架时以及在销售时再次自动生成电子邮件回复的事实并不意味着亚马逊积极参与此次销售，因为一旦第三方卖家决定上架列出商品，负责完成销售的责任就在于卖家；此外，虽然亚马逊确实为使用信用卡购物提供交易处理程序，但该附加服务并未让亚马逊控制销售。总而言之，亚马逊的证据显示它无法控制 DVD 的销售。

第三方供应商进行的侵权活动，否认其控制程度构成实质性的影响，不符合有权利和能力来控制侵权活动的情况。2004 年，华盛顿地区法院在 Corbis Corp. v. Amazon.com，Inc. 案[①]中，作出了近似判决，认为在本案中亚马逊只有通过提前在列出销售的产品之前能够预览产品及编辑产品的描述或者建议价格，来实际控制其供应商的销售，才可能成立“控制能力”要件，但是亚马逊实际除提供 zShops 平台外，并没有权利或能力控制卖家销售行为，所以不构成实质性影响。

2. 平台化趋势下《千禧年数字版权法》替代侵权责任的灵活适用（2005~2016 年）

随着互联网的普及应用日益广泛，网络发展在保持短暂一段平稳发展期后，出现了始料未及的显著变化。起初，网络依靠页面和链接等服务获得用户量。2005 年之后，互联网以 Web2.0 等应用为标志，基于技术和商业模式快速迭代，以在线交易聚合、社交聚集等方式很快出现一种平台化趋势，亚马逊、易贝、阿里巴巴等电商开始显现，推特（Twitter）、脸书、腾讯等社交媒体开始发力。以中国的阿里巴巴为例，1999 年成立，2005 年左右到纽约上市开始平台崛起，经历了短短的 6 年时间。[②]此后，网络服务在数据技术支持下，加上有意识的战略推动（如我国政府启动“互联网 +”行动计划），

---

① See Corbis Corp. v. Amazon.com，Inc.，351 F. Supp. 2d 1090（W.D. Wash. 2004）. 亚马逊从来不曾占有 zShops 卖家销售的产品。此外，亚马逊不会在上架前预览产品，不会编辑产品说明，不会建议价格或以其他方式参与销售。由于亚马逊没有权利和能力控制侵权材料，因此法院无须查询亚马逊是否从上述直接侵权行为中获取经济利益。

② 参见《盘点阿里巴巴发展史：一个电商帝国的崛起》，载搜狐网，https://www.sohu.com/a/294303707_100052254，最后访问日期：2020 年 2 月 28 日。

平台不断跨界扩张，成为一种广泛存在，并且因为数据技术的发展不断演化为数据化平台，转向基于用户流量的交易或活动与数据化互动的平台化。其中，交易、媒体、金融和共享类平台最为引人注目。2012年开始，移动互联网、大数据、云计算等诸多新一代的信息技术得到广泛应用，促使传统产业与互联网的相互融合愈加深入，越来越多的平台型企业依次崛起，平台模式已然成为“新常态”。[①] 网络平台崛起，带来的是过去没有过的“巨大聚集效应”。一方面，具有跨群网络的正外部性，通过规模经济和范围经济的叠加效应，能够实现指数级的增长。[②] 另一方面，具有跨群网络的负外部性，通过放大效应和传导效应，平台包括知识产权在内的侵权蔓延而难以控制，网络上的知识产权保护形势极为严峻。

美国司法实践意识到，《千禧年数字版权法》第512条（c）(1)(B)、第512条（d）(2）的适用情势发生了巨大变化，网络发展已经从需要扶持的机遇期迅速跃进到了一个对于网络服务者而言正在取得日渐强势地位的平台聚合化时期，这种情况下继续采取严格解释立场来限制网络服务者的替代侵权责任显然是不合适的。显然，应该转向一种与技术变革、网络模式和生态发展相向而行的适用立场。美国司法实践接下来的一系列司法判例体现了这种动态性的努力，倾向根据平台化发展实际，结合平台服务者地位的变化，对于

① 据哈佛大学托马斯・艾斯曼的研究，目前全球最大100家企业中的60家，主要收入来自平台模式，全球100多家独角兽企业里，70%以上采用平台模式。其中，全球15大互联网公司，包括美国的苹果、谷歌、脸书、亚马逊，中国的阿里巴巴、腾讯、百度、京东等在内，均系基于平台模式运营。

② 参见刘绍荣、夏宁敏、唐欢、尹玉蓉：《“数字经济”时代的平台崛起》，载《中国战略新兴产业》2019年第14期。

替代侵权责任要件的认定由谨慎走向更加频繁适用，由严格标准走向灵活实际，细化形成综合控制程度、控制对象、控制手段及知情情况等多方面情况加以酌量的趋势。[①]

美国联邦最高法院2005年著名的 Metro-Goldwyn-Mayer Studios Inc. v. Grokster，Ltd. 案（Grokster 案）[②] 明显呈现了这种变化，被誉为平衡新技术发展与间接侵权责任关系的一个经典判例。它虽然没有支持帮助侵权和替代侵权责任，但以引入引诱侵权责任进入版权领域的方式，扩展了技术发展新形势下网络服务提供者可能承担的知识产权间接侵权责任的类型和范围。因此对于后来替代侵权责任本身走向更加灵活的实践也有很大的启发性。[③]

2007年，第九巡回上诉法院在 Perfect10，Inc. v. Visa Intern. Service Ass'n 案[④] 中，就 Perfect 10 起诉 Visa 对众多网站中的版权侵权行为承担帮助侵权责任和替代侵权责任，作出否定判决。在该案中，不同国家的多个网站违法窃取并且在线销售 Perfect 10 公司的受

---

① See Actual vs. Potential Control：Revisiting Netcom's Vicarious Liability Analysis in the Context of Legitimate Service Providers and Those That Primarily Enable Piracy，1 E-Commerce and Internet Law 4.11[8][C](2019 update).

② See Metro-Goldwyn-Mayer Studios Inc. v. Grokster，Ltd.，545 U.S. 913，125 S. Ct. 2764，162 L. Ed. 2d 781（2005）. 法院认为，著作权侵权中的引诱，其中"有目的、有侵权意图的表达和行为"，也可能达到第512条（C）（1）（B）的控制水平。

③ 国内学者关于该案的相关评论，参见王迁：《新型 P2P 技术对传统版权间接侵权责任理论的挑战》，载《电子知识产权》2004年第11期；王迁：《p2p 软件提供者的帮助侵权责任——美国最高法院 Grokster 案判决评析》，载《电子知识产权》2005年第9期；王迁：《一纸没有写完的判决：Groster 案的意义和局限评析》，载《中国版权》2005年第5期；杨晖、马宁：《"积极诱导规则"——从 Groskter 案看 p2p 侵权的新标准》，载《电子知识产权》2005年第8期。

④ See Perfect10，Inc. v. Visa Intern. Service Ass'n，494 F.3d788，820（9thCir.2007）.

版权保护的照片，销售过程中通常使用被告 Visa 公司的信用卡作为支付手段。关于替代侵权责任的判断，法院认为，首先，直接获取经济利益条件的成立是没有争议的。因为 Visa 对商家收取了交易费，符合获得直接经济利益的条件。但是，对于控制权利和能力成立与否，多数法官给出了否定意见。争论聚焦在被告的控制权利和能力与合同的关系上，多数法官认为应该就合同权利的行使范畴来要求被告，而不宜超出这个范围要求被告采取行动。不过，这个案件也存在持相反见解的少数意见，希望走得更远，认为被告应该使用直接和间接手段并用以防止侵权，后者包括采取间接经济压力，如收回至关重要的服务，Visa 拒绝进行信用卡支付会减少侵权销售。但同时，法庭多数方也担心这样会过于宽泛，容易导致过多主体可能会被卷入替代侵权责任的诉讼中。

2007 年 12 月 3 日，第九巡回上诉法院在 Perfect10，Inc.v.Amazon.com.，Inc. 案中直接改判初审关于谷歌承担部分直接侵权责任的认定，同时否定了初审关于谷歌不构成帮助侵权的认定并要求发回重审，但同意了初审法院关于谷歌须承担替代侵权责任而亚马逊无须承担替代侵权责任的认定。[①]2006 年，加州中区法院对 Perfect 10 v. Google 案进行初审。[②] 判决后版权人和搜索引擎运营商均不服，提起上诉至第九巡回上诉法院，亚马逊为被上诉人。其中，就谷歌是否承担替代侵权责任部分，初审法院认为，认定的前提是原告必须证明谷歌从第三方网站的侵权行为中享有直接的经济利益，以及谷

---

① See Perfect 10，Inc. v. Amazon.com，Inc.，508 F.3d 1146（9th Cir.2007）.

② See Perfect 10 v. Google，Inc.，416 F. Supp. 2d 828（C.D. Cal. 2006）.

歌具有控制侵权行为的权利和能力或拒绝监督。第一个要素，虽然没有任何证据证明谷歌直接从第三方网站的侵权中受益，但由于这种情形确实有利于更多用户访问和使用谷歌图像搜索，即导致网络流量增长，能够增加谷歌的广告收入、品牌知名度和市场影响力，因此可以认定获得了直接经济利益。第二个要素，原告没有能够证明谷歌具备控制他人侵权行为的“权利和能力”，因为通过对谷歌的 AdSense[①] 收入分享协议分析发现，其所体现的内容还不足以满足其要求，不存在有某种形式的控制或授权来阻止或限制侵权行为本身。[②]AdSense 协议中明确谷歌公司保留监控及终止与那些侵犯版权人的合作关系的权利，可以理解为授予了其监控和阻止第三方侵权的法律上的权利，满足了第一个控制要素，即拥有权利；但是，谷歌这种监控和终止实体合伙关系权利本身并未使它有权阻止第三方网站的直接侵权行为，所以不能满足第二个控制要素即实际能力要求。在提供搜索引擎服务中，第三方被排除出 AdSense 意味着收入的损失，但对网站的商业运作本身而言则几乎没有任何影响。侵权行为发生在第三方网站，谷歌提供的基于 WEB 的开放的服务，使其并未能针对它运营所处的外部环境（如网站）进行有效控制，所以本案中虽然谷歌“有权监控和终止与侵犯他人版权的参与 AdSense 的第三方网站的合作关系”，但是“不能阻止任何第三方网站直接侵权 Perfect 10 的图像的行为”。初审法院同时认为，亚马逊公司无须对第

① AdSense 是一个广告程序，谷歌付费给参与的商家在他们的网站上刊登第三方的广告。

② 原告主张谷歌的 AdSense 政策保留监控和终止与侵犯他人版权的实体的合作伙伴关系的权利，并具有控制 AdSense 合作伙伴侵权行为的权利和能力。

三方网站的侵权行为承担替代侵权责任。这是因为，亚马逊甚至没有获得直接经济利益，它没有类似于AdSense的程序，因此没有办法从侵权网站获得任何收入；此外，它控制第三方网站侵权行为的权利和能力大大低于谷歌，更不应认定为具有控制能力。

2008年，加州北区法院在Io Grp.,Inc.v.Veoh Networks,Inc.案中，认为对于所谓控制能力的理解，根据《千禧年数字版权法》第512条（c）节的简明语言的表述，这种控制能力指的不是Veoh公司是否有权利与能力控制自身的“系统”，而是指它是否有权利与能力控制“侵权活动”，两者不是同一个概念。可见，从这个案件开始明确应考察的是控制具体侵权行为本身。①2014年，第九巡回上诉法院在Routt v. Amazon.com，Inc案中，提出当被告可以直接终止该行为时，也应认定被告可以控制第三方的侵权行为。②

这一时期，对于网络平台替代侵权责任是否应当考虑主观因素问题，逐渐经历了由犹豫到放弃的过程。《千禧年数字版权法》相关规定本身没有明确网络服务者替代侵权责任是否需要主观过错或者相应主观因素。替代侵权责任本身是从普通法转化而来的。在普通法上，监护人责任和后来的雇主责任、委托人责任都是基于特定关系的公平责任而构建的，原则上是仅将主观问题融入特定关系之中进行平衡考量的。例如，通常会把是否尽到监护职责或者雇主监督职责、委托人看管职责作为责任减免的因素考虑。《千禧年数

---

① Io Grp.，Inc. v. Veoh Networks，Inc.，586 F. Supp. 2d 1132（N.D. Cal. 2008）.

② See Routt v. Amazon.com，Inc.，584 Fed. Appx. 713，714–15（9th Cir. 2014）; See also Amazon.com，508F.3d at 1174.

字版权法》之后的实践一开始借鉴了普通法的一些做法，将主观因素融入控制能力的实际考察，但转化为网络服务者对侵权行为是否知情或者是否可推定为知情这一更加客观化的因素。在 2011 年的 UMGRecordings，Inc. v. Shelter Capital Partners LLC 案中，第九巡回上诉法院仍然采取了明确的肯定态度，认为不应认定网络服务提供者实际控制侵权行为，除非其知道特定的用户侵权行为。如果网络服务提供者并不知道有未经授权的特定的材料存在，那么应认为它在实际上并不具备立法所规定的那种对侵权行为的控制能力。[①]但是，这种分析思路受到了广泛的批评，这种观点实际上消除了第 512 条（c)(1)(B) 的“经济利益”要件的特殊作用。

2016 年，第二巡回法院在著名的 Youtube 案中明确拒绝了 Shelter Capital 案中的分析适用，认为其将对特定侵权的“知道”要求导入第 512 条（c)(1)(B)，实际上会造成“控制”条款与第 512 条（c)(1)(A) 的重复，因为网络服务提供者如果“知道”特定侵权活动并且基于此获得直接经济利益，则已经从第 512 条(c)(1)(A) 中排除对避风港规则的适用。[②]第 512 条（c)(1)(B) 需要做的是继续排除第512条(c)(1)(A)尚未排除的任何其他服务提供者。[③]所以，替代侵权责任“控制能力”这一要件的认定，只需要网络服务提供者在客观上存在对用户的活动施加了重大影响即可，而不必须要求

① UMG Recordings，Inc. v. Shelter Capital Partners LLC，667 F.3d 1022，101 U.S.P.Q.2d 1001，81 Fed. R. Serv. 3d 671（9th Cir. 2011）.

② Viacom Int'l，Inc. v. YouTube，Inc.，676 F.3d 19，32（2d Cir. 2012）.

③ §4：78.50.Safe harbors：DMCA service provider protections—Direct financial benefit and the right and ability to control，1 Information Law §4：78.50.

其在主观上“知道”某一特定侵权活动。[①]

3. 主导型平台崛起背景下《千禧年数字版权法》替代侵权责任的强化适用

2017 年以来，包括电商平台在内的网络平台进入新的一轮迭代阶段。这一年，人工智能（AI）发展比之前几年都要迅速许多，成为“人工智能应用元年”，相关技术在多个应用领域取得突破，特别是机器学习的出现正在转化为新的“内燃机”，导致各种新型人工智能研发和应用开始快速布局。各国政府面对人工智能重要机遇，纷纷出台相关战略。我国政府也在这一年出台了《新一代人工智能发展规划》，推进各行各业积极将产业与人工智能相结合。与此同时，物联网发展也开始提上议程。网络平台由大数据、人工智能算法支持出现了新的结构和运行升级，尤其在自动化决策算法和大数据结合基础上，驱动了一种平台结构扩张的滚雪球效应，不断增进对结构的吸附性和控制力，规模和主导能力都在不断扩张，迅速发展为主导型平台或超级平台。在这种背景下，数据科学家扎拉奇和斯图克认为，网络平台运营者开始为了自身机构的长期利益来建立和执行数据系统，并享有这些数据系统的产出，即从数据中抽取各种来自用户的有用的模式来为自己决策或帮助别人决策。[②]

网络平台发展到将人工智能作为其技术架构，成为超级平台，便不再是简单地提供技术中介服务，而是基于平台服务同时形成一

① Viacom Int’l，Inc. v. YouTube，Inc.，676 F.3d 19，38（2d Cir. 2012）.

② 参见［爱尔兰］约翰·D. 凯莱赫、布伦丹·蒂尔尼：《人人可懂的数据科学》，张世武、黄元勋译，机械工业出版社 2019 年版，第 68 页。

种由特殊技术作用的复杂关系结构，在此基础上形成了可操作特殊复杂经济或者其他行为关系的能力，与平台上的其他主体之间演化出一种自己日趋主导的复杂结构化关系。它们在平台结构中对广告主、应用程序开发者从一般经济合作关系走向具有市场主导作用的竞合关系。① 在这种情况下，导致重新平衡允许合法开发创新技术用于新的商品交易方式（或提供平台服务）与保护知识产权人（如商标所有者）权利关系的必要。② 为此，美国最高法院评论认为，间接责任索赔更直接涉及“支持创造性追求……以及促进新通信技术使侵权行为成为可能的创新”之间的权衡。③

美国网络平台司法实践与之相适应，开始了新一轮的蜕变升级，出现了对巨型平台更加强化适用替代侵权责任的趋势，更加容易基于超级平台事实而认为其具有直接操控结构或主导网络生态的地位，进而要求其承担替代侵权责任。2019 年 2 月，美国加

---

① 参见［英］阿里尔·扎拉奇、［美］莫里斯·E. 斯图克：《算法的陷阱：超级平台、算法垄断与场景欺骗》，余潇译，中信出版社 2018 年版，第四部分“竞合关系”，第 191 页以下。

② Graeme B. Dinwoodie，Secondary Liability for Online Trademark Infringement：The International Landscape，37 Colum. J.L. & Arts 463. See The Digital Millennium Copyright Act，1998，17 U.S.C. 5 512，https://cyberlaw.stanford.edu/page/wilmap-united-states [hereinafter，“DMCA”]；See Directive 2000/31/EC of the European Parliament and of the Council of June 8，2000 on certain legal aspects of information society services，in particular electronic commerce，in the Internal Market，2000 O.J.（L 178）1-16 [hereinafter，“eCommerce Directive”]，available at http://cyberlaw.stanford.edu/page/wilmap-european-union；See，e.g.，Copyright Legislation Amendment Act，2004（Cth），No. 154，Sch. 1（Australia），https://cyberlaw.stanford.edu/page/wilmap-australia；Copyright Modernization Act，SC2012，c20，31.1（Canada），http://cyberlaw.stanford.edu/page/wilmap-canada；Federal Law No. 149-FZ，on Information，Information Technologies and Protection of Information，July 27，2006（Russia），http://www.legislationline.org/documents/action/popup/id/17757.

③ MGM Studios Inc. v. Grokster，Ltd.，545 U.S. 913.

州北区法院审理了 Keck v. Alibaba.com Hong Kong Ltd. 案，即体现了这种趋势。该案原告为专业艺术家，通过自己的网站授权经销商销售其作品，对涉嫌在网站上销售侵权产品的中国商人和网站运营商提起诉讼，其中，对中国商人提出直接侵犯版权的索赔，对网站运营商提出间接侵权索赔请求，主张构成版权帮助侵权、版权替代侵权，以及根据《兰纳姆法》构成对商标和虚假原产地名称的帮助侵权。[①] 网站经营者就替代性侵犯版权索赔的诉讼请求提出部分判决的动议。法官 Beth Labson Freeman，J. 认为：艺术家已经充分证明，网站运营商对作为直接侵权人的商家行使了必要的控制权以及网站运营商从商家的直接侵权中获得了直接的经济利益。法院认为原告充分证明了替代性版权侵权主张。法院从网站运营商成为新的大型生态系统的新视角，支持了艺术家对网站运营商的替代版权侵权索赔，认为阿里巴巴香港公司作为网站的运营商，对第三方商家进行的直接侵权行为达到了实质性影响程度上的“控制”。[②] 首先，与 Perfect 10，Inc. v. Amazon.com，Inc.（2007）案 [③] 不同，本案中被诉的商户直接侵权行为并不是发生在开放的互联网上，而是发生在被告的网络市场上。被告的网

---

① See Keck v. Alibaba.com Hong Kong Ltd.，No. 17-CV-05672-BLF，2019 WL 827636（N.D. Cal. Feb. 21，2019）.

② See Keck v. Alibaba.com Hong Kong Ltd.，No. 17-CV-05672-BLF，2019 WL 827636（N.D. Cal. Feb. 21，2019）.

③ See Perfect 10，Inc. v. Amazon.com，Inc.，508 F.3d 1146（9th Cir. 2007）. 本案中，法院认为亚马逊只是基于与谷歌的合作，向用户提供与谷歌服务器上的缩略图和第三方网站的全尺寸图像提供联机链接。

站是一种在线市场，被告参与了网络市场的运营、营销、设计和控制，实际构成了所谓的在线移动商务的大型生态系统。特别是，被告为平台内经营的商户积极提供营销服务，为经营商家的虚拟商店的设计提供指导，积极促进商家和买家之间达成交易。所以，法院认为，被告与平台内商家之间的关系构成了“高度控制”（high levels of control）。其次，本案中被告可以通过终止或暂停商家的会员资格，来制止在它的网站市场上的被诉直接侵权行为。因为被告有权利且有能力终止那些重复侵权的经营商家的会员资格，并有权利修改、删除和拒绝网络市场上的违法内容，以及有权利根据情况暂停商家访问。

（五）电商平台知识产权引诱侵权责任的形成和发展

1. 电商平台知识产权引诱侵权责任在版权领域的实践

美国《千禧年数字版权法》没有规定引诱侵权，这使得电商平台版权间接侵权责任领域很长时间内并没有见到引诱侵权责任的适用。这种局面一直到 2005 年 Groster 案正式确立引诱侵权责任类型才改变。该案是包括歌曲作者、音乐出版商和电影制片厂在内的版权所有者对点对点文件共享计算机网络软件的分销商提起的版权侵权诉讼。美国加州中区法院作出初审，就帮助侵权责任和替代侵权责任都作出了有利于经销商的判决。[①] 原告不服提出

---

① See Stephen V. Wilson，J.，259 F.Supp.2d 1029（C.D.Cal.2003）.

上诉，美国第九巡回上诉法院维持原判。[①] 联邦最高法院批准调取进行终审，形成重要判例。

初审和上诉法院就原告替代侵权责任主张部分，首先根据存在广告收入的事实，认定了“获得直接经济利益”要件。两被告每年获得高达百万元的广告盈利，无疑属于从用户侵权中获得直接经济利益。免费交换享有版权的音乐作品和其他作品，当然是对用户使用两被告软件的诱惑，结果也使得两被告软件上用户量高达上百万，而用户越多，其获得的广告收入也就越多。对于“服务提供商有权利和能力控制此类活动的情况”的认定，初审和二审关注了本案被告提供的 P2P 软件的技术使用上的新变化：其属于新型软件，采取分散式系统运行，以点对点的方式依靠分散的各个用户使用特定 P2P 软件，并不依赖于任何一台服务器，被告除了提供软件之外，没有以任何方式参与或干预用户利用 P2P，包括不能终止侵权，所以不能认定其具有控制的权利和实际能力。[②]

但是联邦最高法院终审判决同样从技术分析入手，认为本案虽然不构成通常的标准侵权和替代侵权责任，但引入专利法实践中的引诱侵权类型，认为构成了间接责任，在这里根据互联网平台发展

---

① See Metro-Goldwyn-Mayer Studios，Inc. v. ...380 F.3d 1154（9th Cir. 2004）.

② 与此前 Napster 案件的 P2P 软件的使用不一样。Napster 公司服务器提供的用来进行文件搜索并下载检索文件的 P2P 软件，属于集中化的搜索系统，并要求用户注册后才可以使用，所以公司可以通过停止账号的方法随时中断向侵权用户提供服务。所以，这两个技术属性不但使得 Napster 公司能够知晓被交换的文件内容，还有能力监督这种交换活动。参见 A&M Records，Inc. v. Napster，Inc.，239 F.3d 1004（9th Cir. 2001）；王迁：《P2P 软件提供者的帮助侵权责任——美国最高法院 Grokster 案判决评析》，载《电子知识产权》2005 年第 9 期。

形势，实际在版权领域创制了引诱侵权，成为对网络平台适用版权知识产权间接责任制度的重要拓展。原告在该案中提出，通过版权保护支持文化和艺术创新，与通过限制侵犯版权的责任来促进新通信技术创新，存在两种价值观之间的平衡关系，版权法的实施是处理上述权衡的一种实践。[①] 苏特大法官代表全体法官撰写判决，重点讨论了这个论题，认为原告 MGM 及其法庭之友的观点是正确的，上诉法院判决错误理解和适用了 1984 年索尼案。索尼案建立的“具有商业上重要的非侵权用途”规则，否定了在这种情况下适用帮助侵权责任；在第九巡回上诉法院看来，被告软件具有实质性的非侵权用途。[②] 苏特大法官认为，上诉法院对于索尼的认识是错误的，简单以偏概全地把索尼案基于推定意图的责任（帮助侵权）转化为基于任何理论的责任，索尼案实际上并没有取代其他间接责任理论的意思，本案可以向其他间接侵权责任理论寻求支持。而且，索尼案也不排除以下责任：如果可以证明具备超出了产品的特性或其可能被用于侵权用途的过错，并且显示出被告具有旨在促进侵权的表示或

---

① See Metro-Goldwyn-Mayer Studios Inc. v. Grokster，Ltd.，545 U.S. 913，125 S. Ct. 2764，162 L. Ed. 2d 781，928-930（2005）. 判决明确了，这种平衡的提议来自原告 MGM 公司和其法庭之友。他们进一步认为，本案受版权保护的材料的数字分发威胁版权持有人是前所未有的，因为每个副本是相同的，复制是容易的，许多人特别是年轻人使用文件共享软件下载受版权保护的作品。在这种情况下，考虑到每天使用流媒体直播和格罗斯特软件的侵权下载的数量，强加间接责任的论点是很有说服力的，因为当广泛共享的服务或产品被用于实施侵权时，可能无法有效地针对所有直接侵权者实施受保护作品的权利，唯一可行的替代方法是根据帮助侵权或替代侵权理论，针对复制设备的经销商追究次要责任。

② See Metro-Goldwyn-Mayer Studios Inc. v. Grokster，Ltd.，545 U.S. 913，125 S. Ct. 2764，162 L. Ed. 2d 781，934（2005）.

行动的话。[①]苏特大法官发现，普通法及其一系列判例很早就确立了通过广告诱使另一个人实施侵权，或诱使或说服其他人侵权等，应当“根据法律各部分认可的原则”对侵权行为负有责任；[②]这些可以归为诱导侵权责任，其实践一直持续到今天，并且形成了一种明确的趋势：如果被告的行为旨在造成伤害，或者在道德上是错误的，那么他就要承担更大的责任。[③]为此，苏特大法官认为，就像索尼案成为专利法上避风港模式的主要体现一样，引诱侵权也有相同理由成为版权的一项明智规则。所以，本案决定采用并形成以下立场：如果以促进其使用为目的的设备发行者，明确表达或采取了确定行动促进侵权，那么应对由此产生的第三方侵权行为负责。当然，有必要避免对常规商业进行打击或阻止具有合法和非法潜力的技术的发展，仅仅知道潜在或实际使用的侵权在这里并不足以使经销商承担责任；同时，在产品分销中的一些普通行为，如向其客户提供的技术支持或者产品更新，本身也不支持责任。诱导规则将责任建立在

① See Metro-Goldwyn-Mayer Studios Inc. v. Grokster，Ltd.，545 U.S. 913，125 S. Ct. 2764，162 L. Ed. 2d 781，934（2005）.

② See Metro-Goldwyn-Mayer Studios Inc. v. Grokster，Ltd.，545 U.S. 913，125 S. Ct. 2764，162 L. Ed. 2d 781，935（2005）. 较早建立引诱侵权责任的先例，有 Kalem Co. v. Harper Brothers，222 U.S.，at 62–63，32 S.Ct. 20（1911）；Henry v. A.B. Dick Co.，224 U.S.，at 48– 49，32 S.Ct. 3649（1912）；Thomson– Houston Electric Co. v. Kelsey Electric R. Specialty Co.，75 F. 1005，1007–1008（C.A.2 1896）等。

③ See Metro-Goldwyn-Mayer Studios Inc. v. Grokster，Ltd.，545 U.S. 913，125 S. Ct. 2764，162 L. Ed. 2d 781，935（2005）. 关于引诱侵权责任的典型案例，有 Oak Industries，Inc. v. Zenith Electronics Corp.，697 F.Supp. 988，992（N.D.Ill.1988）；Water Technologies Corp. v. Calco，Ltd.，850 F.2d 660，668（C.A.Fed.1988）；Fromberg，Inc. v. Thornhill，315 F.2d 407，412–413（C.A.5 1963）；Haworth Inc. v. Herman Miller Inc.，37 U.S.P.Q.2d 1080，1090，1994 WL 875931（W.D.Mich.1994）；Sims v. Mack Trucks，Inc.，459 F.Supp. 1198，1215（E.D.Pa.1978）。

有目的的、应受惩罚的表达和行为上，因此不会损害合法的商业活动或阻碍具有合法承诺的创新。最终判决分销商 Groster 基于引诱侵权责任，就其有目的的行为（purposeful conduct），承担间接侵权责任。[①]

2. 电商平台知识产权引诱侵权责任在专利权领域的实践

尽管引诱侵权在电商平台版权领域因为《数字千禧年版权法》没有规定而导致适用上困难，但在电商平台专利权领域却没有这种顾虑。美国专利法实践在 2002 年左右就很快发展引入引诱侵权责任，并认为引诱侵权责任的构成需要满足两个要件：第一，证明引诱侵权的意图或者知道的程度；第二，积极引诱侵权实施的行为。[②]

首先，具备引诱侵权的意图和知道要件。在 Global 案中，美国联邦最高法院认为，引诱行为本身的性质决定了引诱侵权的成立需要具备特定的意图，即鼓励他人实施某种引诱人自己知道会侵犯专利权的违法行为。[③] 之后在 Blazer v. eBay 案中，法院援引了 Global 案关于知道要件的规则，并且将知道要件分为明知和故意视而不见两个层次。认定是否构成明知时，被告不仅需要知道特定专利，同时还要知道其引诱行为会导致侵犯该专利。在专利引诱侵权的案件中，往往仅凭侵权通知难以证明被告是明知侵权。因为被告平台声称无

---

① See Metro-Goldwyn-Mayer Studios Inc. v. Grokster，Ltd.，545 U.S. 913，125 S. Ct. 2764，162 L. Ed. 2d 781，937（2005）.

② See Minnesota Min. & Mfg. Co. v. Chemque，Inc. ，303 F. 3d 1294，1304-05（Fed. Cir. 2002）.

③ See Global–Tech Appliances，Inc v. SEB S. A. 131 S. Ct，at 2065（2011）.

法专业地完全了解涉案专利与被诉商品，容易导致原告试图以发送过侵权通知尝试来证明被告平台明知的主张不能成立。在此，判断被告平台是否存在故意视而不见的情况时，需要同时证明两个内容：被告主观上确信涉案专利侵权行为的确正在发生，并且故意采取某种行为来避免实际的了解侵权。[①] 其次，需要存在引诱侵权实施的积极行为。仅仅具有引诱侵权的意图并不足以成立引诱侵权，还必须证明平台实施了积极的引诱行为，如宣传侵权使用方式，通过示范、培训、说明书、标签等各种方式积极解释说明涉案商品的侵权用途等。这是行为要件。[②]

（六）电商平台知识产权间接侵权责任类型交叉实践及其辨析

在美国网络平台知识产权的司法实践中，针对网络服务提供者的间接侵权责任，是基于具体化类型而区分适用的。但是，原告在网络平台知识产权保护案件中，经常会以同时主张多种间接侵权责任类型的交叉实践方式提起诉讼。《千禧年数字版权法》出台前自不必说，出台之后更是经常如此。2005 年之前，原告经常同时提起帮助侵权和替代侵权责任之诉。2005 年 Groster 案之后，有时还会加上引诱侵权责任之诉。有三种类型都提起的；有同时提起帮助侵权责任和替代侵权责任的；也有只提起帮助侵权责任和引诱侵权责任的；

---

① See Blazer v. eBay，Inc.，2017 WL 1047572（N. D. Ala. March 20，2017）.

② 徐实：《美国网络平台知识产权间接侵权责任的经验及其启示》，载《北方法学》2018 年第 5 期。

当然偶尔也会单独提起某种类型责任[①]。这种多类型实践交叉的做法，在很多案件中表明可能具有多种事实，因此当事人希望充分运用诉权，但很多情况也不排除是基于诉讼策略的需要。

电商平台知识产权间接侵权责任类型交叉实践，绝不意味着不同类型的间接侵权责任之间的区别并不重要，更不会意味着这些不同类型可以混同。运用多类型交叉方式，并不否定和削弱不同类型区分的必要性和实践意义，相反，恰恰表明区分这些不同类型责任的重要性和必要性。即使原告这样做可能只是基于诉讼策略的考虑。例如，希望尽可能利用法律上的可能来为自己获得胜诉机会，我们看到法院在审理案件时并不会因此给原告任何侥幸的机会。实践中，对于类型交叉案件，美国法院都会认真审查每一类诉求的情况，根据判例法和《千禧年数字版权法》相关规定确立的各自不同的要件和效果进行区分认定和判处相应责任。例如，就帮助侵权和替代侵权实践交叉那些典型案件来看，从结果上都可以看出认定都是具体化的，不容许任意混同或模糊界限。有的认定同时存在帮助侵权责

① 比如，第九巡回上诉法院 2011 的 Louis Vuitton Malletier，S.A. v. Akanoc Solutions，Inc. 案就仅提起帮助侵权责任。原告起诉被告存在版权和商标侵权行为，并认为被告 Akanoc 作为网络服务提供商对其网站内直接侵犯路易威登商标和版权的行为负有帮助责任。本案认为 Akanoc 的服务方式类似于 Fonovisa 跳蚤市场运营商，并指出中介服务网站相当于数字形式的租赁房地产。该案展示了阿卡诺克（Akanoc）作为网络服务提供商，没有响应或者达到易贝数百万美元努力标准合理措施可能承担的风险。在该案中，Akanoc 在收到路易威登的多个具体侵权通知（声称其部分网站正在销售假冒商品）后，将通知转发给涉嫌侵权者，而不是删除链接。法院认为，它对侵权行为“故意视而不见”（willful blind），最终作出了支持原告诉请的判决，要求被告承担商标和版权帮助侵权责任。See Louis Vuitton Malletier，S.A. v. Akanoc Sols.，Inc.，658 F.3d 936（9th Cir. 2011）；Sonia K. Katyal and Leah Chan Grinvald，Platform Law and the Brand Enterprise，32 Berkeley Tech. L.J. 1135.

任和替代侵权责任[①]；有的认定帮助侵权责任，但不认定替代侵权责任[②]；有的不认定帮助侵权责任，但认定替代侵权责任[③]；有的同时否定帮助侵权责任和替代侵权责任[④]。

2001年著名的Napster案，原告同时提起了针对版权的帮助侵权责任和替代侵权责任之诉，最终初审和上诉法院同时支持了这两种诉求。[⑤]但都进行了严格的区分化论证。加州北区地方法院初审支持了原告，被告不服，上诉至第九巡回上诉法院，上诉法院维持了初审判决。首先，就帮助侵权责任的诉求，上诉法院论证认为，根据判例法和《千禧年数字版权法》的规定，成立帮助侵权责任的要件是在知道侵权行为的情况下，诱使、促成或实质上帮助他人侵权行为的人，会可能被认定为帮助侵权人；[⑥]换句话说，如果被告从事“鼓励或协助他人侵权行为”的活动，则须承担法律责任。[⑦]在本案中，原告已经基本证明，被告是在知道的情况下，以提供“网站和

---

① See A&M Records，Inc. v. Napster，Inc.，239 F.3d 1004（9th Cir. 2001）.

② See Perfect 10，Inc. v. Amazon.com，Inc.，508 F.3d 1146（9th Cir.2007）. 初审判决如此，但被上诉法院推翻。

③ See Perfect 10，Inc. v. Amazon.com，Inc.，508 F.3d 1146（9th Cir.2007）. 上诉法院关于谷歌的判决即如此。

④ 例如，2005年Grokster案，原告同时提起帮助侵权和替代侵权责任之诉。该案一审和二审对于这两种责任都做出否定，但联邦最高法院却创制引入了引诱侵权责任，认为被告应当承担此种意义的间接侵权责任。联邦最高法院判决从依据上、在论证中扩用了替代侵权责任、著作权侵权中的引诱，其中“有目的、有侵权意图的表达和行为”，也可能达到第512条（C）(1)（B）的控制水平。See Metro-Goldwyn-Mayer Studios Inc. v. Grokster，Ltd.，545 U.S. 913，125 S. Ct. 2764，162 L. Ed. 2d 781（2005）. 此外，2007年的Visa案，原告同时提起帮助侵权责任和替代侵权责任诉求，法院也都作出否定判决。See Perfect10，Inc. v. Visa Intern. Service Ass'n，494 F.3d788，820（9thCir.2007）.

⑤ See A&M Records，Inc. v. Napster，Inc.，239 F.3d 1004（9th Cir. 2001）.

⑥ 判决指出，这一观点来自Gershwin Publ'g Corp. v. Columbia Artists Mgmt.，Inc.，443 F.2d 1159，1162（2d Cir.1971）; see also Fonovisa，Inc. v. Cherry Auction，Inc.，76 F.3d 259，264（9th Cir.1996）.

⑦ 判决指出，这一观点来自Matthew Bender & Co. v. West Publ'g Co.，158 F.3d 693，706（2d Cir.1998）.

设施”的方式实质帮助了侵犯原告版权的行为。即 Napster“实际知道”可以使用其系统获得特定的侵权材料，它可以阻止提供侵权材料的用户访问该系统，并且没有移除材料；同时，“没有被告提供支持服务，Napster 用户都无法轻松找到并下载他们想要的音乐”。因此，可以认定导致了帮助侵权责任。其次，就替代侵权责任的诉求，上诉法院认为，成立替代侵权责任的规则是同时具备“控制权利和能力”和“获得直接经济利益”双重测试条件。本案中因为原告已经证明 Napster 未能对系统的“场所”进行监管，加上证明 Napster 从其系统中不断提供侵权文件中获得经济利益，因此可以认定导致了承担替代责任。①

2007 年著名的亚马逊案，原告向多被告提出直接侵权责任、帮助侵权责任和替代侵权责任三种诉求。上诉法院判决和初审判决并不一致。初审法院为加州中区法院，对谷歌判决部分构成直接侵权、不构成帮助侵权以及构成替代侵权责任，对亚马逊判决无须承担替代侵权责任。上诉法院为第九巡回上诉法院，最后判决：对于谷歌，直接改判初审关于部分直接侵权的认定，同时否定了初审关于不构成帮助侵权的认定并要求发回重审，但同意了初审法院关于无须承担替代侵权责任的认定：对于亚马逊同意无须承担替代侵权责任。②首先，上诉法院否定初审判定的谷歌承担部分直接侵权责任，并直

① See A&M Records v. Napster，239 F. 3d 1004，1020（9th Cir. 2001）.

② See Perfect 10，Inc. v. Amazon.com，Inc.，508 F.3d 1146（9th Cir.2007）.

接进行改判。[①] 其次，上诉法院认为初审关于谷歌不构成帮助侵权部分的认定也存在问题。初审法院认为，即使假设谷歌对其系统上的侵权材料有实际了解，也没有对侵权行为作出实质性贡献，因为它没有进行任何实质性的宣传或广告来努力鼓励用户访问侵权网站，也没有为侵权网站提供可观的收入流。但上诉法院认为，实际上谷歌在很大程度上帮助网站向全球市场分发侵权拷贝，并帮助全球用户访问侵权材料，我们不能低估这样的服务对版权所有者的影响，即使谷歌的帮助对所有网站都是可用的，而不仅仅是侵权网站；通过测试发现，如果谷歌知道使用其搜索引擎可以获得侵犯 Perfect 10 图片的信息，采取简单措施就可以防止 Perfect 10 受版权保护的作品受到进一步损害，其并未能采取此类措施。所以，很可能构成帮助侵权，就此部分要求发回地区法院重审。最后，上诉法院支持了初审关于谷歌构成替代侵权的这一认定，同时支持了初审认定的亚马逊公司不构成被诉的替代侵权。对于前者，初审法院认为，对于谷歌认定的前提是原告已经证明，谷歌从第三方网站的侵权行为中享有直接的经济利益，以及谷歌具有控制侵权行为的权利和能力或拒绝监督，上诉法院认为这种认识是正确的；对于后者，初审法院认为亚马逊公司没有“监督谷歌或第三方侵权行为的权利和能力”，而且在此类活动中缺乏直接的经济利益，上诉法院发现，这种认识没

---

① 其理由是：谷歌展示版权人照片的缩略图是合理使用，根据版权目的综合考虑可以发现，这种做成缩略图的用途已经根本不同于 Perfect 10 原图的用途，而且通过这种转换使用（transformative use）为公众提供一种巨大利益，后者可通过使用谷歌的缩略图就未经证实的进行手机下载做权衡，所以这种情况不能构成直接侵权。See Perfect 10，Inc. v. Amazon.com，Inc.，508 F.3d 1146，（9th Cir.2007）.

有明显的错误。[①]

2017年的Blazer v. ebay案，原告起诉被告易贝对其专利构成直接侵权和引诱侵权，但是并没有起诉替代侵权责任。阿拉巴马北区法院针对本案进行了审理。原告拥有一项名为卡朋特蜜蜂夹（Carpenter Beetrap）的专利，原告认为在被告易贝网站上销售的某项产品侵犯了其专利权。原告根据易贝网站的知识产权保护政策提供了侵权通知表格和专利证明书复印件，但未提供易贝网站要求的认定该产品侵犯专利权的法院禁令。因此易贝公司并未开展专利侵权调查或采取任何措施。法院认为，在专利侵权案件中，仅凭侵权通知，不足以证明被告实际知道侵权事实；法院还表示应尊重平台自治模式，对平台遵照自身有效平台知识产权保护规则处理通知的行为，应当免于承担侵权责任。基于此，否定了上述两项诉求。[②]

电商平台知识产权间接侵权责任类型交叉实践，其基本原因在于平台知识产权间接侵权责任在规范上并不存在统一概念，而是以类型区分化的方式被规定的。一方面，这种类型区分宣示了一种限制或者说谨慎适用间接侵权责任的原则，也就是说原则上行为人对自己行为造成的损害负责，对他人的行为造成的损害无须负责，这是民法贯彻行为人自由理念的基本体现。正因如此，间接侵权责任在自身发展过程之中，受侵权法这种自由内在机理和价值的决定，可谓小心翼翼，以限制方式通过类型化发展出来。另一方面，帮助侵权责任、引诱侵权责任和替代侵权责任的区分非常重要，其适用

---

① See Perfect 10，Inc. v. Amazon.com，Inc.，508 F.3d 1146（9th Cir.2007）.

② See Blazer v. eBay，Inc.，2017 WL 1047572（N. D. Ala March 20，2017）.

条件和效果的差别，绝对不仅局限在规范技术上，其背后同时体现了具体情形下相关价值功能的合理要求。具体到知识产权保护和网络平台知识产权保护领域，更是如此，受到鼓励技术创新和技术服务中立政策更加复杂的影响，间接侵权责任在此领域的转化显得更加微妙。不同类型的确立和发展，或基于行为关联，或基于某种特殊法律关系基础，决定了各自在相关情景下实现侵权归责的特殊但合理的基础。它们之间，也或多或少地反映了一种梯级顺序，越晚出现往往越代表新的扩展需求，但在实践上就越具有不确定性。

第三节 3

我国电商平台经营者知识产权间接侵权责任的确立和扩展

一、我国电商平台经营者知识产权间接侵权责任的规定及困惑

我国知识产权法律实践开展以来，鉴于应对日益严峻的知识产权侵权形势的需要，一直努力解决如何合理转化间接侵权责任的问题，但也存在困惑。知识产权及其保护的特殊性使得对接起来颇费周折，导致不少疑问和分歧。① 电商平台兴起之后，又产生了平台知识产权侵权责任问题，电商平台服务背景下知识产权侵害更加频繁、

① 这种电商平台知识产权间接侵权责任类型设计的观念，与我国知识产权实践中产生的间接侵权责任类型观念存在相通之处。1982 年《专利法》、1984 年《商标法》以及 1990 年《著作权法》分别规定了专利侵权、商标侵权、著作权侵权，但并没有明确区分直接侵权和间接侵权，更谈不上对间接侵权责任加以清晰的类型规定。此后，司法实践中时有分歧，但很快承认间接侵权责任的存在，通常的做法都引入相关司法解释确立的帮助侵权、教唆侵权责任，但对于知识产权领域出现的特定主体基于控制关系而从他人侵权中谋利的情形，并没有像当时其他国家那样单独确立替代侵权责任，而是往往通过纳入替代侵权责任来处理。

形态更加复杂。通过《信息网络传播权保护条例》《电子商务法》《民法典》等一系列法律法规及相关司法解释，我国目前基本确立了电商平台经营者知识产权间接侵权责任制度。

但是，与国际上一些先行国家比较起来，相关规定的具体性和明确性还远远不够，特别是在类型上，只承认了帮助侵权责任与教唆侵权责任两种类型，没有明确引入替代侵权责任这一类型，导致在司法实践中如何运用受到局限，只能适用帮助侵权和引诱侵权责任来认定和处理平台内用户侵害知识产权时平台本身如何承担责任的问题。随着电商平台的崛起，在其控制能力不断强化和细分的趋势下，这种规范现状明显对平台滥用或放任控制能力问题难以应对，对于由此而来的平台知识产权侵权风险也明显欠缺应对之法。我国民法从 1986 年《民法通则》到 2020 年《民法典》，包括最高人民法院相关人身损害赔偿司法解释等，通过立法的不断完善，在侵权领域已经规定了一些替代责任的类型，如监护人对被监护人侵权行为承担责任等。但是，仍未能及时适应网络技术的发展，对于网络知识产权等特殊的间接侵权责任领域内进行转化的问题，法律规定的不完善，导致对于该问题该如何合理适用的现实困惑。目前我国《专利法》《商标法》及《著作权法》都没有对直接侵权与间接侵权进行明确区分，更没有对间接侵权责任的类型进行清晰的法定化、规则化。虽然司法实践中观点时有分歧，但是已经承认知识产权间接侵权责任的存在，一般的做法都是引用相关法律司法解释确立的共同侵权中的帮助侵权与教唆侵权责任。但是针对知识产权领域新呈现的网络平台基于控制关系而从其用户侵权中来谋利的情形，并没能像其他国家一样单独认定为替代侵权责任，司法实践往往将这种情形作为帮助侵权责任来认定。

我国2006年出台、2013年修订的《信息网络传播权保护条例》，适应了网络环境中版权保护的新形势，在一定程度上借鉴了美国1998年制定的《千禧年数字版权法》第512条的相关规定，但是又有诸多不同。《信息网络传播权保护条例》第20条至第23条确立了针对四类网络服务提供者的避风港适用规则，同时细化了著作权领域间接侵权责任相关制度，转化确立了著作权领域的教唆侵权责任和帮助侵权责任这两种类型，但是对于替代侵权责任这一类型却在条文中采取了模糊的处理。第20条至第23条分别列举了“提供自动接入（传输）服务”“提供自动存储服务”“提供信息存储空间”和“提供搜索、链接服务”四种类型的网络服务提供者，并且分别针对其“驶入避风港”的条件进行了规定。其中第22条规定的是信息存储服务提供者，明确了该类网络服务提供商的免责条款。[①]由行文可以看出，第22条的5项应为并列关系，如果想要适用第22条的免责，就需要同时满足列明的全部5项免责要件。[②]或者换句话说，如果不满足其中任何一项，就可能仍然导致网络服务提供者承担责任。值得注意的是，第4项在表述上相对比较微妙——“（四）未从服务对象提供作品、表演、录音录像制品中直接获得经济

① 参见《信息网络传播权保护条例》第22条规定。

② 参见姚鹤徽：《论著作权法替代责任制度——兼评我国立法相关条款的完善》，载《华中科学技术大学学报（社会科学版）》2013年第5期。

利益”。[①] 有观点就认为，第 4 项的表述实际上为引入网络平台替代侵权责任独立类型找到了解释空间，可以解释为转化确立了平台替代侵权责任的类型。因为，参考美国《千禧年数字版权法》的规则逻辑，由该项表述反推论，似乎可以理解为网络平台“从服务对象提供作品、表演、录音录像制品中直接获得经济利益”时，应当承担相应的替代侵权责任。[②] 但该表述本身也容易产生一种过于宽泛的望文生义的解读，即认为似乎只需要满足“直接获取经济利益”这一项要件，网络平台就要承担替代侵权责任，而不像在美国网络平台承担替代责任要求同时满足两个构成要件，还需要平台具有“控制能力”。甚至有观点认为，平台直接获取了经济利益就可以推定有过错，承担帮助侵权责任，而无须再考虑是否有控制能力。[③] 最高人

① 参见 2013 年《信息网络传播权保护条例》第 22 条规定：“网络服务提供者为服务对象提供信息存储空间，供服务对象通过信息网络向公众提供作品、表演、录音录像制品，并具备下列条件的，不承担赔偿责任：（一）明确标示该信息存储空间是为服务对象所提供，并公开网络服务提供者的名称、联系人、网络地址；（二）未改变服务对象所提供的作品、表演、录音录像制品；（三）不知道也没有合理的理由应当知道服务对象提供的作品、表演、录音录像制品侵权；（四）未从服务对象提供作品、表演、录音录像制品中直接获得经济利益；（五）在接到权利人的通知书后，根据本条例规定删除权利人认为侵权的作品、表演、录音录像制品。”5 个款项为并列关系，如果要获得第 22 条的赔偿免责，就必须同时满足全部 5 项免责要件。

② 参见陈阳：《视频分享网站直接经济利益认定》，载《中国版权》2014 年第 2 期；万柯：《如何判定著作权侵权替代责任中的直接获利》，载《中国知识产权报》2014 年 8 月 8 日，第 10 版；姚鹤徽：《论著作权法替代责任制度——兼评我国立法相关条款的完善》，载《华中科学技术大学学报（社会科学版）》2013 年第 5 期；周沈辉：《视频分享网站著作权侵权替代责任研究》，华东政法大学 2012 年硕士学位论文。

③ 参见陈阳：《视频分享网站直接经济利益认定》，载《中国版权》2014 年第 2 期；万柯：《如何判定著作权侵权替代责任中的直接获利》，载《中国知识产权报》2014 年 8 月 8 日，第 10 版。《审理信息网络传播权案件若干规定》在征求意见稿就曾采用了“提供信息存储空间服务的网络服务提供者从其网络用户提供的作品、表演、录音录像制品中直接获得经济利益的，人民法院可以推定其对该网络用户侵害信息网络传播权的行为具有过错”的意见。但是，如果以此理解和实践，就会对网络平台苛以比美国《千禧年数字版权法》规则更重的责任，将会对网络产业的商业模式产生较大的负面影响。参见王艳芳：《〈最高人民法院关于审理侵害信息网络传播权民事纠纷案件适用法律若干问题的规定〉的理解与适用》，载《人民司法（应用）》2013 年第 9 期。

民法院于 2013 年 1 月实施新的相关司法解释，即《最高人民法院关于审理侵害信息网络传播权民事纠纷案件适用法律若干问题的规定》第 7 条、第 8 条明确了帮助侵权、教唆侵权的区分[①]，却并没有对替代侵权责任的区分作出明确释义，但在第 11 条对《信息网络传播权保护条例》第 22 条第 4 项的具体适用专门增加了较高注意义务的要求。[②] 这种模糊的做法，导致了司法上将替代侵权纳入帮助侵权的构成要素理解来处理的倾向，即将“控制能力”视为帮助侵权架构下“应知”过错的一个判定因素。[③]

2018 年，我国又出台专门的《电子商务法》，以更加统一和简化的方式建立平台知识产权保护规则，通过第 41 条至第 45 条系统规定了电子商务平台承担保护知识产权的义务和责任。[④] 除了赋予电子商务平台自主建立保护规则和加强保护合作职责（第 41 条）之外，其他主要都是围绕“通知—删除”等必要措施规则展开，并根据违反义务相关情况规定了不同责任，包括连带责任、扩大部分连带责

---

① 参见《最高人民法院关于审理侵害信息网络传播权民事纠纷案件适用法律若干问题的规定》第 7 条、第 8 条。

② 参见《最高人民法院关于审理侵害信息网络传播权民事纠纷案件适用法律若干问题的规定》第 11 条。可见，该条对《信息网络传播权保护条例》第 22 条第 4 项的具体适用，认为在此情况下，其对网络用户的侵害信息网络传播权的行为应该负有较高的注意义务。

③ 参见“数龙公司诉苹果公司等侵害著作权、不正当竞争纠纷”一审判决，即（2015）海民（知）初字第 25704 号民事判决书；以及最高人民法院 2015 年对苹果公司系列案件裁定书：（2015）民申字第 1296 号民事裁定书；（2015）民申字第 1297 号民事裁定书；（2015）民申字第 1298 号民事裁定书；（2015）民申字第 1299 号民事裁定书；（2015）民申字第 2198 号民事裁定书等。

④ 参见周学峰：《“通知—移除”规则的应然定位与相关制度构造》，载《比较法研究》2019 年第 6 期。该文揭示了对不同知识产权在司法实践中具体区分的必要性，法院在具体适用时应当根据具体知识产权类型的不同予以区别把握。

任、加倍赔偿责任等。[①] 但是，并未明确是否区分帮助侵权、教唆侵权、替代侵权等形态，因此仍然引起困惑。《电子商务法》系统规定了电商平台保护知识产权的相关义务和责任，其中就包括间接侵权责任，但在类型区分问题上似乎显得更加模糊。[②] 该法主要在“通知—删除”规则及红旗规则等方面规定得更明确了，但是没有作出间接侵权责任类型的划分，仍然难以确定是否可以在实践中适用替代侵权责任来规制“控制能力”问题。[③] 目前《民法典》基本维持了《电子商务法》的规定和格局，对于网络平台经营者仍然只是概括确立了间接侵权责任，没有释疑。

二、我国司法实践的基本立场和处理方式：扩展帮助侵权责任及其不足

上述法律对于电商平台经营者确立了间接侵权责任，在类型上限于帮助侵权和引诱侵权两种类型，而没有引入替代侵权责任。司法实践并没有出现从中推论包括替代侵权责任类型的做法，针对实际出现的网络平台控制问题，主要处理方式还是纳入帮助侵权责任来认定。2012 年出台的《最高人民法院关于审理侵害信息网络传播权民事纠纷案件适用法律若干问题的规定》，甚至对帮助侵权中的教唆行为做了单独划分，规定了所谓教唆侵权，但未对替代责任做区

---

① 姚鹤徽：《论著作权法替代责任制度——兼评我国立法相关条款的完善》，载《华中科学技术大学学报（社会科学版）》2013 年第 5 期。

② 参见周学峰：《“通知—移除”规则的应然定位与相关制度构造》，载《比较法研究》2019 年第 6 期。

③ 重点参见《电子商务法》第 42 条至第 45 条。

分规定，观念上将其纳入帮助侵权来进行认定。[①] 实践中，对帮助侵权采取扩展适用，能在一定程度上弥补替代侵权责任缺席的问题。具体来说，网络平台是否具备"控制能力"，在具体案件中，仅仅被视为判断帮助侵权架构下的过错要件当中是否"应知"的考虑因素之一，而不是像美国那样明确发展出"替代侵权责任"的类型加以单独处理。北京市海淀区人民法院在 2015 年的"数龙公司诉苹果公司等侵害著作权、不正当竞争纠纷"一审判决中指出：网络服务提供者是否构成帮助侵权，核心在于判断其是否存在主观上明知抑或应知的过错，也就是判断在提供网络服务的时候网络服务提供者应尽到何种程度的合理注意义务；合理注意义务之程度，应综合考虑网络服务提供者对其平台中的相关用户的控制能力，是否存在主动对诉争作品进行了选择、编辑、推荐等行为，是否从网络用户提供的侵权作品中获得了直接经济利益等各类因素。[②] 在 2015 年年底苹果公司的系列案件中，最高人民法院也裁判认为，应当根据网络服务提供者的过错，确定其是否承担教唆、帮助侵权责任，其中，应依据具体的侵权事实是否明显，综合考虑网络服务提供者提供服务应当具备的管理信息的能力以及是否积极主动地对作品开展了选择、编辑、推荐等各种因素，来认定其是否构成应知。[③]

---

① 参见王艳芳：《〈最高人民法院关于审理侵害信息网络传播权民事纠纷案件适用法律若干问题的规定〉的理解与适用》，载《人民司法（应用）》2013 年第 9 期；最高人民法院知识产权庭负责人就信息网络传播权司法解释答记者问。

② （2015）海民（知）初字第 25704 号民事判决书。

③ （2015）民申字第 1296 号民事裁定书；（2015）民申字第 1297 号民事裁定书；（2015）民申字第 1298 号民事裁定书；（2015）民申字第 1299 号民事裁定书；（2015）民申字第 2198 号民事裁定书等。

但是，纳入帮助侵权责任的处理方式，显然与确立独立的替代侵权责任类型有很大不同，当前的网络平台技术和运营模式发展背景，难以应对当前电商平台权力崛起的实际。网络平台基于技术和应用的发展，与实际生活全面融合，导致了各种各样类型的功能演化，在很多情形中不仅可能通过各种运营获得直接经济利益，而且也具备了越来越高的控制能力，与用户形成不同程度的控制关系。在平台获得直接经济利益，且这种利益获得又实际取决于对用户行为的控制之时，再将用户的行为责任简单归属于用户肯定是不合理的，而简单认为平台在这种情形中只是起到了帮助、引诱作用也是不恰当的。如果在这种情况下，仍然只是让直接侵权用户来负责而不让平台负责显然是不合理的，这等于是最终不公平地让知识产权权利人来承担这种平台化加大的侵权风险。同时，简单套用现有的帮助侵权责任或者引诱侵权责任都不能达到合理的规范效果，难以规制电商平台可能的控制滥用或放任行为。前者帮助侵权责任在很大情况下通过不作为就能达到协助用户侵权的可能，后者引诱侵权责任具有实施某种实际行为来参与或者促使用户侵权发生的一定积极行为要求，直观可见它们之间仍存在很大的调整空白。

三、我国电商平台知识产权间接侵权责任制度的合理化

从全球视野来看，我国互联网发展迅速，在产业规模上已跻身国际平台经济大国，正在发展为平台经济强国。正是在这样的大背景下，网络法律保障与治理显得更加迫切和重要。我们注意到，随

着现代互联网技术与网络社会经济的高速发展，网络服务所呈现的平台化趋势也在不断迭代升级，其中网络平台、平台内用户和知识产权权利人等相关主体的法律关系也越来越复杂化。我国出于对发展迅猛的平台经济支持和健康规范的需要，对相关平台知识产权间接侵权责任司法实践做了许多有益探索，但也引发很多疑问。目前已经转化确立了帮助侵权责任和引诱侵权责任（教唆侵权的转化），但是对于是否应确立替代侵权责任仍甚为纠结。[①] 例如，有著名学者赞成要对平台滥用控制能力的情形施以特殊的间接侵权责任，但不同意引入替代侵权责任而主张适用共同侵权责任。[②] 可见，如何合理确定网络平台"控制能力"的法律效果，已成为当今网络平台知识产权法律制度的一个前沿问题和难题。

笔者认为，在电商平台知识产权保护制度中，转化引入替代侵权责任类型更加合理。在互联网技术和相关应用发展壮大的背景下产生了平台"控制能力"的问题，平台基于其功能类型，越来越对平台内用户的活动形成法律上的和实际上的控制。我们在网络侵权、网络知识产权治理相关立法上已经有重要建树。无论是 2009 年《侵权责任法》第 36 条、2013 年修订的《信息网络传播权保护条例》、2018 年制定的《电子商务法》具有的相关规定，还是 2020 年《民法典》侵权责任编作出的相关规定，以及知识产权相关法律，都着重

---

① 参见王迁：《论版权"间接侵权"及其规则的法定化》，载《法学》2005 年第 12 期；刘家瑞：《版权法上的转承责任研究》，载《知识产权》2011 年第 3 期；万柯：《网络等领域垄断看门人的替代责任》，载《环球法律评论》2011 年第 1 期等。

② 参见吴汉东：《侵权责任法视野下的网络侵权责任解析》，载《法商研究》2010 年第 6 期。

加强对于网络平台上日益加剧的知识产权侵权乱局的治理，效果也很明显。但是对平台权力崛起后控制能力带来的各类新问题，目前还没有足够的预期和重视，在现实中存在规制上的较大空白。尽管我国《信息网络传播权保护条例》第 22 条第 4 项可以为引入替代侵权责任找到一定程度的解释空间，但是由于没有明确提到“控制能力”要件，其解释适用仍然具有很大的争议性和不确定性。这种情况显然不利于网络平台崛起时代知识产权的保护，也不利于督促平台加强相关自主管理。这不能不说是巨大的遗憾。

建议我国尽快在立法修改或者制定的司法解释中进行明确和完善，完善相应间接侵权责任规范，面对现实中平台控制能力正在不断加强的趋势，及时明确引入替代侵权责任类型规定，充分回应现有平台知识产权实际保护需要。比较法上，在网络平台知识产权间接侵权责任的认定问题上，网络相对成熟的国家或地区早已将网络平台具有“控制能力”情况下产生的用户知识产权侵权的责任承担问题纳入思考，构建起一整套替代侵权责任规则。在多年的司法实践中，其也就平台“控制能力”这一基础和重要要件的认定标准积累了很多经验，这些是值得我们借鉴的。国际上的整体趋势是，伴随着平台自身的不断发展与控制能力的不断增强，司法实践中也在呈现一种不断扩展间接侵权责任适用的态势。替代侵权作为平台的一种间接侵权类型，不宜泛化设计，否则会使平台负担过重，会影响平台运营的积极性，最终会影响到用户利益，因此需要有所节制。为此，需要引入相应的责任发生限制安排，就是设定“直接获得经济利益”和“控制能力”这两个条件。只有如此，才能正确处理问题，可以较好地实现权利人、用户、平台三方利益的平衡。直接获利并不必然导致承担责任，需要结合“控制能力”等要素，并由法官在个案中进行裁量，而且在网络服务类型因素的考量中，网络服务提供者对系统上内容的识别与控制能力越强，它的注意义务相应就越高。[①] 当前，在立法尚未明确的情况下，司法也不应消极等待，而应该就现在的相关立法规定，立足实际发展，借助侵权法的替代侵权责任规则进行体系类推，就平台“控制能力”问题果断引入替代侵权责任加以适用。

① 司晓：《网络服务提供者知识产权注意义务的设定》，载《法律科学（西北政法大学学报）》2018 年第 1 期。

第六章

跨境电商国际知识产权保护特殊问题与法律对策

第一节

跨境电商国际知识产权保护的挑战和主要问题

一、跨境电商的概念、特征和基本分类

在网络信息化时代，电商已经成为国际贸易的重要组成部分，是世界经济的主要形态之一，同时也是经济全球化、贸易自由化的重要体现。[①] 电子商务活动天然地具有全球性、开放性的特点，难依国家地域截然分割。[②] 其容易冲破国家之间的物理边界和地域隔离，从而形成跨境电商活动。在高科技产业的激烈竞争中，许多高科技公司都通过电子商务与知识产权的授权将产品的非核心零件部分委外开发及生产，且多分散在不同的国家或地区。电子商务跨境发展的结果，即为跨境电商（cross-border electronic commerce）的兴起。在对外贸易不断深化、全球化趋势更加明显的今天，随着互联网信

---

① 汤明亮:《我国跨境电商法律监管现状分析及对策探讨》，载《中国市场》2020 年第 3 期。

② 尹中卿主编:《中华人民共和国电子商务法解读》，中国法制出版社 2018 年版，第 16 页。

息技术的广泛应用，特别是移动通信技术的发展，众多企业纷纷加入跨境电商行列。[①] 跨境电商是一种交易主体分属在不同国境或区域的新型国际贸易商业模式，以电子数据交换和网上交易为主要内容，具有全球性、无纸化、无形性等特点。从其发展趋势来看，除了传统货物贸易和服务的电子化之外，还存在一种将所有与数字经济、数字贸易有关的问题纳入电商的趋势。[②] 全球贸易进入“互联网 +”时代以来，作为一种新型外贸方式，跨境电商发展迅猛，打破了国界障碍，使得国际贸易走向“无国界贸易”，带来全球经济贸易的巨大变革，在贸易全球化方面发挥了极大的促进作用。

目前，相关国际协定对“电子商务”还没有明确界定，从不同国家之间具有电子商务章节内容的各类自由贸易协定（FTA）来看，包括 TPP 在内，还都没有明确对电子商务给出定义。从理论上来说，目前关于跨境电子商务可以从广义和狭义两个角度加以理解。广义为电子技术交易说或网络化、电子化新型贸易方式说，是指交易主体以数据电文形式或通过互联网等电子技术，开展跨越关境的国际商业活动。[③] 可见，其泛指将电子商务技术运用于跨境交易任何环节的商业模式，[④] 既包括不同国别或地区间的交易主体利用一般电子技术完成的国际商业活动，也包括通过所谓电商平台或信息交互平台

---

① 参见范娜：《跨境电商中知识产权保护的困境与对策研究》，载《北方经贸》2019 年第 5 期。

② 中国信息通信研究院互联网法律研究中心：《数字贸易的国际规则》，法律出版社 2019 年版，第 8 页。

③ 参见范筱静：《跨境电子商务的法律制度发展以及我国相关立法评述》，载陈辉：《海关法评论》，法律出版社 2015 年版；刘娟：《小额跨境外贸电子商务的兴起与发展问题探讨——后金融危机时代的电子商务及物流服务创新》，载《对外经贸实务》2012 年第 2 期。

④ 参见冯晓鹏：《跨境电商通关：运营与合规》，法律出版社 2019 年版，第 3 页。

实现的国际商业活动。狭义即严格意义上则指电子交易平台交易说，即不同关境内的交易主体在电商平台或信息交互平台实现的国际商业活动，包括在电子商务平台上达成合约、进行结算，并由电商经营者通过国际物流来支持实现商品或者服务的交付。[①] 包括如下几个方面的内容：交易的商品来源于分属在不同国境或区域的主体；交易各方通过电商平台并以电子的方式进行交易；卖方通过国际物流完成对买方的交付。跨境电商平台背后是跨境电商平台经营者。跨境电商平台经营者，是指在跨境电商中为分属在不同国境或区域的交易主体提供网络经营场所和交易撮合以及信息发布等各类服务，供其独立地开展交易活动的组织，可以是法人也可以是非法人组织。[②] 通常认为，一般跨境电商平台交易，等同于跨境网上零售。

跨境电商与传统外贸相比，具有跨境性、电子化或数字化、模式多样化或个性化、灵活性、高频次或碎片化和低货值等特征。[③]（1）跨境性。与传统贸易相比，跨境电商突破了地域限制。[④] 突出表现为两个方面：一是主体跨境性，交易主体分处于不同国家或地区。二是商品或服务跨境性，所以为了实现交易目的需借助物流跨境送达商品。（2）数字化。跨境电商通过互联网工具或者信息交互平台

① 参见王理：《跨境电子商务立法的比较研究——兼论对我国自贸区经济发展的启示》，载《中国商论》2016 年第 15 期；郭晟、刘承祖：《浅析跨境电子商务中平台责任——以知识产权保护为视角》，载知产力官网，http://news.zhichanli.com/article/8888.html，最后访问日期：2020 年 5 月 24 日；参见上海社会科学院经济研究所课题组：《中国跨境电子商务发展及政府监管问题研究——以小额跨境网购为例》，载《上海经济研究》2014 年第 9 期。

② 冯晓鹏：《跨境电商通关：运营与合规》，法律出版社 2019 年版，第 4 页。

③ 冯晓鹏：《跨境电商通关：运营与合规》，法律出版社 2019 年版，第 5 页。

④ 徐凡：《跨境电子商务基础》，中国铁道出版社 2017 年版，第 28 页。

开展。互联网的连通性使不同国家或地区间的交易高效化成为可能，既帮助发布与获取商品信息，又在支付和物流等方面发挥重要作用。（3）模式多样性或个性化。跨境电商模式也有广义与狭义两种理解，广义主要包括 B2B、B2C、C2C 等若干类型；狭义是指面向最终消费者的网络零售，包括零售进口和零售出口，仅限于 B2C、C2C，不包括 C2C。[①]（4）灵活性和即时性。跨境电商通过电子化与服务平台进行，能够灵活实现不同国家或地区企业之间、企业与最终消费者之间的直接交易，一般是即时发生的按需采购、销售和消费。（5）小额多频或碎片化。跨境电商发生在单个企业之间，或者是单个企业与单个消费者之间，相对传统贸易呈现出小批量特点，通常单次交易额较少，有时甚至是单件交易，交易的次数、频率通常也较高，因此兼具低货值特点。[②]

按照不同标准，跨境电商可以划分为不同的类型。依据货物流通的方向不同，可以划分为跨境进口电商和出口电商。所谓“海淘”是指跨境电商进口，近几年得到快速发展，因此引发广泛关注。以阿里巴巴国际站、全球速卖通等崛起为代表，跨境电商出口在我国出现较早，目前已经比较完备。[③]其中，跨境电商进口按照交易参与方不同，广义又可分 B2B、B2C 和 C2C 等。但通常意义的跨境电商进口实际指 B2C 电商进口，包括“网购保税进口”和“直购进口”两种形式。

---

① 参见《跨境电商推动普惠贸易时代到来》，载《中国贸易报》2018 年 12 月 20 日。

② 徐凡：《跨境电子商务基础》，中国铁道出版社 2017 年版，第 28 页。

③ 冯超：《跨境海淘知识产权保护的困境与破局》，载搜狐网，https://www.sohu.com/a/347688206_221481，最后访问日期：2020 年 7 月 16 日。

2018 年 11 月 28 日，商务部、国家发改委等六部门联合下发《关于完善跨境电子商务零售进口监管有关工作的通知》(以下简称《跨境零售进口监管通知》)，第 1 条便界定了跨境电商零售进口，是指在中国境内的消费者通过跨境电商第三方平台经营者从境外购买商品，同时通过“网购保税进口”或者“直购进口”将商品运送进境的特定消费行为。需要予以说明的是，依据《跨境零售进口监管通知》的规定，国内消费者如果系直接在国外的电商平台购买了商品，然后按照行邮的方式进口到国内，这种消费行为则不属于跨境电商进口。

二、我国跨境电商发展现状与趋势

我国跨境电商发展非常踊跃，占据世界领先地位。跨境电商是中国国际贸易的重要组成部分。根据 eMarketer《2019 全球电子商务报告》发布的数据，2019 年，我国电子商务交易额约占全球电商总额的 54.7%，占物流快件总额的 40%。我国跨境电商能够取得这样的发展，原因至少有以下两点：

一是我国跨境电商平台化得到巨大发展并不断努力驱动的结果。例如，阿里巴巴负责人在第二届跨境电商峰会上宣布，会帮助 100 个中国品牌走向海外市场，由“中国制造”到“中国创造”最终再到“中国品牌”。[①] 这一点与美国相似，但与平台化不够发达的欧洲有所不同。目前，欧洲电商跨境贸易主要是使用 B2B 的互联网形式

① 钊阳、戴明锋:《中国跨境电商发展现状与趋势研判》，载《国际经济合作》2019 年第 6 期。

进行，内容多为数字传输的贸易，包括音乐、游戏、软件、录像等数字化的产品及数字化的服务。我国电商跨境贸易则是以货物贸易为基础，在电商平台的支持下，把传统对外贸易转化为通过互联网平台来完成。①

二是我国国家政策和相关国际环境努力促成的结果。我国一直积极鼓励发展跨境电商，为此推出一系列利好政策。例如，我国电商在"一带一路"倡议的带动下，与世界各国或地区线上商贸发展迅速，范围拓展到欧洲、亚洲、非洲等地，商品销往签署了共建"一带一路"合作文件的俄罗斯、韩国、越南、以色列等一百多个国家或地区。② 又如，国务院 2020 年 4 月 27 日，为了推动产业转型升级、开展品牌建设以及引导跨境电子商务全面发展，同意在包括雄安新区等在内的 46 个城市和地区设立跨境电子商务综合试验区，复制推广前四批综合试验区的经验和做法，旨在全力以赴稳住外贸和外资的基本盘，推进跨境贸易高质量发展。③ 目前，我国跨境电商平台超过 6000 家，也有观察认为从利润上来说似乎并不乐观，中小卖家同质化竞争激烈，物流成本居高不下，加上汇率变动、退换货等影响，能够盈利的非常少，其中能够盈利的不到 5%。④

---

① 贺少军:《积极参与全球数字贸易规则制定》，载《国际商报》2020 年 4 月 23 日，第 3 版。

② 钊阳、戴明锋:《中国跨境电商发展现状与趋势研判》，载《国际经济合作》2019 年第 6 期。

③《国务院关于同意在雄安新区等 46 个城市和地区设立跨境电子商务综合试验区的批复》(国函〔2020〕47 号，2020 年 4 月 27 日)。

④ 钊阳、戴明锋:《中国跨境电商发展现状与趋势研判》，载《国际经济合作》2019 年第 6 期。

三、跨境电商平台介入及其知识产权保护问题的复杂性和特殊性

电商平台介入跨境交易成为我国和美国当前跨境电子商务的最典型形态。全球电商零售排名前十的企业，目前主要集中在美国和中国，而且基本都是电商平台企业。我国电商平台企业介入跨境交易的为京东、阿里巴巴等，其收入主要来自国内；国外电商平台企业介入跨境交易的有苹果、易贝等，主要零售收入通常来自其在海外设立的国际子公司。[①] 跨境电商平台与知识产权之间的关系非常密切，其交易标的、表彰这些标的来源的品牌及网站基础架构等，通常都是知识产权客体。近年来，随着在全球贸易中跨境电商出口的产业比重增加，各国或地区电商平台之间竞争越发激烈，这种情况也带来了跨境电商交易中知识产权保护问题的复杂性和特殊性，知识产权保护成为备受关注的问题。如何避免侵犯他人的知识产权，同时也避免被他人侵犯知识产权，成为跨境电商理论界与实务界共同关注的问题。[②]

① 参见联合国贸易和发展大会报告“*In Search of Cross-border E-Commerce Trade Data*”（2016 年 4 月），第 12 页。

② 参见冯晓鹏：《跨境电子商务的法律与政策研究》，吉林大学 2019 年博士学位论文。该文认为跨境电商可以概括为分属不同国家或地区的交易主体，借助互联网等电子化通信手段促成交易（交易询价、谈判磋商、缔结合同、履行合同等），并以跨境物流或异地仓储的方式送达商品、提供服务、实现交易的跨境商务活动。广义上的跨境电商可以泛指在跨境交易的任一环节运用到电子商务技术的商业模式。根据商品流向分为跨境进口和跨境出口，根据交易性质的不同可以分为一般贸易与跨境电商零售。本书也对中国跨境电商发展的宏观政策环境和发展概况进行了系统梳理，近年来在电子商务经济快速发展的背景下，乘着国家重要政策和事件推动的东风，跨境电商呈现迅猛蓬勃的发展态势，并且为各国或地区经济社会发展做出了重要贡献，驱动了科技创新、创造了就业机会、引领了消费潮流，将伴随国家“一带一路”倡议、世界跨境电商大会、《世界海关组织跨境电商标准框架》审议发布、粤港澳“大湾区”的通关一体化建设等政策红利取得进一步长足发展。

跨境电商平台知识产权保护所面临的挑战或问题，既有与国内电商平台相同之处，如同样会基于主导型平台化发展而导致平台经营者形成新的控制地位问题，由此带来加重经营者知识产权保护义务和责任的趋势，同时又有与国内平台明显不同的地方，主要是基于不同国家或地区知识产权保护通常存在地域差异的事实，使得电商平台跨境本身容易导致频繁的知识产权保护涉外冲突，进而产生对其如何妥当应对的特殊复杂问题。这种类型的知识产权保护问题具有涉外因素，系指争议主体、争议标的和有关法律事实等构成要素中至少有一项超出一国范围以外。[①] 在法律实践方面，对相关案件的审理必须依赖于多国政府和司法部门的协作，故不仅在抑制侵权泛滥的问题上具有较大难度，也极易引发国际贸易摩擦。[②] 有学者认为，跨境电商平台知识产权治理的复杂性可以归结为根源性、现实性和理念性等原因。[③]

一方面，跨境电商平台模式带来的变化与传统国际知识产权保护制度相对落后之间存在矛盾，容易诱发国际知识产权侵权。跨境电商平台不断推出具有颠覆性的信息技术，容易挑战和破坏传统国际知识产权保护体制，导致不同国家适应情况差异较大。[④] 首先，跨境电商平台交易不同于传统的贸易，它是基于互联网平台发展起来的新型商业模式，互联网平台高速、便利、聚集的特点打破了买卖

① 黄霖:《跨境电子商务知识产权侵权案件管辖权问题研究》，华侨大学 2017 年硕士学位论文。

② 徐明、陈亮:《中美经贸协议背景下电商知识产权保护优化路径研究》，载《国际贸易》2020 年第 3 期。

③ 胡炜、马晓:《跨境电子商务知识产权治理的困境与解决路径》，载《商业经济研究》2019 年第 1 期。

④ 参见恽轶群:《电子商务中知识产权国际保护之研究》，中国政法大学 2007 年博士学位论文。

双方在传统贸易中存在的地域、空间上的壁垒，更容易引发对知识产权的侵权纠纷。跨境电商平台中与智力创造有关的信息成果的产生更便捷、传播更快速，所以也更容易产生著作权、商标权、专利权等知识产权的侵权问题。其次，跨境电商的跨境远程化特点，以及网络空间的虚拟性、隐蔽性和便捷性本身也增加了知识产权侵权的风险及降低了违法的成本。跨境电商基于运营特征，在跨境的虚拟空间进行交易的过程中难免涉及对于知识产权维权及平台合规审查的难题。部分商家容易产生“搭便车”的想法，存在一种不易受到追究的侥幸心理。

另一方面，知识产权的属地主义与跨境电商的全球化特性存在矛盾，也使得跨境电商在平台交易中容易发生知识产权侵权现象。首先，知识产权保护的法律制度具有地域性，从网络服务提供者的角度来看，经营跨境业务的电商平台与仅经营国内业务的电商平台并无明显差别，但是交易的相对方位于境外，无论是进口业务还是出口业务都涉及不同的法域。[①] 各国或地区知识产权法对于各种知识产权取得、行使、保护范围和保护期限等方面的规定存在差异。比如，在专利申请程序上，一些国家或地区以“发明时间”为准，而另外一些国家或地区则以“登记时间”为准；在版权保护期限上，一些国家或地区的保护期限至作者死后25年，而另一些国家或地区则是50年。即使同受国际公约约束，但基于“独立保护原则”，具体制度也有待各国或地区内部法的规定。[②] 各国或地区对跨境电商基于全球性

---

① 参见冯晓鹏:《跨境电商通关：运营与合规》，法律出版社2019年版，第243页。

② 李双元、欧福永:《国际私法》，北京大学出版社2018年版，第221页。

的特质，当然希望相关电子商务法律包括相关知识产权保护法律在内，不但是国内法同时也应该是国际法，即应该具有国际可适用性，但实际情况却是，主权国家出于各种主客观原因（包括国家发展利益或者其他原因），总是在制度设计中存在一些差异。例如，并非所有国家都有《千禧年数字版权法》之类的法律，因此难免产生法律隔阂和相互抵牾。[①] 又如，许多国家或地区要求搜索引擎等服务商删除其在美国没有义务删除的链接，德国、阿根廷和日本便都曾要求谷歌更改某些诽谤个人或误导用户的搜索结果。[②] 再如，各国或地区"删除—通知"可比性和趋同化虽然明显，但是仍然可能存在重要差别。通常认为，我国和美国就明显存在差别，我国《信息网络传播权保护条例》似乎参考了避风港规则，但在理解和适用上还存在一定问题，比较一般避风港规则的设立情况，定位上没有作为清晰的免责机制，只是起到了一定程度上对责任进行澄清的作用。[③]2018 年《电子商务法》上的相关"通知—删除"规则与其说是基于避风港规则的免责规则，不如说是一种基于治理责任而产生的归责机制。[④] 此种特殊性，必然影响着跨境电商平台在知识产权保护中的合理注意

---

① See Corey Omer，Intermediary Liability for Harmful Speech：Lessons from Abroad，28 HARV. J.L. & TECH. 290（2014）.

② See Frank Pasquale，The Black Box Society，Harvard University Press（2015），p.198. 但是，正在谈判的贸易协定可能会由美国主导，最终使针对中介人的豁免和有罪不罚政策进一步国际化。See Frank Pasquale，Platform Neutrality：Enhancing Freedom of Expression in Spheres of Private Power，17 Theoretical Inquiries L. 487，513（2016）.

③ 参见李浩：《我国避风港规则适用问题研究》，南京工业大学 2019 年硕士学位论文。

④ 参见薛虹：《网络服务提供者中介责任"避风港"的比较研究》，载《中国版权》2011 年第 4 期。

义务及法律责任。[①] 其次，各国或地区法律规范的不一致导致跨境电商活动监管方面国家管理的困难，事实上也容易产生追责困难。跨境电商与国内电商在知识产权保护问题上有诸多差异，这些差异主要来源于知识产权的地域性、交易参与方的复杂性以及各国知识产权保护制度的差异性，由此导致跨境电商在权利用尽、知识产权纠纷的管辖、判决执行等多个方面和国内电商具有显著差异。[②] 有的国家跨境电子商务知识产权的监管很严格，有的国家监管相对宽松，甚至有的国家根本缺少针对跨境电子商务知识产权保护的明确立法规范。现实中，跨境电商商品的进口和外销渠道复杂，生产来源多样，还存在代加工等问题，使得相关保护呈现出更大的复杂性和困难，容易导致海关对产品的真假难以识别，以及对知识产权侵权行为的认定困难等。

跨境电商知识产权侵权违法成本偏低，导致各方在利益驱动下，往往铤而走险，因此跨境电商平台知识产权纠纷频发、缺乏统一处理规范。跨境电商平台上相关知识产权侵权事件频发，著名的如小猪佩奇著作权侵权纠纷、UGG 商标侵权案、指尖系列事件、手机支架遭 337 调查事件等案件。[③] 我国海关总署于 2017 年发布《中国海关知识产权保护状况》，专门提及当年对于互联网领域的侵权假冒行为进行了跨境电商专项治理，严打进出口中发生的假冒侵权，除了日

---

① 郭晟、刘承祖：《浅析跨境电子商务中平台责任——以知识产权保护为视角》，载知产力官网，http://news.zhichanli.com/article/8888.html，最后访问日期：2020 年 5 月 24 日。

② 冯超：《跨境海淘知识产权保护的困境与破局》，载 https://www.sohu.com/a/347688206_221481，最后访问日期：2020 年 7 月 20 日。

③ 参见屈幸：《跨境电商知识产权保护问题研究》，吉林财经大学 2019 年硕士学位论文。

常业务之外，还持续开展了“清风”“龙腾”等针对知识产权保护的一系列专项行动，以促进跨境电商产业的健康发展。[①]

跨境电商平台知识产权侵权现象泛滥蔓延，会严重阻碍跨境电商的良性发展，因此，知识产权保护问题已成为今天跨境电商活动中的一个重要课题。在这样的背景下，加强和合理构建跨境电商平台知识产权保护相关制度就显得更加必要和迫切。应当立足电商平台跨境交易特点，研究其知识产权保护需要和发展趋势，回应跨境电子商务平台新科技对既有知识产权制度的挑战，制定并实施相关知识产权保护举措。也应注意从战略高度做好国际知识产权保护，保障我国跨境电商正常发展，促进企业自主创新和保护国家技术安全，更好地维护自己的经济利益。[②]

---

① 参见冯晓鹏:《跨境电商通关：运营与合规》，法律出版社 2019 年版，第 246 页。

② 参见郝若兰:《跨境电商中的知识产权侵权风险探析》，广西民族大学 2019 年硕士学位论文。

第二节 2

跨境电商平台国际知识产权保护的应对策略

一、应对跨境电商平台国际知识产权保护问题的复杂性

电商平台跨境经营基于不同国家或地区法律差异而产生的知识产权保护冲突问题，其解决从理论上说值得深入思考。目前，我国跨境电商知识产权侵权治理困境，突出体现为当前相关法律制度不完善、交易便利化目标下海关监管存在难度、管辖和法律适用确定困难、国际协作解决机制不足、知识产权保护意识不强等。[①]一种常用的办法，就是借由国际私法来加以应对。还有更加积极的办法就是将相关国内法自身向国际化方向改进或提升，重点包括跨境知识产权保护和海关监管制度在内，使其具有国际可适用性，从而从根本上减少涉外冲突或矛盾。

我国《电子商务法》以开拓国际化市场作为预期做出了国内法

① 参见郝若兰:《跨境电商中的知识产权侵权风险探析》，广西民族大学2019年硕士学位论文。

国际化的努力，在很大程度上具有了国际电子商务法的品质，支持了电商国际化经营。但是也应看到，将国内法完全国际化的思路本身是有局限性的，因为这种矛盾通常不可能单靠一个国家制定其国内法就可以解决。从最近中美技术贸易的复杂性就可以发现，知识产权保护问题存在巨大博弈空间，不可能仅靠一方的愿望来解决，不同国家本身必定有自己需要考虑和衡量的利益因素，因此不可能完全放弃自己的差异。在这种情况下就须考虑签订国际公约和协定，加强国际保护合作体系建设。此外，考虑到治理的效率，提高跨境电商知识产权自主保护意识和管理能力也很必要。

二、完善跨境电商平台国际知识产权的国际私法策略

跨境电商平台交易的全球性导致了大量跨境知识产权保护问题，而不同国家或地域的法律亦存在差异，导致了知识产权保护的管辖和准据法争议问题，因此应当合理通过国际私法规定处理这些问题。① 从理论上来看，引入冲突规范来协调涉外知识产权问题，对各国来说都是一种合作优化机制，有利于知识产品跨境流通，也不会对国家利益产生实质性的负面影响。② 我国目前除了《民事诉讼法》有关管辖规定、相关单行法和司法解释的规定外，并没有专门涉及知识产权管辖的法律，更没有专门设计针对跨境电商知识产权

① 恽轶群:《电子商务中知识产权国际保护之研究》，中国政法大学 2007 年博士学位论文。

② 阮开欣:《涉外知识产权归属的法律适用》，载《法学研究》2019 年第 5 期。

保护的管辖规则。我国2010年《涉外民事关系法律适用法》第七章是对知识产权涉外法律适用的规定。其中，第48条规定，知识产权的权利归属与内容的确定，适用被请求保护地的法律。第49条规定，当事人在开展知识产权转让和许可使用时可以协议选择适用的法律，没有选择的，适用关于合同的法律适用规定。第50条规定，知识产权的侵权责任，应当适用被请求保护地法律，但当事人在侵权行为发生后可以协议选择适用法院地的法律。这些条文规定相对简单，具有相当的模糊性和不确定性，自诞生之时便存在理解上的争议，给司法裁判带来诸多困扰，到了跨境平台涉外知识产权保护问题上就显得更加不易确定。

首先，应完善电商知识产权保护涉外管辖问题。我国目前立法和司法实践总体上仍然遵循了所谓“地域性规则”，即使设立了专门知识产权法院也仍然如此。这种做法与改革开放初期的国情及社会、经济发展程度有关，对于传统的闭环经济关系来说可能具有合理性。但是，现在随着我国积极走出去，特别是随着国际知识产权贸易和服务、跨境电商经济活动等的蓬勃发展，已经不太合乎时宜。欧美等发达国家随着知识产权跨国保护要求的提高，几乎都提出了诸如“长臂管辖”等方法。我们在中国跨境电商平台崛起和不断拓展国际业务的情况下，为了更好地保护我国电商利益和知识产权利益，对于相关电子商务争议包括跨境平台知识产权保护争议，在管辖权问题方面，有必要打破“地域性规则”局限，充分考虑涉外、涉网络、涉知识产权交叉的情形，充分考虑不同国家知识产权的利益衡平和司法上的可操作性，可以考虑如下一些发展：采用“最低联系原则”作为判断标准，将其他连接点纳入侵权行为地的认定；针对平行诉讼带来的管辖权冲突，灵活使用“不方便法院原则”来拒绝管辖；对于能否以协议管辖方式解决管辖权冲突，应从保障当事人诉讼地位平等角度出发，严格限制事前协议的适用，转向鼓励事后协商。①

其次，应当完善和准确理解相关法律适用规定。我们制定《电子商务法》，当然是希望我国相关平台涉外知识产权案件能够既纳入我国法院管辖或者仲裁机构仲裁，又能够以我国法律为适用法。这样，对于我国当事人来说具有熟悉的优势。但是在实践中，问题往往比较复杂。例如，不同境内的知识产权人对跨境电商平台经营者提起直接或间接侵权之诉，首先应当根据《涉外民事关系法律适用法》第 50 条的规定适用被请求保护地的法律；但在这种情况下，当事人在侵权行为发生后如果协议选择适用法院地的法律的，则适用法院地的法律；同时，第 48 条规定了保留要求，知识产权的归属和内容的确定，应当适用被请求保护地的法律。这一规则与不少国家和公约是一致或近似的，如《保护文学艺术作品伯尔尼公约》和《世界版权公约》。所谓“被请求保护地”是指对知识产权提供保护的国家，不一定是法院地，而可能是侵权行为地、权利登记地或注册地，如一个日本的知识产权在中国遭到未经授权的使用，因此起诉到美国法院，美国法院需要适用被请求保护地法律，则只能依据中国法

① 黄霖:《跨境电子商务知识产权侵权案件管辖权问题研究》，华侨大学 2017 年硕士学位论文。

律来确定是否成立侵权。[①]

最后，应当帮助法院和当事人便于查明域外法。案件一旦在中国法院提起，如果适用被请求保护地法律，或者虽然协议确定适用作为法院地的中国法律，但是根据第48条保留规定，知识产权的归属和内容的确定还是应当“适用被请求保护地法律”的，这就出现了应如何确定被请求保护地法律的复杂性。过去长时间以来，对于涉外知识产权民事案件的准据法适用问题，我国司法实践长期处于一种“悬而未决”的状态。原因有二：一是实践中对此问题关注不够。大多数涉外知识产权保护案件中，当事人多以默示方式直接根据法院地法（中国法）进行诉讼，许多法院也直接通过适用中国法做出审理和判决。即便部分法院意识到了存在涉外法律适用问题而在裁判文书中做出论述，也往往会语焉不详。仅在少数个案中，法官会做出专节论述，但相关法理论证往往并不能令人信服。此外，外国法的查明和适用显然也存在相当难度，无论法院还是当事人即便意识到这是一个问题，也通常选择回避。2019年11月29日，我国最高人民法院为了更好地处理涉外案件，专门打造和上线了域外法查明的平台，标志着全国法院统一的域外法查明平台正式建立了，我国涉外法律适用相关实践也从此进入一个新阶段。

---

① 参见李双元、欧福永：《国际私法》，北京大学出版社2018年版，第222~223页。冲突法上，与知识产权侵权“适用被请求保护地法律”规则并行的，在国际上还有权利原始取得国法律、适用行为地法律、综合适用两个或两个以上的法律等规则。

三、加强相关国内法的国际趋同性和填补立法漏洞

我国电商知识产权保护法律能否成为合适的“被请求保护地的法律”或者说“被选择适用的法律”，是我国跨境电商能否适应全球化经营法律环境的重要前提。只有我们的相关法律完善了，能够担当起电商走出去的知识产权合理保护需要，才能使得国际私法的冲突问题得到有效解决。电商具有跨国性、开放性特点，决定了任何国家制定的电子商务法规都一定要具有国际特征，全球范围内的电子商务规则要协调和基本一致，应当通过各国的共同努力发展。联合国国际贸易法委员会的《电子商务示范法》为这种国际协调奠定了很好的基础。[①] 通过研究主要国家的相关电子商务法规，其实可以发现各国的原则、规则及相关制度，在很大程度上是趋同的。

我国《电子商务法》具有世界先进性和兼容性，立足商业性、技术性、开放性和国际性而制定，与其他相关法律一道对电商平台经营者或网络服务提供商规定了较强的知识产权保护的治理义务和责任，对他人利用其平台为侵权活动形成了较强约束，提供了很好的适用法基础。[②] 其立法思想是考虑不仅为国内互联网经济的发展奠定更加坚实的法制基础，同时为国际电子商务和互联网立法贡献一种中国方案，故在很多方面都努力关注自身的国际化，与国际规范

---

① 杨泳波主编:《电子商务基础与实务》，北京理工大学出版社 2016 年版，第 85 页。

② 杨泳波主编:《电子商务基础与实务》，北京理工大学出版社 2016 年版，第 84~85 页。

接轨，吸纳国际上相关立法的最新成果，避免和减少各国之间的法律冲突和障碍，促进全球电子商务的有序发展。[①] 其关于跨境电子商务的条款与国际贸易的法律、标准高度一致，建立了无纸化贸易与单一窗口机制的法律框架，鼓励发展关于跨境电子商务的综合性服务。[②] 此外，许多条文具有趋同性，包括第 41 条至第 45 条关于平台知识产权保护的相关规定。

《电子商务法》的国际性和先进性，使得其具有很强的国际适用性，对于我国参与全球电商平台治理、引领相关国际规则发展等方面具有重大意义。该法第 2 条第 1 款规定，"中华人民共和国境内的电子商务活动，适用本法"，看上去似乎仅具有境内性的特征。其实不然，不应对此做僵化的理解，也就是说并不排斥根据国际私法规则引用和适用本法。如何理解该款中"境内"的电子商务活动、如何处理跨境电商活动，是正确适用电子商务法的关键法律问题。境内的电商活动涉及境内经营者与境外经营者两种情况，适用范围与条件有所不同。[③] 跨境电子商务是我国对外贸易的重要组成部分，为此，《电子商务法》专设 4 个条文对跨境电商作出了规定。首先，第 26 条规定，电商经营者从事跨境电商活动，应当遵守进出口监督管理的法律、行政法规和国家有关规定。其次，除了第 26 条之外，还有第五章"电子商务促进"第 72 条、第 73 条、第 74 条，规定了促进跨境电商发展的制度和措施。境外电商经营者的活动在我国境内

① 尹中卿主编:《中华人民共和国电子商务法解读》，中国法制出版社 2018 年版，序言二第 11 页。

② 薛虹:《国际电子商务法通论》，中国法制出版社 2019 年版，第 11~12 页。

③ 尹中卿主编:《中华人民共和国电子商务法解读》，中国法制出版社 2018 年版，第 13 页。

产生影响的，可视情况决定是否扩展适用《电子商务法》。扩展适用可分三类：电子商务平台服务导致的扩展适用，保护我国消费者的扩展适用，以及依据国际条约或者协定的扩展适用。[①] 其中，我国与其他国家、地区缔结或参加的国际条约、协定规定跨境电子商务活动适用《电子商务法》的，应从其规定。[②]

但是从总体上看，我国《电子商务法》特别是相关知识产权保护立法仍然存在较大的国际化提升空间。特别是在关于专利权、商标权、著作权的具体保护方面存在立法短板，需要加快完善。因此，应当继续完善我国电商发展的国内法律体系，既要立足国情，又要为发展留出空间，同时注意与发展中的电商国际规则接轨。[③] 例如，关于电商平台“通知—删除”规则的优化或细化就值得考虑。《电子商务法》规定的“通知—删除”规则在形式上看是一种针对全部知识产权类型的统一规范模式。但是我们知道，专利权、商标权和著作权本身从外观上来说差别很大，是否存在侵权判断起来难度不一，对于平台经营者来说，完全适用统一规则并不合理。因此，我国虽然将“通知—删除”规则早已实际运用于电商领域专利侵权，但是对此一直存在争议。反对意见认为，“通知—删除”规则起源于对网络环境下著作权的保护，实践证明在网络环境下它是实现利益平衡

① 尹中卿主编：《中华人民共和国电子商务法解读》，中国法制出版社 2018 年版，第 16 页。

② 尹中卿主编：《中华人民共和国电子商务法解读》，中国法制出版社 2018 年版，第 21~22 页。

③ 吴汉东教授便提出，知识产权法包括电商平台知识产权法保护制度在内的未来发展，将呈现以知识产权主体界定标准、客体利用方式和权利保护模式改变为表现形式的现代化变革，以构建知识产权国际保护新秩序为核心目标的国际化走向。参见吴汉东、刘鑫：《改革开放四十年的中国知识产权法》，载《山东大学学报（哲学社会科学版）》2018 年第 3 期。

的较好选择，但是专利领域具有专业性壁垒，如果适用“通知—删除”规则会导致对电商平台要求过高，显然是不合理的，这也是导致现阶段错误删除大量存在的原因。[①] 我国《专利法修订草案（送审稿）》尝试引入“通知—删除”规则，对电商平台经营者要求在收到专利权人的合格和有效的通知后，便应立即删除、屏蔽相关产品链接，但是不少学者对此尚有疑问，担心专利侵权判定会成为电商平台的难以承受之重，导致架空专利诉前禁令制度，引发各方利益严重失衡及恶意投诉泛滥等问题，因此需要引入也要进行针对性的改造，在立法和相关配套制度方面予以完善。[②] 目前，美国、德国、日本等对“通知—删除”规则抱着谨慎态度，都未明确在实践中适用到所有电商知识产权侵权中，目前仅扩大到商标权、种子专利侵权等领域。[③] 此外，国外关于著作权领域中“通知—删除”规则的自身细化，也值得借鉴，包括坚持利益平衡原则、防止权利滥用、严格通知的要件等。因此，建议我国立法和配套制度应进一步完善，包括建立“反通知—恢复”程序、引入信用评价制度、完善对卖家审核制度以及确立与专业第三方机构的合作机制等。[④]

又如，关于商标平行进口问题的规范完善。传统贸易中商标平行进口问题的法律适用存在许多争议，我国《商标法》《反不正当竞争法》等相关法律法规对商标平行进口都未明确规定，我国加入的

---

① 参见陈媛：《专利领域适用“通知删除”规则的反思》，郑州大学 2019 年硕士学位论文。

② 参见陈冬冬：《电子商务视域下“通知—删除”规则引入专利法的适宜性研究》，华中科技大学 2019 年硕士学位论文。

③ 参见周婷：《电商领域专利侵权“通知—删除”规则研究》，河南大学 2019 年硕士学位论文。

④ 参见周婷：《电商领域专利侵权“通知—删除”规则研究》，河南大学 2019 年硕士学位论文。

TRIPS 协议等国际条约对此问题亦未作出明确表态，导致司法实践中出现没有法律依据的情况。现在，跨境电商发展带来的平行进口法律适用的新问题、新挑战变得更为严峻，我们前面提到目前跨境电商知识产权保护中大量案件是商标侵权，但是其中许多也可能属于商标平行进口问题。我国平行进口商品法律规定的缺席，导致了跨境电商下境外商品来源复杂、合法性难以认定、平台方的主体责任不明、临时过境其合法性存在争议等问题。因此，有必要借鉴他国经验，出台我国跨境电商的商标平行进口制度，重点可以考虑引入“修正的国际用尽原则”模式，以商标国际用尽为基本原则，特殊问题特殊处理为补充。[①]

再如，关于商品假冒问题的规范完善。目前，互联网跨境知识产权侵权最多的是商标假冒等侵权。如 2017 年中国海关全年在邮递快件渠道查处相关侵权案件 17700 多批次，与跨境电商联系密切，其中最多的是侵犯商标专用权的货物，当年查扣 4031 万件，占侵权嫌疑货物的 98.48%，其次是侵犯专利权的货物。[②] 其中的原因，主要是关于商标假冒的法律规范存在不足，不能适用互联网条件下的新的商标国际保护需求。所以，我国有必要就商品假冒或商标假冒问题加强立法，在未来的实践中，电商平台也应加强治理，采取合理积极的应对措施。目前，美国等在全球范围鼓动强化知识产权保护运用，敦促他国签署或加入《反假冒贸易协议》(ACTA)，强化包括电商平台经营者或网络服务提供商的法律责任。我国没有加入

① 参见麦应华:《跨境电子商务中的商标平行进口问题研究》，华南理工大学 2017 年硕士学位论文。

② 参见冯晓鹏:《跨境电商通关：运营与合规》，法律出版社 2019 年版，第 246 页。

ACTA，但是从发展的角度出发，不可忽视其可能具有的影响，基于鼓励发展电商跨境贸易，同时要求有效遏止制假贩假行为，应当对比其与 TRIPS 协议中的有关第三方责任规定，进一步完善事前审查、合理注意、主观过错及其认定、合作与责任豁免、禁令和临时措施等。[①] 此外，我国《涉外民事关系法律适用法》关于跨境电商环境下涉外商标侵权的判定，存在不够具体的缺陷，由于跨境电商环境本身的无界性和全球化特点造成“商标使用行为地”确定不明，所以经常导致适用困惑，需要进一步补正缺憾，通过增加辅助因素，细化对跨境电商环境下的“商标使用行为地”的界分和确定，使其落在明确的法域空间。[②]

此外，应当重点针对跨境零售市场中的中小跨境企业极其容易诱发知识产权侵权问题，建立特殊风险防范和保护机制。实践中，产品的仿冒难以肉眼识别，给海关跨境电商知识产权执法带来困难。海关进行查验时，往往无法实现有效管制，即使发现侵权商品，通常只是象征性扣押，很难真正威慑和制止侵权行为。一方面，应优化海关监管制度，重点加强知识产权保护技术创新，用知识产权保护的先进甄别技术，加大防伪标识制作和识别技术，创新防伪技术，将其有效应用于知识产权保护。另一方面，也要促进形成私人救济机制，明确审理标准、促进提高企业知识产权保护意识和能力等。[③]

---

① 参见沈梦逸：《反假冒贸易协议下电子商务平台的法律责任研究》，华南理工大学 2013 年硕士学位论文。

② 参见吕奋超：《跨境电商环境下涉外商标权侵权的法律适用研究》，华侨大学 2019 年硕士学位论文。

③ 参见郝若兰：《跨境电商中的知识产权侵权风险探析》，广西民族大学 2019 年硕士学位论文。

四、加强跨境电商平台国际知识产权保护和合作法律体系建设

（一）跨境电商平台国际知识产权保护合作立法的必要性和趋势

电商平台跨境经营带来的国际知识产权保护挑战，导致除增进各国自身立法的趋同化和借助国际私法手段确定涉外管辖和准据法外，有必要加强在这一领域的国际知识产权保护合作。国际电子商务规则的出现和发展，就是为了应对国际电商和数字经济发展过程中遇到的包括涉外知识产权保护在内的国际贸易问题和挑战。[①]在电商平台知识产权保护出现地域性差异的情况下，最好的应对办法就是加强国际知识产权保护合作体系建设，重点是签订国际条约和共同协议统一基本规范和相关标准。

目前，电商知识产权国际合作体系尚未完全建立起来，一种更加积极的办法，就是依靠国际组织推动相关领域知识产权保护的国际调和化，签订新的知识产权国际公约，包括积极提出解决技术挑战法律的方案，用来化解各国相关方面的歧异。随着跨境电商的发展，各国对电商中加强知识产权保护逐渐形成了共识，呈现了不断加强国际合作的趋势。[②]在国际组织的立法成果中，最重要的是联合国国际贸易法委员会起草并于1996年通过的《电子商务示范法》。根据目前WTO、TPP、TISA、TTIP以及中国、美国、韩国、欧盟、日

① 中国信息通信研究院互联网法律研究中心：《数字贸易的国际规则》，法律出版社2019年版，第3页。

② 尹中卿主编：《中华人民共和国电子商务法解读》，中国法制出版社2018年版，序言二第11页。

本等主要国家典型自贸协定中的电子商务规则的研究统计显示，电子商务章节大约存在16项主要规则和要求。[①] 相比而言，美国作为电商大国，拥有全球最大的11~15家互联网相关企业，在电商平台经济发展上有巨大的比较优势，近年来努力致力于主导国际电子商务规则的发展。[②] 所以，美国主导全球数字贸易规则建立诉求最多。欧盟内部电子商务市场主要由亚马逊等美国互联网企业主导，因而对电子商务的诉求较少，主要集中于关税、个人数据保护和监管合作及对话。[③]

（二）电商及其知识产权保护立法国际协调的进展

由于电商本身所具有的完全不同于传统贸易方式的特性及其迅猛发展的势头，对电商进行立法规制成为许多国家或地区以及一些国际组织立法工作的当务之急。美国、欧盟、日本、新加坡等国家或地区都积极开展电子商务立法。近两年，与中国电子商务立法进程相呼应，全球正在掀起新一轮立法热潮，世界贸易组织已将电子商务作为多边谈判的重要议题。[④] 目前为止，已经达成的比较重要的加强知识产权保护合作的国际条约和区域性协定有：

1. 联合国的相关规约。联合国国际贸易法委员会（UNCITRAL）

① 中国信息通信研究院互联网法律研究中心：《数字贸易的国际规则》，法律出版社2019年版，第5页。

② 中国信息通信研究院互联网法律研究中心：《数字贸易的国际规则》，法律出版社2019年版，第4页。

③ 中国信息通信研究院互联网法律研究中心：《数字贸易的国际规则》，法律出版社2019年版，第5页。

④ 尹中卿主编：《中华人民共和国电子商务法解读》，中国法制出版社2018年版，序言二第11页。

是当今主要的电子商务国际协调组织之一。1996 年通过《电子商务示范法》，2001 年通过《电子签名示范法》，2005 年通过《国际合同使用电子通信公约》等。这些为各国或地区的相关电子商务立法提出了一套国际通行规则。其中，《电子商务示范法》是提供给各成员国制定相关法律的示范文件，分为两个部分，包括 4 章共 17 条，对于电子商务过程中涉及的各种问题与处理细节给出了严格界定，涉及电子商务的形式、法律承认、书面形式要求、签字、原件、数据电文的可接受性和证据力、数据电文的留存、电子合同的订立和有效性等。[①] 该示范法承认通过电子商务自动订立的合同法律效力，支持电商国际合同商业用途，规定了约束电子合同履行的标准，定义了构成有效电子书写文件和原始文件的条件，承认数据电文的可接受性和证据力，另外对电子商务中数据电文发生及收到的时间和地点等也作出了示范性说明，提出了基于法律和商业目的而予以数字签名的可接受程度。[②]

2. 世界贸易组织（WTO）相关规则。加强电子商务领域的知识产权保护，已成为 WTO 谈判的重要议题。早期的《与贸易有关的知识产权协议》（以下简称 TRIPS 协议），尤其是巴黎公约，并没有考虑到网络在线活动带来的挑战，所以并没有关于平台次要责任这一网络时代重要议题的相关规定。[③] 允许权利人起诉直接侵权

---

① 兰宜生主编：《国际电子商务教程》，首都经济贸易大学出版社 2007 年版，第 295 页。

② 赵乃真编著：《电子商务技术与应用》，中国铁道出版社 2010 年版，第 274~275 页。

③ Graeme B. Dinwoodie，Secondary Liability for Online Trademark Infringement：The International Landscape，37 Colum. J.L. & Arts 463.

人似乎已经是保护权利人知识产权的合理方式，虽然并不总是最有效的，但是国际公约相关义务的要求。[①] 自1996年通过《WIPO版权条约》《WIPO表演与录音制品条约》开始，WTO已经注意到电商领域知识产权保护的重要问题，这些条约因此也被称为互联网条约。此后加强电子商务知识产权保护的问题日益引起重视。1998年5月WTO通过了《关于全球电子商务的宣言》，对电子商务贸易自由化和市场开放形成了决议。尽管它所规定的针对电子商务的零关税是暂时性的政策，但却是电子商务国际协调中迄今为止最重要的一项成果。该宣言还在世界贸易组织内确立了电子商务规范的总体框架。此外，像《信息技术协议》《全球基础电信协议》等，也规定了一些促进电子商务贸易自由化相关的原则。世界知识产权组织于2012年9月组织了一场关于商标法领域网络平台定位和责任的研讨会，核心问题是网络商标侵权的次要责任。[②] 但是由于欧盟等方反对继续推进这一议题，三周后委员会决定不再就这一专题开展工作。[③]

3. 欧盟2000年《电子商务指令》，即欧盟2000/31/EC号指令。该指令为欧盟电商设立了基本法律框架。欧洲加强电子商务立法

① Graeme B. Dinwoodie，Secondary Liability for Online Trademark Infringement：The International Landscape，37 Colum. J.L. & Arts 463.

② See World Intellectual Property Organization [WIPO]，Information Meeting on The Role and Responsibility of Internet Intermediaries in the Field of Trademarks，WIPO Doc. SCT/INFO/NET/ GE/12/INF/1 (Aug. 31，2012) .

③ See WIPO，Report of the Standing Committee on the Law of Trademarks，Industrial Designs and Geographical Indications，at PP 21113，WIPO Doc. SCT/27/11 (Sept. 1821，2012) .

的出发点主要有二：第一是规范电子商务的交易环境，建立企业和消费者对电商的信任；第二是构建欧盟的单一数字市场，旨在避免成员国相互之间各自为政，导致对市场造成不利分割。[①]该指令既调整了企业之间 B2B 的电商法律关系，也进一步规范了企业和消费者之间 B2C 的电商法律关系，涉及电子化合同、电子化签名与认证、网上支付、知识产权保护、消费者权益保护、电子商务税收及司法救济手段等。指令建构了灵活平衡的法律体制，致力消除欧盟境内跨境电商的障碍性因素，提升欧盟电商企业的竞争力，为欧盟企业和公民提供更加优质的电商服务的法律保障。涉及电子合同、电子签名和认证、网上支付、知识产权保护、电子商务税收、消费者权益保护及司法救济手段等。[②]2011 年欧盟通过《互联网销售假冒商品谅解备忘录》（*Memorandum of Understanding*），确立“通知—删除”作为核心规则，这一规则已经在很多平台广泛适用。特别是，除了基于具体侵权链接的“通知—删除”，该协议还允许权利人把惯常销售假冒产品的商家通知平台，平台会把这些信息作为其采取的积极预防措施的一部分。[③]依据规定，如果商标权利人在未经适当注意的情况下向平台发出通知，则可能会拒绝权利

---

① 欧盟电商协会报告认为，欧洲电商发展最为成熟的当数英、法、德三国，其市场规模占欧盟总量的 70% 以上，其中欧盟范围内从营业额看，最大电商企业为亚马逊，其年营业额接近 400 亿欧元，其他较大的为苹果、英国的购物平台 Dixons Carphone、法国的综合购物平台 Cdiscount。

② 《欧盟电子商务发展情况》，载中国驻罗马尼亚大使馆经济商务参赞处官网，http://ro.mofcom.gov.cn/article/jmdy/201711/20171102663777.shtml，最后访问日期：2019 年 7 月 21 日。

③ Memorandum of Understanding on the Sale of Counterfeit Goods via the Internet, May 4, 2011 [hereinafter Memorandum of Understanding], available at http://ec.europa.eu/internal_market/iprenforcement/docs/memorandum_04052011_en.pdf.

人以后访问该系统，并且必须向该平台支付因此类通知而损失的任何费用。[①]

4.《全面与进步跨太平洋伙伴关系协定》（CPTPP）。2018 年,《全面与进步跨太平洋伙伴关系协定》有 11 个国家签署。其中，第 18.82 条规定的法律救济与避风港（Legal Remedies and Safe Harbours）专门增加了一项新的法律激励原则，旨在鼓励网络服务提供者能够对侵权行为进行积极的监督与防范。

（三）我国参与电商知识产权保护规则国际协调的要求和行动

我国基于作为电商大国的现实和支持跨境电商蓬勃发展的国际合作需求，应当采取相应对策，积极参与电商规则国际协调。首先，培育国际合作氛围，加强对话交流，注重学习借鉴先进经验，积极推进电商国际合作与协调，促进国内信息产业应当与世界信息产业接轨。[②] 其次，积极参与有关电子商务的国际合作规则制定，并力争在国际谈判和电子商务国际规则的制定中获得更大发言权，重点参与主导该领域的新的国际实体法的制定。有学者建议，鉴于中、美是电商大国，尤其需要加强国际合作，尤其是目前争端解决方式包括传统司法渠道和替代性争端解决机制，并不能很好地迎合跨境电商知识产权保护需求，为此建议签订专门协定推进在线争端解决机制的应用，同时引入赋予政府协调职能以及纳入反报等强制争端解

① See Memorandum of Understanding，supra note 19，at p.16.

② 参见兰宜生主编:《国际电子商务教程》，首都经济贸易大学出版社 2007 年版，第 299 页。

决方法作为弥补。[①] 随着我国“一带一路”倡议等国际化经济安排的不断推进实施，电商全球化经营活动也在进一步拓展，我国本着互利互惠的原则，已经或正在发起参与多个双边、国际、区域性贸易协定或国际投资协定，旨在维护我国经济贸易利益，保障企业“走出去”之后的合法权益，维护我国消费者的合法权益，以及彰显我国作为世界第二大经济体的国际贸易影响力。其中，不少涉及跨境电子商务活动规则。[②] 最后，积极开展非公约、协定条件下的国际合作，重点扩展海关的合作与交流，加强跨境执法的力度和可操作性。在实体法难以一时达成的情形下，应该努力解决纠纷，特别是中美、中欧之间，可以建立跨境电子商务联动机制。当然，签订国际条约并非易事，在国际尚未获得一致性时，我国也应当从行业发展惯例出发积极开展合作，在实践中尽量减少法律差异适用的矛盾，寻求国内公益与私益之间的新平衡点，既符合国际条约，又能使本国产业获致最大利益。[③] 中国海关近年来也连续开展了“清风”“龙腾”等知识产权专项执法活动。

五、提升跨境电商平台知识产权保护意识和监管能力

知识产权的保护不仅需要外部监管，而且也需要加强其自身的自

---

① 参见张辰浩：《跨境电商知识产权保护的中国对策——以中美跨境电商为例》，浙江大学 2019 年硕士学位论文。

② 尹中卿主编：《中华人民共和国电子商务法解读》，中国法制出版社 2018 年版，第 22 页。

③ 参见恽轶群：《电子商务中知识产权国际保护之研究》，中国政法大学 2007 年博士学位论文。

律性。跨境电商平台所涉知识产权纠纷新颖而复杂，进行良好自主治理有利于知识产权国际保护及跨境电子商务的健康发展。[①]《电子商务法》为了克服电商领域的侵权、假冒顽疾，明确规定了电商经营者，尤其是平台经营者的义务与责任，这对于促进跨境电商平台进行知识产权自主合规管理具有直接的规范作用。为此，跨境电商平台应根据《电子商务法》等规范的要求作出积极应对，重点加强自律，注意提升自身知识产权保护意识和监管能力。[②]相关措施包括建立健全管理机制、建立跨境电子商务连动机制、加强知识产权保护技术创新、提高自身产品和产权意识等。[③]实践中，跨境电商平台巨头确实在不断加强知识产权自治。具有代表性的，如阿里巴巴集团，其多年来积极开拓跨境电商的同时，也在知识产权保护方面进行了很多努力和尝试。其中，阿里巴巴旗下的全球速卖通，考虑到商标权保护已然成为跨境电商平台监管的一个重点，及时自主构建了一套商标权的保护体系。包括发布大数据打假地图、联合国内外的执法机构加大查处的力度等。不过跨境电商平台是否监控平台内商品的知识产权风险以及相应采取的监控程度本身也可能体现某种利益冲突。[④]

---

① 李京普：《跨境电商中知识产权纠纷的平台治理——以鸿尚公司诉阿里巴巴案为线索》，载《电子知识产权》2019 年第 3 期。

② 参见王勉：《跨境电子商务知识产权保护对策研究》，载《环渤海经济瞭望》2020 年第 2 期；陈宇红、梁恒、王勇：《跨境电商中的知识产权保护问题研究》，载《商业观察》2020 年第 2 期；齐轶：《跨境电子商务知识产权保护研究》，载《中国管理信息化》2019 年第 6 期。

③ 参见范娜：《跨境电商中知识产权保护的困境与对策研究》，载《北方经贸》2019 年第 5 期。

④ 胡炜、马晓：《跨境电子商务知识产权治理的困境与解决路径》，载《商业经济研究》2019 年第 1 期。

实践中，经常存在关于跨境电商平台自主监管和治理知识产权侵权合理性、合规性或有效性的争议。[①]有的观点认为，这套监管体系还不足以遏制商标侵权现象的发生，为了更好地保护跨境电商的商标权，还需要进一步严格标准，与时俱进制定规则，并且不断提高其信息化和国际化水平，以适应跨境电商的良性发展。[②]美国贸易代表办公室（USTR）便曾表示不认可阿里巴巴的举措，质疑这种自治措施和效果，2016 年 12 月，再次在《特别 301 报告》中将其列入所谓的“恶名市场”名单。我国杭州市滨江区人民法院审理的“鸿尚公司诉阿里巴巴案”[（2017）浙 0108 民初 1791 号判决书]中，也涉及相关合同效力的判断、平台责任的界定以及域外禁令等复杂的法律问题，参与各方的利益相互交织、矛盾突出。[③]

本书认为，跨境电商平台依法自主提升治理能力，应当重点做好以下几点：

其一，应当正视知识产权保护的重要性，确立知识产权保护监管的意识，升级知识产权风险防范措施，转为积极治理模式。即国内企业要对知识产权侵权的防御逐步从事后被动介入转为事前主动监控模式，建立起本平台的知识产权管理和保护体系。[④]

其二，坚持自律规范的合规性和正当性。首先，应当了解跨境平台知识产权保护的规则，严格贯彻相关规定，避免简单地为自己

---

① 郑鲁英：《跨境电子商务知识产权治理：困境、成因及解决路径》，载《中国流通经济》2017 年第 10 期。

② 参见林洧：《跨境电商平台全球速卖通商标权监管模式研究》，载《商场现代化》2018 年第 13 期。

③ 参见李京普《跨境电商中知识产权纠纷的平台治理——以鸿尚公司诉阿里巴巴案为线索》，载《电子知识产权》2019 年第 3 期。该案被称为“外贸跨境电商第一案”。

④ 胡炜、马晓：《跨境电子商务知识产权治理的困境与解决路径》，载《商业经济研究》2019 年第 1 期。

利益的设定或者保护上的折扣或不平衡。其次，要保证制定知识产权规则的中立性，保证各方的程序正义，确保执行效率。在制定规则的过程中，电商平台要征求商家、消费者、第三方等多方意见，确保其利益切实得到保护，正视问题，对问题的处理公开透明。可以引入第三方评审，如淘宝网对跨境商品纠纷，就引入了“大众评审团”机制来进行判定，旨在增强公正性。制定内部调解措施，增加被侵权的知识产权人的选择权，也有利于加快跨境电商知识产权纠纷的解决进程。[①]

其三，跨境平台应制定知识产权保护规则和合作规则，积极引导用户合规行为，同时引导权利人正确保护自己的权利。包括及时注册专利、商标，做好版权登记工作，把握主动权，在面对侵权时可以有效运用知识产权维权。权利人应当对自己享有的知识产权尽早进行海关备案。其中商标侵权最多，因此最有备案必要，且应尽量一商标一申请，将商品的主打商标、二级商标、防御商标都向海关申请备案。知识产权备案是便于海关采取主动保护措施的重要前提条件，可以产生震慑的作用，同时迫使那些生产或销售侵权商品的侵权人及时停止侵权，以及可以提醒某些非恶意的侵权者了解权利信息从而避免侵权。

其四，了解、尊重域外的法律。这就要求跨境电商平台积极了解平台产品销售地或者服务提供地的知识产权相关法律政策，充分调研同行业商品在当地的知识产权注册、登记情况。必要时可以聘

---

① 王勉：《跨境电子商务知识产权保护对策研究》，载《环渤海经济瞭望》2020 年第 2 期。

请专业律师预先做好尽职调查，对产品或者服务所使用的版权、商标、外观设计等检索和分析，以判断是否存在侵权隐患。

其五，加强知识产权方面的保护技术创新。比如，应用保护知识产权的一些先进甄别技术，加大防伪标识制作和识别技术，创新防伪技术，有效应用于知识产权保护。大型跨境电商还可尝试大数据等新型手段，分析标记处易发生知识产权侵权情形或者作出合理预测，从而强化侵权信息跟踪，密集管控。

结论

电商平台因其开放性和全球性的特点而获得蓬勃发展，成为我们这个信息化时代发展的一个重要标志，为我们带来极大的交易便利和高速经济增长，但是也带来了一些重要负效应，其中就包括对平台知识产权保护的挑战。因此，维护电商平台的合理关系，处理好平台经营者、用户和知识产权人的利益平衡，成为目前知识产权界、网络法学界和国际法学共同关注的话题。这也是本书写作的出发点。

本书通过六章的研究，试图揭示电商平台知识产权保护的现实基础和合理诉求。互联网的全球互通的架构，在技术上支持了电商平台经营天然地具有跨境性或全球开放性的特点，使得当下各国或地区电商立法为了适应平台这种全球开放性需求而自觉走向规则趋同，以便更好地促进电商交易便利和数字经济。我国也不例外。从现实基础来看，电商平台自身发展经历了一个从兴起到不断演变的过程，角色定位从技术创新初期的信息交互平台演变为今天已进入平台技术成熟期的信息控制平台，这种情况使得其主体地位的设定基础发生重要变化，因此有必要从初期的中介者和中立者地位预设，转向由作为平台生态系统和信息资源控制实体所决定的治理责任主体。这种趋势和规范模式的演变，重点针对主导型电商平台，这也是目前电子商务的主要形态。

我国《电子商务法》第 41 条至第 45 条和《民法典》关于平台知识产权保护的相关规定，基本上可以按照这样一种模式或发展趋势加以理解。《电子商务法》相关规定体现了对于电商平台经营者义务和责任的强化趋势，实际是将电商平台知识产权保护模式由消极保护即事后责任提升到积极保护即积极治理的阶段，因此出现了通过平台治理而促进保护、抑制侵权的要求。电商平台经营者基于相关规定，也因此实际获得了治理平台空间的权力，但这种权力也被要求规范运用，这些应当合理分析和把握，重点体现为自主管理和保护治理两套规范。与此相应，电商平台经营者对于用户在平台上对他人知识产权所为的侵权，也由过去的严格限制侵权认定转向更加容易承担间接侵权责任。在比较法上，这一领域的间接侵权责任包括帮助侵权责任、引诱侵权责任和替代侵权责任三种类型，其适用和范围也在不断拓展。我国《电子商务法》规定了电商平台经营者承担间接侵权责任，但不够明确，导致对于是否包括替代侵权责任具有不同理解，司法实践中存在通过扩用帮助侵权责任来弥补不足的做法，本书认为这种做法在如今应当考虑转变，建议明确引入替代侵权责任类型，以便更好地适应电商平台经营者取得控制地位下的合理规制需要，平衡好平台经营者、权利人和用户三者之间的利益。此外，随着电商平台跨境经营更加频繁，跨境形式和内容更加丰富，电商平台知识产权保护问题必须同时面向跨境交易需求，处理好纷繁复杂的国际知识产权保护问题，重点是化解知识产权保护地域性和电商平台经营全球化的矛盾，因此有必要通过完善国际私法机制、增进国内法的趋同性、加强国际保护合作法律体系以及提升电商平台知识产权保护自律意识和能力等策略加以应对。

主要参考文献

（一）著作类

1. 中文著作

1. 尹中卿主编：《中华人民共和国电子商务法解读》，中国法制出版社 2018 年版。

2. 电子商务法起草组编著：《中华人民共和国电子商务法条文研析与适用指引》，中国法制出版社 2018 年版。

3. 周学峰、李平主编：《网络平台治理与法律责任》，中国法制出版社 2018 年版。

4. 王迁：《知识产权间接侵权研究》，中国人民大学出版社 2008 年版。

5. 中国国际贸易促进委员会北京市分会、北京国际贸易商会、北京国际经济贸易学会编著：《企业国际化发展的知识产权战略选择》，中国政法大学出版社 2018 年版。

6. 电子商务法起草组编：《中国电子商务法律法规政策汇编》，中国法制出版社 2018 年版。

7. 曾鸣：《智能商业》，中信出版社 2018 年版。

8. 徐楠轩：《我国电子商务知识产权保护的挑战与对策研究——以专利侵权责任为视角》，中国政法大学出版社 2016 年版。

9. 石必胜:《数字网络知识产权司法保护》,知识产权出版社 2016 年版。

10.[美]威廉·M. 兰德斯(Lands)、波斯纳(Posner):《知识产权法的经济结构(中译本第 2 版)》,金海军译,北京大学出版社 2016 年版。

11. 王中原、龙卫球主编:《美国商业法律环境研究》,法律出版社 2015 年版。

12. 陈进:《电子商务中的知识产权》,对外经济贸易大学出版社 2008 年版。

13. 张乃根、符望编著:《全球电子商务的知识产权法》,上海交通大学出版社 2004 年年版。

14. 王迁:《网络环境下著作权保护研究》,法律出版社 2011 年版。

15. 全国人大常委会法制工作委员会民法室编著:《中华人民共和国侵权责任法解读》,中国法制出版社 2010 年版。

16. 王利明主编:《中华人民共和国侵权责任法释义》,中国法制出版社 2010 年版。

17.[美]阿姆瑞特·蒂瓦纳(Amrit Tiwana):《平台生态系统:构架策划、治理与策略》,侯赟慧、赵池译,北京大学出版社 2018 年版。

18.[美]杰奥夫雷·G. 帕克、马歇尔·W. 范·艾尔斯泰恩、桑基特·保罗·邱达利:《平台革命:改变世界的商业形式》,志鹏译,机械工业出版社 2019 年版。

19.[美]特纳:《社会学理论的结构(下)》,邱泽奇等译,华夏出版社 2001 年版。

20.[美]托马斯·弗里德曼:《世界是平的:一部二十一世纪简史》,何帆、肖莹莹、郝正非译,湖南科学技术出版社 2016 年版。

21.[日]松本恒雄、斋藤亚弘、町村泰贵:《电子商务法》,朴成姬译,北京大学出版社 2019 年版。

22. 徐晋:《平台经济学》(修订版),上海交通大学出版社 2014 年版。

23. 陈威如、余卓轩:《平台战略:正在席卷全球的商业模式革命》,中信出版社 2013 年版。

24. 薛虹:《国际电子商务法通论》,中国法制出版社 2019 年版。

25. 王晋:《网络服务提供者著作权侵权责任研究》,知识产权出版社 2016 年版。

26.[德]马克西米利安·福克斯:《侵权责任法》,齐晓琨译,法律出版社 2006 年版。

27.[德]克雷斯蒂安·冯·巴尔:《欧洲比较侵权行为法》(上卷),张新宝译,法律出版社2001年版。

28.[德]克雷斯蒂安·冯·巴尔:《欧洲比较侵权行为法》(下卷),焦美华译,法律出版社2001年版。

29.[美]文森特·R.约翰逊:《美国侵权法》,赵秀文等译,中国人民大学出版社2017年版。

30.[美]格兰特·吉尔莫:《契约的死亡》,曹士兵、姚建宗、吴巍译,中国法制出版社2005年版。

31.[美]约翰·D.凯莱赫、布伦丹·莱尔丹:《人人可懂的数据科学》,张世武、黄元勋译,机械工业出版社2019年版。

32.[英]阿里尔·扎拉奇、[美]莫里斯·E.斯图克:《算法的陷阱:超级平台、算法垄断与场景欺骗》,余潇译,中信出版社2018年版。

33.郭锋编著:《中华人民共和国电子商务法法律适用与案例指引》,人民法院出版社2018年版。

34.孙新强、于改之译:《美国版权法》,中国人民大学出版社2002年版。

35.刘文杰:《从责任避风港到安全保障义务:网络服务提供者的中介人责任研究》,中国社会科学出版社2016年版。

36.刘庆辉:《网络服务提供者间接侵害知识产权之责任制度研究》,知识产权出版社2018年版。

37.张玲玲:《网络服务提供者侵犯著作权责任问题研究》,中国人民大学出版社2019年版。

38.于雯雯:《网络著作权侵权责任研究》,知识产权出版社2020年版。

39.[美]戴维·S.埃文斯:《平台经济学:多边平台产业论文集》,周勤等译,经济科学出版社2016年版。

40.徐海明:《中国电子商务法律问题研究》,北京理工大学出版社2017年版。

41.朱孝立、罗荷香主编:《新编电子商务教程》,中国科学技术大学出版社2012年版。

42.杨立新主编:《侵权责任法》,复旦大学出版社2016年版。

43. 李东进、秦勇主编：《电子商务实务教程》，中国发展出版社 2013 年版。

44. 全国人大法工委国家法室编著：《中华人民共和国立法法解读》，中国法制出版社 2015 年版。

45. 最高人民法院侵权责任法研究小组编著：《〈中华人民共和国侵权责任法〉条文理解与适用》，人民法院出版社 2010 年版。

46. 周友军：《交往安全义务理论研究》，中国人民大学出版社 2008 年版。

47. 李昊：《交易安全义务论：德国侵权行为法结构变迁的一种解读》，北京大学出版社 2008 年版。

48. 张民安：《现代法国侵权责任制度研究》，法律出版社 2007 年版。

49. [德] 克劳斯・施瓦布、[澳] 尼古拉斯・戴维斯：《第四次工业革命：转型的力量》，李菁译，中信出版社 2016 年版。

50. [美] 理查德・波斯纳：《法律的经济分析》，蒋兆康译，法律出版社 2012 年版。

51. [意] 彼得罗・彭梵得：《罗马法教科书》，黄风译，中国政法大学出版社 2005 年版。

52. 王泽鉴：《侵权行为法（第一册）：基本原理一般侵权行为》，自行发行，台湾地区三民书局 1998 年版。

53. 欧洲侵权法立法小组编著：《欧洲侵权法原则：文本与评注》，于敏、谢鸿飞译，法律出版社 2009 年版。

54. [美] 艾伦・格林斯潘、阿德里安・伍尔德里奇：《繁荣与衰退：一部美国经济发展史》，束宇译，中信出版社 2019 年版。

55. 韩旭、崔今丹编：《跨境电子商务与知识产权保护》，电子工业出版社 2020 年版。

56. 赵旭东、吕来明、刘颖编：《电子商务法学》，高等教育出版社 2019 年版。

57. 刘海峰：《跨境电商应对商标侵权诉讼实务指南》，法律出版社 2020 年版。

58. 李伟：《大数据背景下电商平台专利审查义务研究》，法律出版社 2019 年版。

59. 余劲松、吴志攀编：《国际经济法》，北京大学出版社 2014 年版。

60. 杨巧：《知识产权国际保护》，北京大学出版社 2015 年版。

61.[南非]路易斯·哈姆斯(Louis Harms):《世界知识产权组织知识产权保护:案例研究》,北京大学国际知识产权研究中心组织译,知识产权出版社 2018 年版。

62.[美]弗雷德里克·M. 阿伯特、[瑞士]托马斯·科蒂尔、[澳]弗朗西斯·高锐:《世界经济一体化进程中的国际知识产权法》,王清译,商务印书馆 2014 年版。

63. 李明德等:《欧盟知识产权法》,法律出版社 2010 年版。

64. 唐春:《知识产权国际保护制度与策略:专利与商标》,知识产权出版社 2015 年版。

65. 张乃根主编:《与贸易有关的知识产权协定》,北京大学出版社 2018 年版。

66. 廖丽:《国际知识产权新趋势:TRIPS-Plus 知识产权执法研究》,中国社会科学出版社 2015 年版。

67. 张吉豫:《探寻知识产权的边界:以信息技术平台兼容性为视角》,法律出版社 2017 年版。

68.[美]罗伯特·莫·杰思、刘芳:《商业知识产权战略(Intellectual Property Strategy for Business)(汉英对照)》,中国法制出版社 2020 年版。

69. 中国信息通信研究院互联网法律研究中心:《数字贸易的国际规则》,法律出版社 2019 年版。

70. 冯晓鹏:《跨境电商通关:运营与合规》,法律出版社 2019 年版。

71. 徐凡:《跨境电子商务基础》,中国铁道出版社 2017 年版。

72. 李双元、欧福永:《国际私法》,北京大学出版社 2018 年。

73. 杨泳波主编:《电子商务基础与实务》,北京理工大学出版社 2016 年版。

74. 兰宜生主编:《国际电子商务教程》,首都经济贸易大学出版社 2007 年版。

75. 赵乃真编著:《电子商务技术与应用》,中国铁道出版社 2010 年版。

2. 外文著作

1. Robert P. Merges , Seagull Haiyan Song, Transnational Intellectual Property Law: Text and Cases, Edward Elgar Pub; Student edition (April 27, 2018).

2. Gary Myers, Principles of Intellectual Property Law (Concise Hornbook Series), West Academic Publishing; 3 edition (January 27, 2017).

3. Julie E. Cohen，Lydia Pallas Loren，Ruth L. Okediji，Maureen A. O'Rourke，Copyright in A Global Information Economy，Wolters Kluwer Law and Business；4 edition（April 13，2015）.

4. Frank Pasquale，The Black Box Society ，HarvardUniversity Press（2015）. John Cooke，Law of Tort，5th Edition，Law Press，2003.

（二）期刊类

1. 中文期刊

1. 王迁：《论“通知与移除”规则对专利领域的适用性——兼评〈专利法修订草案（送审稿）〉第 63 条第 2 款》，载《知识产权》2016 年第 3 期。

2. 陈锦川：《关于网络技术服务提供者侵权责任几个问题的研究》，载《法律适用》2011 年第 6 期。

3. 熊文聪：《避风港中的通知与反通知规则——中美比较研究》，载《比较法研究》2014 年第 4 期。

4. 邬跃：《论避风港规则的适用》，载《人民法院报》2012 年 7 月 25 日，第 7 版。

5. 万柯：《如何判定著作权侵权替代责任中的直接获利》，载《中国知识产权报》2014 年 8 月 8 日，第 10 版。

6. 姚鹤徽：《论著作权法替代责任制度——兼评我国立法相关条款的完善》，载《华中科学技术大学学报（社会科学版）》2013 年第 5 期。

7. 王艳芳：《〈最高人民法院关于审理侵害信息网络传播权民事纠纷案件适用法律若干问题的规定〉的理解与适用》，载《人民司法（应用）》2013 年第 9 期。

8. 陈阳：《视频分享网站直接经济利益认定》，载《中国版权》2014 年第 2 期。

9. 周沈辉：《视频分享网站著作权侵权替代责任研究》，华东政法大学 2012 年硕士学位论文。

10. 陈阳：《视频分享网站直接经济利益认定》，载《中国版权》2014 年第 2 期。

11. 司晓：《网络服务提供者知识产权注意义务的设定》，载《法律科学（西北政法大学学报）》2018 年第 1 期。

12. 丁道勤:《〈电子商务法〉平台责任“管道化”问题及其反思》，载《北京航空航天大学学报（社会科学版）》2018 年第 6 期。

13. 徐卓斌:《〈电子商务法〉对知识产权法的影响》，载《知识产权》2019 年第 3 期。

14. 张德芬:《〈电子商务法〉中“通知与移除”规则评析——以专利侵权纠纷中电商平台责任为例》，载《知识产权》2019 年第 3 期。

15. 冀瑜、邢雁发等:《电子商务市场知识产权保护的制度缺失及其对策》，载《知识产权》2014 年第 6 期。

16. 陈文煊:《电子商务知识产权纠纷案件综述》，载《电子知识产权》2012 年第 4 期。

17. 胡晓景:《电子商务领域知识产权保护的调查与思考——以义乌市为例》，载《公安学刊》2017 年第 6 期。

18. 张为安:《电子商务立法中知识产权保护相关问题探讨》，载《中国市场监管研究》2017 年第 3 期。

19. 陶钧:《知识产权保护中电子商务平台责任的界定——以“微观经济学”为视角》，载《中国市场监管研究》2017 年第 2 期。

20. 董笃笃:《电子商务领域知识产权权利警告的规制》，载《知识产权》2016 年第 4 期。

21. 杜颖:《网络交易平台上的知识产权恶意投诉及其应对》，载《知识产权》2017 年第 9 期。

22. 石必胜:《电子商务交易平台知识产权审查义务的标准》，载《法律适用》2013 年第 2 期

23. 杨立新:《电子商务交易领域的知识产权侵权责任规则》，载《现代法学》2019 年第 2 期。

24. 张凌寒:《〈电子商务法〉中的算法责任及其完善》，载《北京航空航天大学学报（社会科学版）》2018 年第 6 期。

25. 魏露露:《网络平台责任的理论与实践——兼议与我国电子商务平台责任制度的对接》，载《北京航空航天大学学报（社会科学版）》2018 年第 6 期。

26. 徐晓颖:《试论专利间接侵权的独立性——兼评〈专利法修订草案（送审稿）〉第

62条》，载《广西政法管理干部学院学报》2016年第2期。

27. 刘斌、陶丽琴、洪积庆《电子商务领域知识产权保障机制研究》，载《知识产权》2015年第2期。

28. 周学峰：《"通知—移除"规则的应然定位与相关制度构造》，载《比较法研究》2019年第6期。

29. 杨立新：《电子商务法规定的电子商务交易法律关系主体及类型》，载《山东大学学报（哲学社会科学版）》2019年第2期。

30. 杨明：《电子商务法平台责任条款之失》，载《中国经济报告》2017年第5期。

31. 杨明：《〈侵权责任法〉第36条释义及其展开》，载《华东政法大学学报》2010年第3期。

32. 刘文杰：《〈电子商务法〉"通知—删除"规则之检讨》，载《北京航空航天大学学报（社会科学版）》2019年第6期。

33. 薛虹：《在线服务提供者在版权法中的地位和责任》，载《电子知识产权》1997年第4期、第5期。

34. 薛虹：《再论网络服务提供者的版权侵权责任》，载《科技与法律》2000年第1期，收录《知识产权文丛》第4卷，中国政法大学出版社2000年版。

35. 冯晓青、杨利华：《试论信息技术挑战下中国现行著作权法的修改与完善》，载《知识产权》1998年第4期。

36. 蒋志培：《论网络传播权设立》，载《科技与法律》1999年第3期。

37. 蒋志培、张辉：《依法加强对网络环境下著作权的司法保护——谈最高人民法院网络著作权案件适用法律的司法解释》，载《人民司法》2001年第2期。

38. 冯晓青：《因特网服务提供者著作权侵权责任限制研究——美国〈数字千年著作权法〉评析》，载《河北法学》2001年第6期。

39. 张楚：《关于网络法基本问题的阐释》，载《法律科学（西北政法大学学报）》2003年第6期。

40. 王洪海：《网络交易平台的法律地位——从一则商标侵权案谈起》，载《电子知识产权》2005年第10期。

41. 谢惠加：《网络版权帮助侵权与替代侵权规则初探》，载《电子知识产权》2003 年第 12 期。

42. 张虹：《网络服务提供者的民事责任问题浅析——以欧盟电子商务指令中的相关规范为中心》，载《河北法学》2005 年第 1 期。

43. 范思泓：《欧盟与美国法律中的互联网服务商版权侵权责任》，载范思泓、丛林：《我们眼中的欧洲法律——中欧法律与司法合作项目学术论文精选》，中国法制出版社 2005 年版。

44. 陈锦川：《从司法实务看网络环境下著作权法律调整及其研究》，载《电子知识产权》2005 年第 9 期。

45. 孙新强：《“知识产权”——民法学之殇》，载《人大法律评论》2016 年第 2 期。

46. 孙新强：《再论“国际经济法”的属性》，载《国际法研究》2014 年第 1 期。

47. 孙新强：《论作者权体系的崩溃与重建——以法律现代化为视角》，载《清华法学》2014 年第 2 期。

48. 徐实：《美国网络平台承担知识产权间接侵权责任的经验与启示》，载《北方法学》2018 年第 5 期。

49. 金凌：《略论注意义务对我国侵权行为法的启示》，载《法学评论》2009 年第 2 期。

50. 张家勇：《合同保护义务的体系定位》，载《环球法律评论》2012 年第 6 期。

51. 邱雪梅：《试论民法中的保护义务——“两分法”民事责任体系之反思》，载《环球法律评论》2007 年第 5 期。

52. 徐飞：《美国版权侵权替代责任的认定》，载《环球瞭望》2011 年第 5 期。

53. 王迁：《新型 P2P 技术对传统版权间接侵权责任理论的挑战》，载《电子知识产权》2004 年第 11 期。

54. 王迁：《P2P 软件提供者的帮助侵权责任——美国最高法院 Grokster 案判决评析》，载《电子知识产权》2005 年第 9 期。

55. 王迁：《一纸没有写完的判决：Groster 案的意义和局限评析》，载《中国版权》2005 年第 5 期。

56. 杨晖、马宁：《“积极诱导规则”——从 Groskter 案看 P2P 侵权的新标准》，载《电子知识产权》2005 年第 8 期。

57. 刘家瑞:《版权法上的转承责任研究》，载《知识产权》2011 年第 3 期。

58. 刘家瑞:《论中国版权间接侵权责任制度的建立——兼论网络服务商责任制度的完善》，载《电子知识产权》2004 年第 11 期。

59. 吴汉东:《论网络服务提供者著作权侵权责任》，载《中国法学》2011 年第 2 期。

60. 吴汉东:《侵权责任法视野下的网络侵权责任解析》，载《法商研究》2010 年第 6 期。

61. 陈锦川:《关于网络服务中“避风港”性质的探讨》，载《法律适用》2012 年第 9 期。

62. 邬跃:《论避风港规则的适用》，载《人民法院报》2012 年 7 月 25 日，第 7 版。

63. 崔国斌:《网络服务提供商共同侵权责任之重塑》，载《法学研究》2013 年第 4 期。

64. 徐伟:《网络服务提供者“知道”认定新诠——兼驳网络服务提供者“应知”论》，载《法律科学》2014 年第 2 期。

65. 胡晶晶:《论“知道规则”之应知——以故意 / 过失区分为视角》，载《云南大学学报（法学版）》2013 年第 6 期。

66. 薛虹:《论电子商务第三方交易平台———权力、责任和问责三重奏》，载《上海师范大学学报（哲学社会科学版）》2014 年第 5 期。

67. 刘文杰:《网络服务提供者的安全保障义务》，载《中外法学》2012 年第 2 期。

68. 徐飞:《网络版权间接侵权责任研究——以美国法为视角》，复旦大学 2011 年博士学位论文。

69. 杨明:《电子商务法平台责任条款之失》，载《中国经济报告》2017 年第 5 期。

70. 徐实:《网络平台著作权保护的严格化趋势与对策》，载《北京航空航天大学学报（人文社科版）》2018 年第 4 期。

71. 徐卓斌:《〈电子商务法〉对知识产权法的影响》，载《知识产权》2019 年第 3 期。

72. 张德芬:《〈电子商务法〉中“通知与移除”规则评析——以专利侵权纠纷中电商平台责任为例》，载《知识产权》2019 年第 3 期。

73. 徐可:《互联网平台的责任结构与规制路径——以审查义务和经营者责任为基础》，载《北方法学》2019 年第 3 期。

74. 杨延超：《知识产权法怎样跟上人工智能时代》，载《经济参考报》2018 年 10 月 17 日，第 8 版。

75. 周友军：《我国〈侵权责任法〉修订入典的初步构想》，载《政治与法律》2018 年第 5 期。

76. 周友军：《〈民法典侵权责任编草案〉一审稿评析》，载《京师法学》2019 年第 0 期。

77. 国家知识产权局办公室关于印发《电子商务领域专利执法维权专项行动工作方案》的通知，载国家知识产权局官网，http://www.sipo.gov.cn/zfwq/wqyzgzyq/1075030.htm，最后访问日期：2018 年 11 月 9 日。

78. 孙军工：《推动形成互联网知识产权保护共治格局》（2018 年 5 月 15 日），载新华网，http://www.js.xinhuanet.com/2018-05/16/c_1122840006.htm，最后访问日期：2018 年 11 月 9 日。

79. 中国互联网络信息中心（CNNIC）：《中国互联网络发展状况统计报告》（2018 年 7 月发布），载 http://www.cac.gov.cn/2018-08/20/c_1123296882.htm，最后访问日期：2018 年 11 月 7 日。

80. 阿里巴巴知识产权研究院：《中国电子商务知识产权保护回顾与展望》（2018 年 4 月 20 日），载 http://www.iprdaily.cn/article_18758.html，最后访问日期：2018 年 11 月 10 日。

81. 初萌：《小程序侵权第一案后的冷思考——试论网络接入商侵权屏蔽义务的边界》，资料来源于中国知识产权法律网：http://www.ciplawyer.cn/html/qtbq/20190312/141490.html?prid=157，最后访问日期：2019 年 3 月 24 日；

82. 刘维：《平台的著作权侵权责任边界——微信小程序一审判决简评》，资料来源于《中国法律评论》微信公众号：https://mp.weixin.qq.com/s/ttig0vKNocAIyfkfk873ew，最后访问日期：2019 年 3 月 24 日；

83. 熊定中：《小程序不适用通知—删除？腾讯你想好了么？》，资料来源于清律微信公众号：https://mp.weixin.qq.com/s/hcHkGFkPaqNVGGpwGHJQ2A，最后访问日期：2019 年 3 月 24 日。

84.《电商法实施两个月“回头看”》，资料来源于新浪网：http://news.sina.com.cn/c/2019-03-07/doc-ihsxncvh0453057.shtml，最后访问日期：2019 年 3 月 8 日。

85. 韩赤风：《互联网服务提供者的义务与责任——以〈德国电信媒体法〉为视角》，载《法学杂志》2014 年第 10 期。

86. 田秀云：《角色伦理的理论维度和实践基础》，载《道德与文明》2012 年第 4 期。

87. 廖宇羿：《以淘宝网为例谈网络交易平台提供商在知识产权保护中的义务》，载《法律适用》2012 年第 9 期。

88. 薛虹：《网络服务提供者中介责任“避风港”的比较研究》，载《中国版权》2011 年第 4 期。

89. 孔祥俊：《由政策治理到规则治理——当前我国知识产权保护的转型问题》，载《中国市场监管研究》2020 年第 4 期。

90. 孔祥俊：《“互联网条款”对于新类型网络服务的适用问题——从“通知删除”到“通知加采取必要措施”》，载《政法论丛》2020 年第 1 期。

91. 霍永库、冯潇洒：《社会角色理论的网络运营者安全保障义务分析》，载《西安交通大学学报（社会科学版）》2016 年第 1 期。

92. 刘立甲：《网络服务提供者侵权责任的重新审视》，载《重庆社会科学》2018 年第 7 期。

93. 陈永伟：《平台治理中的关键问题与应对原则》，载《学习时报》2019 年 6 月 26 日，第 6 版。

94. 张新宝：《顺风车网络平台的安全保障义务与侵权责任》，载《法律适用·司法案例》2018 年第 12 期。

95. 张平：《聚合类网站对“合理使用”的侵蚀及立法思考》，载《北京大学学报（哲学社会科学版）》2020 年第 2 期。

96. 张平：《市场主导下的知识产权制度正当性再思考》，载《中国法律评论》2019 年第 3 期。

97. 张平：《大数据时代个人信息保护的立法选择》，载《北京大学学报（哲学社会科学版）》2017 年第 3 期。

98. 张平：《互联网开放创新的专利困境及制度应对》，载《知识产权》2016 年第 4 期。

99. 周辉：《技术、平台与信息：网络空间中私权力的崛起》，载《网络信息法学研究》

2017 年第 2 期。

100. 周樨平：《电子商务平台的安全保障义务及其法律责任》，载《学术研究》2019 年第 6 期。

101. 刘春田：《知识产权制度与中国的现代性》，载《中小企业管理与科技（中旬刊）2012 年第 7 期。

102. 吴汉东：《严格保护知识产权的司法思考》，载《江苏法制报》2019 年 5 月 17 日，第 00D 版。

103. 吴汉东、刘鑫：《改革开放四十年的中国知识产权法》，载《山东大学学报（哲学社会科学版）》2018 年第 3 期。

104. 高富平：《电子商务立法的出路：行为立法》，载《上海法治报》2017 年 1 月 18 日。

105. 高富平：《从电子商务法到网络商务法——关于我国电子商务立法定位的思考》，载《法学》2014 年第 10 期。

106. 高富平：《“云计算”的法律问题及其对策》，载《法学杂志》2012 年第 6 期。

107. 高富平：《政府与平台经营者在网络经营行为规制中的责任》，载《中国工商管理研究》2012 年第 2 期。

108. 高富平：《寻求数字时代的版权法生存法则》，载《知识产权》2011 年第 2 期。

109. 高富平：《数据流通理论数据资源权利配置的基础》，载《中外法学》2019 年第 6 期。

110. 徐好：《网络交易平台提供商在电子商务纠纷中的法律定位》，载《仲裁研究》2008 年第 2 期。

111. 何炼红、邓欣欣：《“互联网 +”时代我国电子商务平台法律定位之反思》，载《重庆邮电大学学报（社会科学版）》2016 年第 1 期。

112. 任端平：《〈电子商务法〉体现了包容谦让和转引共治》，载《工商行政管理》2018 年第 22 期。

113. 杨立新：《电子商务民事责任之立法基础与基本规则》，载《甘肃社会科学》2019 年第 1 期。

114. 杨立新：《民法典侵权责任编草案规定的网络侵权责任规则检视》，载《法学论坛》

2019 年第 3 期。

115. 于波：《网络中介服务商知识产权法律义务研究》，华东政法大学 2013 年博士学位论文。

116. 廖焕国：《注意义务与大陆法系侵权法的嬗变》，载《法学》2006 年第 6 期。

117. 廖焕国：《论德国侵权法上的一般注意义务——以司法判例为主线的考察》，载《武汉大学学报（哲学社会科学版）》2006 年第 3 期。

118. 王文胜：《论合同法和侵权法在固有利益保护上的分工与协作》，载《中国法学》2015 年第 4 期。

119. 姚辉、阙梓冰：《电商平台中的自治与法治——兼议平台治理中的司法态度》，载《求是学刊》2020 年第 4 期。

120. 姚辉：《当理想照进现实：从立法论迈向解释论》，载《清华法学》2020 年第 3 期。

121. 许德风：《对第三人具有保护效力的合同和信赖责任——以咨询责任为中心》，载易继明主编：《私法》第 4 辑第 2 卷，北京大学出版社 2004 年版。

122. 亓蕾：《著作权侵权中审查注意义务的司法认定——以民法上的注意义务为基石》，载《山东科技大学学报（社会科学版）》2009 年第 4 期。

123. 刘瑛、何丹曦：《论人工智能生成物的可专利性》，载《科技与法律》2019 年第 4 期。

124. 刘瑛：《加快构建知识产权信用法治体系》，载《中国国情国力》2019 年第 6 期。

125. 崔国斌：《论网络服务商版权内容过滤义务》，载《中国法学》2017 年第 2 期。

126. 冯晓青：《新时代中国特色知识产权法理思考》，载《知识产权》2020 年第 4 期。

127. 冯晓青：《国际知识产权制度变革与发展策略研究》，载《人民论坛》2019 年第 23 期。

128. 冯晓青：《知识产权法中专有权与公共领域的平衡机制研究》，载《政法论丛》2019 年第 3 期。

129. 田小军、郭雨笛：《设定平台版权过滤义务视角下的短视频平台版权治理研究》，载《出版发行研究》2019 年第 3 期。

130. 徐敏、刘友华：《电商平台专利间接侵权的注意义务研究》，载《电子知识产权》2016 年第 5 期。

131. 彭诚信:《宪法规范与理念在民法典中的体现》,载《中国法律评论》2020 年第 3 期。

132. 彭诚信:《数据利用的根本矛盾何以消除——基于隐私、信息与数据的法理厘清》,载《探索与争鸣》2020 年第 2 期。

133. 彭诚信:《人工智能的法律主体地位》,载《人民法治》2018 年第 18 期。

134. 万柯:《网络等领域垄断看门人的替代责任》,载《环球法律评论》2011 年第 1 期。

135. 徐实:《美国网络平台知识产权间接侵权责任的经验及其启示》,载《北方法学》2018 年第 5 期。

136. 汤明亮:《我国跨境电商法律监管现状分析及对策探讨》,载《中国市场》2020 年第 3 期。

137. 范娜:《跨境电商中知识产权保护的困境与对策研究》,载《北方经贸》2019 年第 5 期。

138. 恽轶群:《电子商务中知识产权国际保护之研究》,中国政法大学 2007 年博士学位论文。

139. 李京普:《跨境电商中知识产权纠纷的平台治理——以鸿尚公司诉阿里巴巴案为线索》,载《电子知识产权》2019 年第 3 期。

140. 王勉:《跨境电子商务知识产权保护对策研究》,载《环渤海经济瞭望》2020 年第 2 期。

141. 陈宇红、梁恒、王勇:《跨境电商中的知识产权保护问题研究》,载《商业观察》2020 年第 2 期。

142. 齐轶:《跨境电子商务知识产权保护研究》,载《中国管理信息化》2019 年第 6 期。

143. 胡炜、马晓:《跨境电子商务知识产权治理的困境与解决路径》,载《商业经济研究》2019 年第 1 期。

144. 郑鲁英:《跨境电子商务知识产权治理:困境、成因及解决路径》,载《中国流通经济》2017 年第 10 期。

145. 林洧:《跨境电商平台全球速卖通商标权监管模式研究》,载《商场现代化》2018 年第 13 期。

146. 胡炜、马晓:《跨境电子商务知识产权治理的困境与解决路径》，载《商业经济研究》2019 年第 1 期。

147. 王勉:《跨境电子商务知识产权保护对策研究》，载《环渤海经济瞭望》2020 年第 2 期。

148. 张乃根:《非多边经贸协定下的知识产权新规则》，载《武大国际法评论》2020 年第 1 期。

149. 黄汇:《商标使用地域性原理的理解立场及适用逻辑》，载《中国法学》2019 年第 5 期。

150. 黄汇:《商标法中的公共利益及其保护——以“微信”商标案为对象的逻辑分析与法理展开》，载《法学》2015 年第 10 期。

151. 周密:《第一阶段协议开启中美经贸合作新阶段》，载《世界知识》2020 年第 4 期。

152. 王中美:《中美第一阶段经贸协议在中国国内的效力与适用研究》，载《亚太经济》2020 年第 3 期。

2. 外文期刊

1. Orly Lobel，The Law of the Platform，101 Minn. L. Rev. 87，94（2016）.

2. Béatrice Martinet，Reinhard J. Oertli，Liability of E-Commerce Platforms for Copyright and Trademark Infringement，7 No. 5 Landslide 41.

3. Graeme B. Dinwoodie，Secondary Liability for Online Trademark Infringement：The International Landscape，37 Colum. J.L. & Arts 463.

4. Justin N. Redman，Post Tiffany（NJ）Inc. v. EBay，Inc.：Establishing A Clear，Legal Standard For Online Auctions，49 JURIMETRICS J. 467，484（2009）.

5. Barton Beebe, Trademark Law: An Open-source Casebook 29（2015）（ebook）, http://tmcasebook.org/wpcontent/uploads/2015/07/BeebeTMLaw-2.0-Introduction.pdf（providing background on trademark infringement under the Lanham Act）.

6. Esther A. Zuccaro，GUCCI V. ALIBABA：A Balanced Approach to Sencondary Liability for E-commerce Platforms，17 N.C. J.L. & Tech. On. 144.

7. Sonia K. Katyal and Leah Chan Grinvald，Platform Law and the Brand Enterprise，32

Berkeley Tech. L.J. 1135.

8. Stacey L. Dogan，Principled Standards vs. Boundless Discretion：A Tale of Two Approaches to Intermediary Trademark Liability Online，37 Colum. J.L. & Arts 503（2014）.

9. Ryan Roemer，The Digital Evolution：Freenet and the Future of Copyright on the Internet，UCLA J.L. & Tech.，2002，at 5.

10. H.R. REP. 105–551，61.

11. Mike Scott，Safe Harbors Under the Digital Millennium Copyright Act，9 N.Y.U. J. Legis. & Pub. Pol'y 99，120（2006）.

12. David P. Miranda，Safe Harbor Provisions of DMCA Denied in Napster Copyright Infringement Case，Intell. Prop. L. Newsl.（Am. Bar Ass'n），Summer 2000，at 30.

13. Barbara Van Schewick，Network Neutrality and Quality of Service：What A Nondiscrimination Rule Should Look Like，67 Stan. L. Rev. 1，1（2015）.

14. Barbara Van Schewick，The FCC is about to repeal net neutrality. Here's why Congress should stop them. See httpsf//cyberlaw.stanford.edu/publications/fcc-about-repeal-net-neutrality-here's-why-congress-should-stop-them（2019/6/13）.

15. Charles S. Wright，Actual Versus Legal Control：Reading Vicarious Liability for Copyright Infringement into the Digital Millennium Copyright Act of 1998，75 Wash. L. Rev. 1005，1025（2000）.

16. Jennifer E. Markiewicz，Comment，Seeking Shelter from the MP3 Storm：How Far Does the Digital Millennium Copyright Act On-line Service Provider Liability Limitation Reach?，7 CommLaw Conspectus 423，427（1999）.

17. 4.11 [8] [C] Actual vs. Potential Control：Revisiting Netcom's Vicarious Liability Analysis in the Context of Legitimate Service Providers and Those That Primarily Enable Piracy，1 E-Commerce and Internet Law 4.11 [8] [C]（2019 update）.

18. § 4：78.50.Safe harbors：DMCA service provider protections—Direct financial benefit and the right and ability to control，1 Information Law § 4：78.50.

19. Thomas Riis & Sebastian Felix Schwemer，Leaving the European Safe Harbor，

Sailing Toward Algorithmic Content Regulation，22 J. Internet L. 1，18（2019）.

20. A. Kuczerawy，"The EU Commission on voluntary monitoring：Good Samaritan 2.0 or Good Samaritan 0.5?"（KU Leuven，CITIP Blog，April 24，2018），available at https://www.law.kuleu-ven.be/citip/blog/the-eu-commission-on-voluntary-monitoring-good-samaritan-2-0-or-good-samaritan-0-5/.

21. 4.11 [9] [F] [iii] Vicarious Liability，1 E-Commerce and Internet Law 4.11 [9] [F] [iii]（2019 update）.

22. Pamela Samuelson，Allocating Ownership Rights in Computer-Generated Works，47 U. Pitt. L. Rev. 1185，1195（1986）.

23. Ryan Abbott，Hal the Inventor：Big Data and Its Use by Artificial Intelligence，in BIG DATA IS NOT AMONOLITH 187，195（Cassidy R. Sugimoto et al. eds.，2016）.

24. James Campbell，Authorship，Incentives for Creation，and Copyright in the Digital 21st Century，AM. SOC'Y FOR INFO. & TECH.，Nov. 2006，at 11.

25. Cody Weyhofen，Scaling the Meta-Mountain：Deep Reinforcement Learning Algorithms and the Computer-Authorship Debate，87 UMKC L. Rev. 979（2019）.

26. Brad Jones & Kristin Houser，The Rights of Synthetic Lifeforms in the Next Great Civil Rights Controversy，FUTURISM（Oct. 26，2017），http://futurism.com/rights-synthetic-lifeforms-civil-rights-controversy/.

27. Annemarie Bridy，The Evolution of Authorship：Work Made by Code，39 COLUM. L. J. & ARTS 395（2016）.

28. Ryan Abbott，I Think，Therefore I Invent：Creative Computers and the Future of Patent Law，57 B.C. L. Rev. 1079，1079（2016）.

29. Peter S. Menell，Economic Analysis of Network Effects and Intellectual Property，34 Berkeley Tech. L.J. 219，219（2019）.

30. Giancarlo F. Frosio，Internet Intermediary Liability：WILMap，Theory and Trends，13 Indian J. L. & Tech. 16，16（2017）.

31. John Blevins，Uncertainty as Enforcement Mechanism：The New Expansion of Secondary Copyright Liability to Internet Platforms，34 Cardozo L. Rev. 1821（2013）.

32. Sonia K. Katyal and Leah Chan Grinvald，Platform Law and the Brand Enterprise，32 Berkeley Tech. L.J. 1135（2017）.

33. Hannah Bloch-Wehba，Global Platform Governance：Private Power in the Shadow of the State，72 SMU L. Rev. 27（2019）.

34. Alfred C. Yen，Internet Service Provider Liability for Subscriber Copyright：Infringement，Enterprise Liability，and the First Amendment，Vol. 88 Georgetown Law Journal.

35. Lina M. Khan，Sources of Tech Platform Power，2 Geo. L. Tech. Rev. 325，332（2018）.

36. Frank Pasquale，Platform Neutrality：Enhancing Freedom of Expression，17 THEORETICAL INQUIRIES IN L. 487（2016）.

37. Tarleton Gillespie，Platforms Are Not Intermediaries，2 Geo. L. Tech. Rev. 198，216（2018）.

38. Corey Omer，Intermediary Liability for Harmful Speech：Lessons from Abroad，28 HARV. J.L. & TECH. 290（2014）.

39. Martin Husovec，Accountable，Not Liable：Injunctions Against Intermediaries，TILEC Discussion Paper No. 2016–012（May 2，2016），available at http://ssrn.com/abstract=2773768.

40. Martin Husovec，Accountable，Not Liable：How Injunctions Against Intermediaries Change Intermediary Liability In Europe，Stanford Law School，April 13，2016，http://www.husovec.eu/2016/05/accountable-not-liable-video-new-paper.html.

41. K. Sabeel Rahman，Regulating Informational Infrastructure：Internet Platforms As the New Public Utilities，2 Geo. L. Tech. Rev. 234，235（2018）.

42. Jack Balkin，The First Amendment Is an Information Policy，41 HOFSTRA L. REV. 1，7（2012）.

43. Ali Breland，Americans Want Tougher Regulations for Tech Companies：Poll，HILL（Apr. 20，2018），载 https://thehill.com/policy/technology/384144-poll-americans-want-tougher-regulations-for-technology-companies，最后访问日期：2019 年 10 月 24 日。

44. Ben Smith, There's Blood in the Water in Silicon Valley, BUZZFEED(Sept. 12, 2017, 3: 37 PM), 载 https://www.buzzfeednews.com/article/bensmith/theres-blood-in-the-water-in-silicon-valley，最后访问日期：2019 年 10 月 24 日。

45. ECORYS，Business-to-Business Relations in the Online Platform Environment（May 22，2017），载 https://www.econstor.eu/bitstream/10419/170570/1/898500524.pdf，最后访问日期：2019 年 10 月 26 日。

46. David S. Ardia，Free Speech Savior or Shield for Scoundrels：An Empirical Study of Intermediary Immunity under Section 230 of the Communications Decency Act，43 LOYOLA L. REv. 373（2010）.

47. Tim Wu，Network Neutrality，Broadband Discrimination，2 J. Telecomm. & High Tech. L. 141（2003）.

48. Tim Wu，Machine Speech，161 U. PA. L. REV. 1495（2013）.

49. Tansy Woan，Searching for an Answer：Can Google Legally Manipulate Search Engine Results?，16 U. PA. J. BUS.L. 294（2013）.

50. Natasha Singer，Tech's Ethical "Dark Side"：Harvard，Stanford and Others Want to Address It（2018.02.12），https://www.nytimes.com/2018/02/12/business/computer-science-ethics-courses.html。

51. Society of Composers，Authors and Music Publishers of Canada v. Canadian Assn. of Internet Providers，[2004] 2 S.C.R. 427，2004 SCC 45. 载 https://scc-csc.lexum.com/scc-csc/scc-csc/en/item/2159/index.do，最后访问日期：2020 年 5 月 1 日。

52. Charles S. Wright，Actual Versus Legal Control：Reading Vicarious Liability for Copyright Infringement into the Digital Millennium Copyright Act of 1998，75 Wash. L. Rev. 1005，1033（2000）.

53. Reinier H. Kraakman，Gatekeepers：The Anatomy of a Third-Party Enforcement Strategy，53，6，2 J. L. Econ. & Org.（1986）.

54. Guido Calabresi，Some Thoughts on Risk Distributions and the Law of Torts，70 Yale L.J. 553 1960-1961.

（三）重点司法案例

1. 国内案例

1. 指导案例 83 号：某生活家电有限公司诉某工贸有限公司、某网络有限公司侵害发明专利权纠纷案。

2. 某时装贸易有限公司与某宝网络有限公司、杜某发侵害商标权纠纷上诉案，上海市第一中级人民法院（2011）沪一中民五（知）终字第 40 号民事判决书，载《最高人民法院公报》2012 年第 1 期。

3. 某网络有限公司与某生活家电有限公司侵害发明专利权纠纷案，浙江省高级人民法院（2015）浙知终字第 186 号民事判决书，最高人民法院发布第 16 批指导案例，2015 年中国法院 10 大知识产权案件、50 件典型知识产权案例。

4. 杭州互联网法院（2018）浙 0192 民初 7184 号民事判决书。

5. 浙江某宝网络有限公司、钟某民、某投资有限公司与某化妆品有限公司不正当竞争纠纷案；广东省高级人民法院（2017）粤民终 517 号民事判决书。

6. 湖北省武汉市中级人民法院（2014）鄂武汉中知禁字第 00006-1 号民事裁定书。

7. 浙江省高级人民法院（2011）浙知终字第 93 号民事判决书。

8. 江苏省常州市武进区人民法院（2018）苏 0412 民初 4000 号民事判决书。

9. 福建省高级人民法院（2013）闽民终字第 1271 号民事判决书。

10. 广东省高级人民法院（2017）粤民申 2095 号民事判决书。

11. 广东省深圳市中级人民法院（2014）深中法知民终字第 328 号民事判决书。

12. 最高人民法院（2016）最高法民申 1802 号民事裁定书。

13. 湖北省武汉市中级人民法院（2017）鄂武汉中知禁字第 00006-1 号民事裁定书。

14. 最高人民法院（2015）民申字第 1296 号民事裁定书。

15. 最高人民法院（2015）民申字第 1297 号民事裁定书。

16. 最高人民法院（2015）民申字第 1298 号民事裁定书。

17. 最高人民法院（2015）民申字第 1299 号民事裁定书。

18. 最高人民法院（2015）民申字第 2198 号民事裁定书。

19. 北京市海淀区人民法院（2015）海民（知）初字第 25704 号民事判决书。

20. 上海市第一中级人民法院（2011）沪一中民五（知）终字第 40 号民事判决书。

21. 北京知识产权法院（2017）京 73 民终 1194 号民事判决书。

22. 北京市朝阳区人民法院（2008）朝民初字第 29276 民事判决书。

23. 北京互联网法院（2018）京 0491 民初 2386 号民事判决书。

2. 国外案例

1. Tiffany（NJ）Inc. v. eBay Inc.，600 F.3d 93，103（2d Cir. 2010）.（"Contributory trademark infringement is a judicially created doctrine that derives from the common law of torts."）.

2. Blazer v. eBay，Inc.，2017 WL 1047572（N. D. Ala March 20，2017）.

3. Gucci Am. Inc. v. Alibaba Grp. Holding Ltd.，No. 15-cv-03784（S.D.N.Y. 2015）.

4. Gucci Am.，Inc. v. Alibaba Grp. Holding Ltd.，2016 U.S. Dist. LEXIS 104251.

5. Inwood Labs.，Inc. v. Ives Labs.，Inc.，456 U.S. 844，854，102 S. Ct. 2182，72 L. Ed. 2d 606（1982）.

6. MGM Studios Inc. v. Grokster，Ltd.，545 U.S. 913.

7. Savin Corp. v. Savin Group，391 F.3d 439，449（2d Cir. 2004）（.3d at 456（describing a two-prong test for trademark infringement）.

8. Tre Milano，LLC v Amazon. Com，Inc. No B234753，2012 WL 3594380（Cal Ct App Aug 22，2012）.

9. Coach，Inc. v Int'l Bazaar，No 3：11-CV-1733-N（N. D. Tex. June 7，2013）.

10. Louis Vuitton Malletier，S.A. v. Akanoc Sols.，Inc.，658 F.3d 936（9th Cir. 2011）.

11. 1−800 Contacts，Inc. v. Lens.com，Inc.，722 F.3d 1229，1249−55（10th Cir. 2013）.

12. United States v. Hockings，129 F.3d 1069，1070（9th Cir. 1997）.

13. BMG Rights Mgmt.（US）LLC v. Cox Commc'ns，Inc.，881 F.3d 293（4th Cir. 2018）.

14. Ellison v. Robertson，357 F.3d 1072，1080（9th Cir. 2004）.

15. Perfect 10，Inc. v. Cybernet Ventures，Inc.，213 F. Supp. 2d 1146，1176（C.D. Cal.

2002); Costar Grp. Inc. v. Loopnet，Inc.，164 F. Supp. 2d 688，704（D. Md. 2001), aff'd，373 F.3d 544（4th Cir. 2004）.

16. Perfect 10，Inc. v. CCBill，LLC，340 F. Supp. 2d 1077，1088（C.D. Cal. 2004）.

17. A&M Records，Inc. v. Napster，Inc.，No. C 99-05183 MHP，2000 WL 573136，at *1（N.D. Cal. May 12，2000）.

18. Gershwin Pub. Corp. v. Columbia Artists Mgmt.，Inc.，443 F.2d 1159，1162（2d Cir. 1971）.

19. Shapiro，Bernstein & Co. v. H.L. Green Co.，316 F.2d 304，308（2d Cir.1963）.

20. Marobie-FL，Inc. v. Nat'l Ass'n of Fire Equip. Distributors，983 F. Supp. 1167（N.D. Ill. 1997）.

21. Perfect 10，Inc. v. CCBill LLC，488 F.3d 1102，1117（9th Cir. 2007）.

22. Hendrickson v. eBay，Inc.，165 F. Supp. 2d 1082，1093–94（C.D. Cal. 2001）.

23. Faulkner v. National Geographic Society，211 F. Supp. 2d 450，473（S.D.N.Y. 2002）.

24. Perfect 10，Inc. v. Cybernet Ventures，Inc.，213 F. Supp. 2d 1146（C.D. Cal. 2002）

25. Metro-Goldwyn-Mayer Studios Inc. v. Grokster，Ltd.，545 U.S. 913，125 S. Ct. 2764，162 L. Ed. 2d 781（2005）.

26. Hendrickson v. eBay，Inc.，165 F. Supp. 2d 1082（C.D. Cal. 2001）.

27. Corbis Corp. v. Amazon.com，Inc.，351 F. Supp. 2d 1090（W.D. Wash. 2004）.

28. Hendrickson v. Amazon.Com，Inc.，298 F. Supp. 2d 914（C.D. Cal. 2003）.

29. Keck v. Alibaba.com Hong Kong Ltd.，No. 17-CV-05672-BLF，2019 WL 827636（N.D. Cal. Feb. 21，2019）.

30. Perfect 10，Inc. v. Amazon.com，Inc.，508 F.3d 1146（9th Cir. 2007）.

31. Io Grp.，Inc. v. Veoh Networks，Inc.，586 F. Supp. 2d 1132（N.D. Cal. 2008）.

32. A&M Records，Inc. v. Napster，Inc.，239 F.3d 1004（9th Cir. 2001）.

33. Perfect 10 v. Google，Inc.，416 F. Supp. 2d 828（C.D. Cal. 2006）.

34. Broadcast Music，Inc. v. Meadowlake，Ltd.，754 F.3d 353，354，110 U.S.P.Q.2d 1958(6th

Cir. 2014).

35. Banff Ltd. v. Ltd., Inc., 869 F. Supp. 1103, 1110 (S.D.N.Y. 1994).

36. Frank Music Corp. v. Metro–Goldwyn–Mayer Inc., 886 F.2d 1545 (9th Cir.1989).

37. Williams v. Gaye, 895 F.3d 1106, 1132 (9th Cir. 2018) (quoting Amazon.com, 508 F.3d at 1173).

38. UMG Recordings, Inc. v. Shelter Capital Partners LLC, 667 F.3d 1022, 101 U.S.P.Q.2d 1001, 81 Fed. R. Serv. 3d 671 (9th Cir. 2011).

39. Viacom Int'l, Inc. v. YouTube, Inc., 676 F.3d 19, 32 (2d Cir. 2012).

40. Zeran v. Am. Online, Inc., 129 F.3d 327, 331 (4th Cir. 1997).

41. Lockheed Martin Corp. v. Network Sols., Inc., 194 F.3d 980, 985 (9th Cir. 1999).

42. Ventura Content, Ltd. v. Motherless, Inc., No. 2: 11-CV-5912-SVW-FMO, 2013 WL 11237204, at *13 (C.D. Cal. July 3, 2013), aff'd, 885 F.3d 597 (9th Cir. 2018).

43. Keck v. Alibaba.com Hong Kong Ltd., 369 F. Supp. 3d 932, 936 (N.D. Cal. 2019).

44. Tur v. YouTube, Inc., No. CV064436 FMC AJWX, 2007 WL 1893635, at *3 (C.D. Cal. June 20, 2007).

45. Broad. Music, Inc. v. Hartmarx Corp., No. 88 C 2856, 1988 WL 128691, at *3 (N.D. Ill. Nov. 17, 1988).

46. Jacoves v. United Merch. Corp., 9 Cal. App. 4th 88, 113 (1992). See Lange v. TIG Ins. Co., 68 Cal. App. 4th 1179, 1187 (1998).

47. Dolin v. Facebook, Inc., No. C 18–0950 SBA, 2018 WL 2047766, at *6 (N.D. Cal. May 2, 2018).

48. A&M Records, Inc. v. Napster, Inc., 239 F.3d 1004, 1023 (9th Cir. 2001).

49. Blazer v. eBay, Inc., No. 1: 15-CV-01059-KOB, 2017 WL 1047572, at *2 (N.D. Ala. Mar. 20, 2017).

50. Williams v. Gaye, 885 F.3d 1150, 1151–1177 (9th Cir. 2018).

51. Blazer v. eBay, Inc., 2017 WL 1047572 (N. D. Ala. March 20, 2017).

图书在版编目 (CIP) 数据

电商平台知识产权治理新思维 / 李小草著 . —北京：中国法制出版社，2022.10

ISBN 978-7-5216-2813-5

Ⅰ . ①电… Ⅱ . ①李… Ⅲ . ①电子商务－知识产权－研究－中国 Ⅳ . ① D923.404

中国版本图书馆 CIP 数据核字（2022）第 139203 号

策划编辑：王 熹

责任编辑：吕静云 封面设计：李 宁

电商平台知识产权治理新思维

DIANSHANG PINGTAI ZHISHI CHANQUAN ZHILI XIN SIWEI

著者 / 李小草

经销 / 新华书店

印刷 / 三河市紫恒印装有限公司

开本 / 880 毫米 ×1230 毫米 32 开 印张 / 11.25 字数 / 240 千

版次 / 2022 年 10 月第 1 版 2022 年 10 月第 1 次印刷

中国法制出版社出版

书号 ISBN 978-7-5216-2813-5 定价：59.80 元

北京市西城区西便门西里甲16号西便门办公区

邮政编码：100053 传真：010-63141600

网址：http://www.zgfzs.com 编辑部电话：010-63141781

市场营销部电话：010-63141612 印务部电话：010-63141606

（如有印装质量问题，请与本社印务部联系。）